What is VAK?

YOU CAN APPROACH the topic of learning styles with a simple and powerful system—one that focuses on just three ways of perceiving through your senses:

- Seeing, or *visual learning*
- Hearing, or *auditory learning*
- Movement, or *kinesthetic learning*

To recall this system, remember the letters VAK, which stand for **v**isual, **a**uditory, and **k**inesthetic. The theory is that each of us prefers to learn through one of these sense channels. To reflect on your VAK preferences, answer the following questions. Circle the answer that best describes how you would respond. This is not a formal inventory—just a way to prompt some self-discovery.

When you have problems spelling a word, you prefer to

1. Look it up in the dictionary.
2. Say the word out loud several times before you write it down.
3. Write out the word with several different spellings and then choose one.

You enjoy courses the most when you get to

1. View slides, videos, and readings with plenty of charts, tables, and illustrations.
2. Ask questions, engage in small-group discussions, and listen to guest speakers.
3. Take field trips, participate in lab sessions, or apply the course content while working as a volunteer or intern.

When giving someone directions on how to drive to a destination, you prefer to

1. Pull out a piece of paper and sketch a map.
2. Give verbal instructions.
3. Say, "I'm driving to a place near there, so just follow me."

When planning an extended vacation to a new destination, you prefer to

1. Read colorful, illustrated brochures or articles about that place.
2. Talk directly to someone who's been there.
3. Spend time at that destination on a work-related trip before vacationing there.

You've made a commitment to learn to play the guitar. The first thing you do is

1. Go to a library or music store and find an instruction book with plenty of diagrams and chord charts.
2. Listen closely to some recorded guitar solos and see whether you can sing along with them.
3. Buy a guitar, pluck the strings, and ask someone to show you a few chords.

You've saved up enough money to lease a car. When choosing from among several new models, the most important factor in your decision is

1. The car's appearance.
2. The information you get by talking to people who own the cars you're considering.
3. The overall impression you get by taking each car on a test drive.

You've just bought a new computer system. When setting up the system, the first thing you do is

1. Skim through the printed instructions that come with the equipment.
2. Call up someone with a similar system and ask her for directions.
3. Assemble the components as best as you can, see if everything works, and consult the instructions only as a last resort.

You get a scholarship to study abroad next semester in a Spanish-speaking country. To learn as much Spanish as you can before you depart, you

1. Buy a video-based language course on DVD.
2. Download audio podcasts that guarantee basic fluency in just 30 days.
3. Sign up for a short immersion course in which you speak only Spanish.

Now take a few minutes to reflect on the meaning of your responses. The number of each answer corresponds to a learning style preference.

1 = visual   **2 = auditory**   **3 = kinesthetic**

	Visual	Auditory	Kinesthetic
My totals			

My dominant Learning Style(s): _____

_____

Do you see a pattern in your own answers? A pattern indicates that you prefer learning through one sense channel over the others. Or you might find that your preferences are fairly balanced.

Whether you have a defined preference or not, you can increase your options for success by learning through *all* your sense channels. For example, you can enhance visual learning by leaving room in your class notes to add your own charts, diagrams, tables, and other visuals later. You can also key your handwritten notes into a computer file and use software that allows you to add colorful fonts and illustrations.

To enhance auditory learning, reinforce your memory of key ideas by talking about them. When studying, stop often to summarize key points and add examples in your own words. After doing this several times, dictate your summaries into a voice recorder and transfer the files to an iPod or similar device. Listen to these files while walking to class or standing in line at the store.

For kinesthetic learning, you've got plenty of options as well. Look for ways to translate course content into three-dimensional models that you can build. While studying grammar, for example, create a model of a sentence using different colors of clay to represent different parts of speech. Whenever possible, supplement lectures with real-world audio and video input and experiences, field trips to Spanish-speaking neighborhoods, and other opportunities for hands-on activity. Also recite key concepts from your courses while you walk or exercise.

These are just a few examples. In your path to mastery of learning styles, you can create many more of your own.

VOLUME 3

CUADROS

INTERMEDIATE SPANISH

Sheri Spaine Long
University of Alabama at Birmingham

María Carreira
California State University at Long Beach

Sylvia Madrigal Velasco

Kristin Swanson

HEINLE
CENGAGE Learning

Australia • Brazil • Japan • Korea • Mexico • Singapore • Spain • United Kingdom • United States

Cuadros

**Sheri Spaine Long, María Carreira,
Sylvia Madrigal Velasco, &
Kristin Swanson**

Vice President, Editorial Director:
PJ Boardman

Publisher: Beth Kramer

Senior Acquisitions Editor: Heather
Bradley Cole

Senior Development Editor: Kim Beuttler

Assistant Editor: Sara Dyer

Editorial Assistant: Claire Kaplan

Senior Media Editor: Morgen Murphy

Executive Marketing Manager: Ben Rivera

Marketing Coordinator: Claire Fleming

Marketing Communications Manager:
Glenn McGibbon

Senior Content Project Manager: Aileen
Mason

Senior Art Director: Linda Jurras

Senior Manufacturing Planner: Betsy
Donaghey

Rights Acquisition Specialist: Mandy
Grozsko

Production Service: PreMediaGlobal

Text Designers: Carol Maglitta, Susan Gilday

Cover Designer: Harold Burch

Cover Image: © Bernardo Galmarini/Alamy

Compositor: PreMediaGlobal

For product information and technology assistance, contact us at
Cengage Learning Customer & Sales Support, 1-800-354-9706
For permission to use material from this text or product,
submit all requests online at **www.cengage.com/permissions**
Further permissions questions can be emailed to
permissionrequest@cengage.com

Library of Congress Control Number: 2011937474

ISBN-13: 978-1-111-34116-9

ISBN-10: 1-111-34116-8

Heinle
20 Channel Center Street
Boston, MA 02210
USA

Cengage Learning is a leading provider of customized learning solutions with office locations around the globe, including Singapore, the United Kingdom, Australia, Mexico, Brazil and Japan. Locate your local office at **international.cengage.com/region**

Cengage Learning products are represented in Canada by Nelson Education, Ltd.

For your course and learning solutions, visit **www.cengage.com**

Purchase any of our products at your local college store or at our preferred online store **www.cengagebrain.com**

Instructors: Please visit **login.cengage.com** and log in to access instructor-specific resources.

Printed in Canada
2 3 4 5 6 7 15 14 13 12

To the Student

¡Bienvenidos! Welcome to the *Cuadros* intermediate Spanish program. Spanish is one of the most useful languages you can learn; it is spoken by nearly 500 million people across the globe, including over 50 million Hispanics in the United States alone—one out of every six Americans. It is the most spoken language in the world after Mandarin Chinese and English. As you undertake your study of the Spanish language with *Cuadros*, keep in mind the following:

- We strive to present the Spanish-speaking world in all its diversity, with particular attention to indigenous and African-Hispanic populations, as well as European and Latin American immigrant populations.

- We guide you to make cross-cultural comparisons between the cultures you learn about and your own. Too often, the emphasis has been on the differences among cultures, when what may be surprising is the number of things we have in common with Spanish speakers around the world.

- We encourage you to look at your own community and to meet and interact with the Spanish speakers you encounter in both local and global communities. Spanish is all around you—just keep your eyes and ears open for it!

- *Cuadros* is designed to enrich your language-learning experience—while you are learning another language, you are also gathering information *about* the people who speak it and the countries where it is spoken. At first, you may feel that you are unable to read or understand some of the materials, but in *Cuadros*, the focus is on getting the main ideas, and the tasks expected of you are limited to what you have already learned or what you can safely deduce from context. You will be surprised to see that you can comprehend more than you think you can!

- *Cuadros* features a variety of resources to help you achieve your language-learning goals more easily. Media icons at relevant points throughout the print book tell you exactly which component to use for additional practice or support. Or, work right from the eBook for direct access to all of the program's resources, including audio recordings of key vocabulary and grammar terms, instant activity feedback, and online chat and commenting functionality.

- Learning a language is easier if you relax and have fun. Keeping this in mind, we've included humorous and contemporary content with the goal of making language learning enjoyable and interesting.

We hope you enjoy your continued studies of the Spanish language and its many peoples and cultures. Learning a language sets you on a course of life-long learning. It is one of the most valuable and exciting things you can do to prepare yourself to be a global citizen of the twenty-first century.

—The Authors

Student Components

Student Text

Your **Student Text** contains all the information and activities you need for in-class use. Volumes 3 and 4 each contain a preliminary chapter followed by five regular chapters that contain vocabulary presentations and activities, grammar presentations and activities, video-related practice, cultural information, reading selections, and writing practice. There are also valuable reference sections at the back of each book, including Spanish-English and English-Spanish glossaries and verb charts. In addition, both Volumes 3 and 4 contain an appendix that reviews all of the grammar presented in the previous volume.

Student Activities Manual (SAM): Workbook / Lab Manual / Video Manual

The **Student Activities Manual (SAM)** includes out-of-class practice of the material presented in the Student Text. Volumes 3 and 4 of the SAM are each divided into a Workbook **(Cuaderno de práctica)**, which focuses on written vocabulary and grammar practice, reading, and writing; a Lab Manual **(Manual de laboratorio)**, which focuses on pronunciation and listening comprehension; and a Video Manual **(Manual de video)**, which offers extra practice of the storyline and **Voces del mundo hispano** segments.

iLrn™ Heinle Learning Center

An all-in-one online learning environment, including an audio- and video-enhanced interactive eBook, assignable textbook activities, companion videos, assignable voice-recorded activities, an online workbook and lab manual with audio, interactive enrichment activities, a chapter- and volume-level diagnostic study tool for better exam preparation, and now, media sharing and commenting capability through Share It! The iLrn: Heinle Learning Center is offered separately for Volumes 3 and 4.

Premium Website

You will find a wealth of resources and practice on the *Cuadros* **Premium Website,** accessible for Volumes 3 and 4 at **www.cengagebrain.com.** The **Premium Website** assets should be used as you work through each chapter and as you review for quizzes and exams.

To get access, visit CengageBrain.com

- It provides access to the text audio program, Web activities and links, Google Earth™ coordinates, and an iTunes™ playlist.
- The premium password-protected resources include the SAM audio program, the video program, grammar and pronunciation podcasts, grammar tutorial videos, auto-graded quizzes, and more!
- The web quizzes focus on vocabulary and grammar and provide automatic feedback, which helps you understand errors and pinpoints areas for review.
- The web activities offer the opportunity to explore authentic Spanish-language websites. Cultural web links relate to the **Voces de la comunidad, ¡Fíjate!,** and **¿Quieres saber más?** activities as well as **Tú en el mundo hispano,** which covers volunteer, study abroad, and internship opportunities throughout the Hispanic world and **Ritmos del mundo hispano**, a section that explores traditional and contemporary Hispanic music through music and video links.

Acknowledgments

Reviewers and Contributors

We would like to acknowledge the helpful suggestions and useful ideas of our reviewers, whose commentary was invaluable to us in shaping *Cuadros*.

Many thanks go to the following professors, each of whom offered valuable suggestions through their participation in live and virtual focus groups:

ACTFL: Introductory Spanish Focus Group
Aleta Anderson, *Grand Rapids Community College*
Yolanda González, *Valencia Community College*
Monica Montalvo, *University of Central Florida*
Renee Wooten, *Vernon College*

Pasadena Focus Group
Esther Castro, *San Diego State University*
Mercedes Limón, *Chaffey College*
Ofelia McQueen, *Los Angeles City College*
Markus Muller, *California State University, Long Beach*
Rosalinda Nericcio, *San Diego State University*
Yelgy Parada, *Los Angeles City College*
Victoria Tirado, *Chaffey College*

Philadelphia Focus Group
Norma Corrales-Martin, *Temple University*
Judith R. Downing, *Rutgers University – Camden*
April Jacobs, *Temple University*
Maríadelaluz Matus-Mendoza, *Drexel University*
Patricia Moore-Martínez, *Temple University*
Eva Recio-Gonzalez, *University of Pennsylvania*
Kimberly Ann Vega, *Temple University*

Development Reviews
Karen Berg, *College of Charleston*
Genevieve Breedon, *Darton College*
Matt Carpenter, *Yuba College, Clear Lake Campus*
John Catlett, *Cabrini College*
Daria Cohen, *Rider University*
Carmen García, *Valencia Community College*
Martha García, *University of Central Florida*
Diego Emilio Gómez
Yolanda González, *Valencia Community College*
Laurie Huffman, *Los Medanos College / Florida State College*
Isabel Killough, *Norfolk State University*
Lori Lammert, *Chattanooga State Community College*

Jill Loney, *Urbana University*
Richard McCallister, *Delaware State University*
Meghan Mehlos, *University of Wisconsin – Eau Claire*
Deanna Mihaly, *Eastern Michigan University*
Dianne Moneypenny, *Franklin College*
Lisa Nalbone, *University of Central Florida*
Janet Norden, *Baylor University*
Catherine Ortíz, *University of Texas at Arlington*
Sieglinde Poelzler-Kamatali, *Ohio Northern University*
Rosalea Postma-Carttar, *University of Kansas*
Laura Ruiz-Scott, *Scottsdale Community College*
Lester Edgardo Sandres Rapalo, *Valencia Community College*
Erika Sutherland, *Muhlenberg College*
David Tate, *Brevard Community College*
Wendy Westmoreland, *Cleveland Community College*
Sandra Wise, *University of Texas at Arlington*

Testing Program Consultants
Bárbara Ávila-Shah, *University at Buffalo, The State University of New York*
Patrick Brady, *Tidewater Community College*
Marta Nunn, *Virginia Commonwealth University*
Helga Winkler, *Ventura County Community College District – Moorpark College*

We would like to extend our gratitude to the Graduate Teaching Assistant and Adjunct Faculty Focus Group, which discussed the tools needed to ensure a successful transition to a new edition and successful use over the course of the semester.

Graduate Teaching Assistant / Adjunct Faculty Focus Group
Alison Atkins, *Boston University*
Alison Carberry, *Boston University*
Alejandra Cornejo, *Boston University*
Daniela Dorfman, *Boston University*
Megan Gibbons, *Boston University*
Rebeca Hey-Colón, *Harvard University*
Magdalena Malinowska, *Boston University*
Glenda Quiñónez, *Harvard University*

Finally, special thanks go to the following professors and writers, who have written the outstanding supplements to accompany this program:

Meghan Allen, *Babson College – Volume-level diagnostics and Web assets*

Flavia Belpoliti, *University of Houston – Bridge chapter teaching suggestions*

Maria Colina – *Lesson plans*

Juan De Urda, *SUNY Fredonia – Web quizzes*

Karen Haller Beer – *Testing program*

Maribel Lárraga, *Our Lady of the Lake University – Testing program and audio script*

Sarah Link – *PowerPoint presentations*

Jeff Longwell, *New Mexico State University – Volume-level oral assessments*

Nina Patrizio-Quiñones, *Our Lady of the Lake University – Testing program and audioscript*

Joshua Pope, *University of Wisconsin – Madison – Information gap activities*

Nidia Schuhmacher, *Brown University – Web searches*

Sierra Turner, *University of Alabama – Activity worksheets*

A hearty thanks to our fine VAK system, Learning Style worksheet writers: **Carlos Abaunza, Rebeca Hey-Colón** from **Harvard University** and **Magdalena Malinowska** from **Boston University**. Through creativity, hard work, and proactive communication, these writers took full ownership of the project from its incipient stages to create a comprehensive set of intuitive and valuable tools for visual, auditory, and kinesthetic learners.

We would also like to thank the World Languages Group at Heinle Cengage Learning for their ongoing support of this project and for guiding us along the long and sometimes difficult path to its completion! Many thanks especially to Beth Kramer and Heather Bradley for their professional guidance and outstanding support. We would also like to thank Kim Beuttler, our development editor, for her enthusiastic support and dedication to the project, her unflagging energy and enthusiasm, and her unerring eye for detail, Sara Dyer for her creative and focused work on the supplements that support *Cuadros*, and Morgen Murphy for her dedication to the quality of the media package. Thanks also to Aileen Mason, our production editor, for her meticulous care, and for her cheerful and good-humored tenacity in keeping the production side of things moving efficiently, and to Katy Gabel for her excellent project management work. We would like to extend our appreciation to Lindsey Richardson, Marketing Director, and Ben Rivera, Senior Marketing Manager, for their outstanding creative vision and hard work on campus, and to Glenn McGibbon, Senior Marketing Communications Manager, for his phenomenal work on marketing and promotional materials. We would like to acknowledge our copyeditor Janet Gokay, our proofreaders Pilar Acevedo and Jonathan Jucker, our art director, Linda Jurras, for her inspired design work, our illustrators JHS Illustration Studio and Fian Arroyo, Hilary Hudgens for his creative design contributions, and the many other design, art, and production staff and freelancers who contributed to the creation of this program.

¡Mil gracias a todos!

To my inspirational students, who helped shape *Cuadros*, and to *mi querida familia*, John, Morgan, and John, who have accompanied me on my life's magical journey as a Hispanist. *Gracias por el apoyo infinito.*
—S. S. L.

I am particularly appreciative of the help and encouragement of my husband, Bartlett Mel, my father, Domingo Carreira, and my colleagues Ana Roca, Najib Redouane, and Irene Marchegiani Jones.
—M. C.

I would like to thank my parents, Dulce and Óscar Madrigal, for bequeathing to me their language, their culture, their heritage, their passion for life, and their *orgullo* in *México, lindo y querido.*
—S. M. V.

A special thanks to Mac Prichard and to Shirley and Bill Swanson for their constant support and encouragement, both personal and professional.
—K. S.

Scope and Sequence

Volume 3

COMUNICACIÓN

capítulo preliminar 3
Mi comunidad local P3-2

- **neighborhoods:** places around town, means of transportation, shopping
- **leisure activities:** sports, pastimes, seasons, weather
- **clothing:** articles of clothing, fabrics, accessories, shopping, means of payment
- **food:** restaurants and menus, recipes, food preparation, table settings
- **housing:** areas of a city, parts of a house, furniture and appliances, household tasks

	TEMAS	COMUNICACIÓN	VOCABULARIO ÚTIL
capítulo 11 ¿Qué tal la vida sentimental? 2	Las relaciones personales Venezuela	• talk about friendship and love • write a soap opera episode and a blog post about it • describe guests at a wedding • express desires and wishes • share opinions	1. Relationships and feelings **4–5** 2. Weddings and celebrations **8** 3. Life stages **10**
capítulo 12 ¿Qué significa la cultura para ti? 34	Culturas Colombia	• talk about popular and high culture • express preferences and make suggestions about entertainment • express emotion • express doubt and uncertainty • express unrealized desires and unknown situations	1. Movie genres, talking about movies **36–37** 2. Television shows, talking about television **40–41** 3. Music, art, and culture **42**

GRAMÁTICA

- prepositions of location
- **usted, ustedes**, and **tú** commands
- affirmative and negative expressions
- demonstrative adjectives and pronouns
- the preterite tense, the imperfect tense, and the differences between them
- direct, indirect, and double object pronouns
- comparatives and superlatives
- uses of **se**
- stressed possessives
- **hace** and **hacía** with time expressions
- **por** and **para**

CULTURA

- un programa de entrevistas en video titulado "Conoce a tu comunidad"

GRAMÁTICA ÚTIL	CULTURA	SKILLS
1. Expressing hopes and wishes: The subjunctive mood, part 1 **14–15** 2. Expressing hopes and wishes: The subjunctive mood, part 2 **18** 3. Expressing opinions and emotions: The subjunctive with impersonal expressions **20**	**Opener** Comparative facts about Venezuela **3** **¡Fíjate!** Romance and Venezuelan telenovelas **7** **Voces de la comunidad 13** *Voces del mundo hispano* video Gustavo Dudamel, conductor **¡Explora y exprésate! 22** ▪ facts about Venezuela ▪ the long history of Venezuelan cinema	**A ver ▪ Estrategia** Using a diagram to track content **12** **A leer ▪ Estrategia** Guessing word meaning from context **24** **Lectura** *Cinco personajes indispensables de la boda venezolana*, Pedro Camacho **25** **A escribir ▪ Estrategia** Writing—Adding interest through word choice and sentence structure **28** **Composición** Description of a wedding **28** **Repaso y preparación 32**
1. Expressing emotion and wishes: The subjunctive with expressions of emotion and **ojalá 46–47** 2. Expressing doubt and uncertainty: The subjunctive with expressions of doubt and disbelief **49** 3. Expressing unrealized desires and unknown situations: The subjunctive with nonexistent and indefinite situations **52**	**Opener** Comparative facts about Colombia **35** **¡Fíjate!** Film techniques and technology **39** **Voces de la comunidad 45** *Voces del mundo hispano* video Túpac Mantilla, percussionist **¡Explora y exprésate! 54** ▪ facts about Colombia ▪ MAMBO, a Colombian modern-art museum	**A ver ▪ Estrategia** Listening for sequencing words **44** **A leer ▪ Estrategia** Using prefixes and suffixes to aid in comprehension **56** **Lectura** Elniuton.com: *Innovación y experimentación a nivel internacional* **57** **A escribir ▪ Estrategia** Prewriting—Creating an outline **60** **Composición** A review **61** **Repaso y preparación 64**

	TEMAS	COMUNICACIÓN	VOCABULARIO ÚTIL
capítulo 13 ¿Qué síntomas tienes? 66 	El bienestar Argentina y Uruguay	• talk about health and illness • describe aches and parts of the body • express probable outcomes • express yourself precisely with the subjunctive and the indicative • talk about future activities	1. Parts of the body, symptoms and illnesses **68–69** 2. In the doctor's office **72–73** 3. Medications and treatments **74**

cortometraje

Un juego absurdo   102

Dirección: Gastón Rothschild/2010

	TEMAS	COMUNICACIÓN	VOCABULARIO ÚTIL
capítulo 14 ¿Cúal es tu trabajo ideal? 106	La vida profesional Chile	• talk about current events • interview for a job and talk about your skills and experience • talk about things you have done and had done in the past • express doubt, emotion, uncertainty, and opinions about recent events and actions	1. Current events **108–109** 2. Applying for a job **110–111** 3. Business **112**

El deseo enorme de acercarse a su querida en una fiesta le presenta al protagonista de este cortometraje argentino una serie de obstáculos que trata de superar *(overcome)* uno por uno. ¿Cómo se resuelve la situación del joven enloquecido por el amor?

Un pobre hombre está en una situación muy rara: va caminando por Barcelona y en un abrir y cerrar de los ojos, se encuentra en Venecia.

Este anuncio español presenta un producto revolucionario —uno que ha existido por siglos, desde la invención de la prensa de Gutenberg.

¿Qué tiene que ver el amor y la venganza con un perro llamado Man? Déjate llevar por esta historia madrileña de un perro que sabe más del amor que los humanos que lo cuidan.

Reference Materials

Mi comunidad local

La comunidad es difícil de definir. Se puede decir que se compone de la gente que vive allí. Pero también incluye los lugares donde la gente se junta *(gathers)* para comer, hacer compras, pasar tiempo y practicar deportes. Incluye los barrios, los edificios de apartamentos, las oficinas, los centros comerciales, las iglesias, los hospitales, las plazas y los parques. En realidad, la gente, los lugares y las actividades, todos constituyen la comunidad.

¿A qué te refieres cuando piensas en tu comunidad local? ¿Es la universidad el centro de tu comunidad? ¿O hay otra entidad que consideras la principal?

Credit to come

In this chapter, you will review

Communication

- **neighborhoods:** places around town, means of transportation, shopping
- **leisure activities:** sports, pastimes, seasons, weather
- **clothing:** articles of clothing, fabrics, accessories, shopping, means of payment
- **food:** restaurants and menus, recipes, food preparation, table settings
- **housing:** areas of a city, parts of a house, furniture and appliances, household tasks

Grammar

- prepositions of location
- **usted, ustedes**, and **tú** commands
- affirmative and negative expressions
- demonstrative adjectives and pronouns
- the preterite tense, the imperfect tense, and the differences between them
- direct, indirect, and double object pronouns
- comparatives and superlatives
- uses of **se**
- stressed possessives
- **hace** and **hacía** with time expressions
- **por** and **para**

Culture

- un programa de entrevistas titulado "Conoce a tu comunidad"

A repasar

Activity 1 practices prepositions of location and **tú** command forms, using vocabulary from **Volume 2, Chapter 6**.

1 **¿Dónde está?** Trabajen en parejas con el siguiente mapa. Cada persona debe añadir estos cinco lugares (la biblioteca, la librería, el gimnasio, el restaurante El Mejor y la piscina) a su mapa sin mostrarlo *(show it)* a la otra persona. Después, túrnense para explicar cómo llegar a cada lugar. Sigan el modelo y usen mandatos de **tú** con estas preposiciones: **al lado de, cerca de, entre, frente a, lejos de.**

MODELO Tú: *¿Dónde está el restaurante El Mejor?*
Compañero(a): *El restaurante está frente al estadio. Ve todo derecho por la Calle 4 y dobla a la izquierda en la Avenida Álvarez. No cruces la Avenida Álvarez.*

2 **Lugares del barrio** Con un(a) compañero(a), túrnense para dar recomendaciones sobre los lugares de la tabla, usando los verbos indicados. Usen mandatos de **usted** y **ustedes** con adjetivos demostrativos según las columnas. Sigan el modelo.

Activity 2 practices **usted** and **ustedes** command forms with demonstrative adjectives, using vocabulary from **Volume 2, Chapters 6** and **10**.

MODELO *No coman en este restaurante. ¡Es terrible!*

Aquí	Allí	Allá
ustedes no comer en el restaurante	usted nadar en la piscina	ustedes ver una película en el cine
usted no comprar en la tienda de ropa	ustedes no ir a la pizzería	usted pasar por el barrio histórico
ustedes jugar tenis en las canchas de tenis	usted visitar el museo	ustedes no caminar en el parque después de medianoche
¿...?	¿...?	¿...?

3 La comunidad local Trabajen en un grupo de tres o cuatro personas. Primero, cada persona debe contestar las siguientes preguntas sobre la comunidad local con oraciones completas. Después, comparen sus respuestas para crear un resumen para el grupo entero.

1. ¿Algunos de tus amigos van al teatro o al cine frecuentemente?
2. ¿Caminas a tus clases? ¿siempre? ¿a veces? ¿jamás?
3. ¿Hay algunas tiendas buenas cerca de la universidad? ¿Cuáles son?
4. ¿Compras algunos vegetales y frutas en un mercado al aire libre? ¿Dónde?
5. ¿Tienes que comprar algo para tu cuarto? ¿Qué es?
6. ¿Viajas en metro o en autobús? ¿Adónde vas?

Activity 3 practices affirmative and negative expressions, using vocabulary from **Volume 2, Chapter 6**.

4 ¿Qué hicieron? Con un(a) compañero(a), túrnense para decir qué hicieron ayer, la semana pasada, el mes pasado y el año pasado, usando verbos de la lista.

MODELO Tú: *Ayer me entrené con una entrenadora personal.*
Compañero(a): *Ayer jugué tenis con mi amiga Silvia.*

Actividades: comer en ¿...? , comprar ¿...?, entrenarse con ¿...?, hacer la tarea, ir a ¿...?, jugar a ¿...?, ponerse ¿...?, practicar ¿...?, salir a bailar con ¿...?, ver ¿...?, vestirse con ¿...?, viajar a ¿...?, visitar a ¿...?, vivir en ¿...?

Activity 4 practices the preterite tense of regular, irregular, and **-ir** stem-changing verbs, using vocabulary from **Volume 2, Chapters 7** and **8**.

5 ¡Más, menos, muchos! Con un(a) compañero(a), túrnense para compararse según las cosas, cualidades y actividades indicadas. Usen formas comparativas y superlativas, según el modelo.

MODELO tener más / menos zapatos
Tú: *Tengo diez pares de zapatos.*
Compañero(a): *Yo tengo veintidós pares de zapatos. Tú tienes menos zapatos que yo.*
Tú: *Sí, tú tienes más zapatos. ¡Tienes muchísimos!*

Activity 5 practices comparatives and superlatives, using vocabulary from **Volume 2, Chapter 8**.

1. gastar más / menos dinero al mes
2. ser más / menos generoso(a)
3. comprar ropa más / menos cara
4. pagar las cuentas más / menos puntualmente
5. necesitar más / menos tiempo para vestirse
6. dar más / menos importancia a la moda
7. ir de compras más / menos frecuentemente
8. cambiar de ropa durante el día más / menos

6 **Las posesiones personales** Trabajen en grupos de tres. Cada persona debe escribir el nombre de tres posesiones personales (prendas de ropa o accesorios) en tres pedazos *(pieces)* de papel. Después, túrnense para darle un trozo de papel a otra persona del grupo. Comenten lo que pasa, según el modelo.

MODELO (Tú le das un trozo de papel a otro[a] compañero[a].)
Tú: *Edward, te doy mi chaqueta de cuero.*
Compañero(a) 1: *Amelia me dio su chaqueta de cuero.*
Compañero(a) 2: *Es verdad. Se la dio.*

7 **Hábitos de comida** Con un(a) compañero(a), túrnense para comentar sus hábitos de niño(a) con relación a la comida. Sigan el modelo.

MODELO Tú: *Yo nunca comía los vegetales.*
Compañero(a): *Yo comía vegetales, pero no me gustaba comer fruta.*

Hábitos: (no) ayudar con la preparación de la comida, (no) comer muchos o pocos vegetales / frutas, (no) comer mientras ver televisión, (no) ir frecuentemente a restaurantes de comida rápida, (no) pedir muchos dulces a mis padres, (no) saber preparar algunos platos, (no) tener que comer toda mi comida antes de levantarse de la mesa, ¿...?

8 **Las comidas y rutinas** Con un(a) compañero(a), túrnense para contestar las preguntas.

1. ¿Qué cosas comías frecuentemente cuando eras niño(a)? ¿Qué cosas comiste durante la semana pasada?
2. ¿Qué restaurantes te gustaban más cuando eras niño(a)? ¿A qué restaurantes fuiste durante el mes pasado?
3. ¿A qué hora comías la cena cuando eras niño(a)? ¿A qué hora la comiste ayer?
4. ¿Tenías que poner la mesa cuando vivías con tus padres? ¿Cuándo fue la última vez que lo hiciste?
5. ¿Ibas mucho a los mercados al aire libre en el pasado? ¿Cuándo fue la última vez que fuiste a uno?

9 **¿Qué tal el menú?** Con un(a) compañero(a), creen seis comentarios para el menú de un nuevo restaurante. Usen formas de **se** en los letreros y sigan los modelos.

MODELOS *Nuestros pescados son riquísimos. Se los recomendamos.*
Se preparan los platos con los mejores ingredientes.
Nuestro restaurante es el sitio perfecto para relajarse.

10 **¿Es de quién?** Con un(a) compañero(a), miren los dibujos y hagan una correspondencia probable entre las personas (y el animal) y sus cosas. Después, hablen de quién es cada objeto, según el modelo.

Activity 10 practices stressed possessives, using vocabulary from **Volume 2, Chapter 10**.

MODELO *¿De quién es el...?*
Es de... Es suyo.

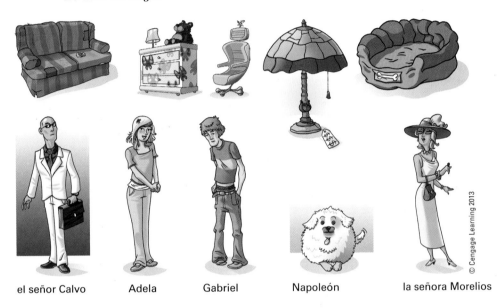

| el señor Calvo | Adela | Gabriel | Napoleón | la señora Morelios |

© Cengage Learning 2013

11 **¿Hace cuánto tiempo?** Con un(a) compañero(a), túrnense para decir por cuánto tiempo haces o no haces las actividades indicadas, según el modelo.

Activity 11 practices **hace** with time expressions, using vocabulary from **Volume 2, Chapter 10**.

MODELOS *Hace dos semanas que no lavo la ropa.*
Hace tres días que estudio para los exámenes.

Actividades: (no) arreglar el dormitorio, (no) comer pizza para la cena, (no) estudiar para los exámenes, (no) jugar un videojuego, (no) lavar los platos, (no) lavar la ropa, (no) ¿...?

12 **Cuéntame…** Con un(a) compañero(a), túrnense para contestar las siguientes preguntas.

Activity 12 practices the uses of **por** and **para**, using vocabulary from **Volume 2, Chapters 8, 9,** and **10**.

1. ¿Viajas mucho por avión? ¿por tren?
2. ¿Para cuándo tienes que hacer la tarea?
3. ¿Para quién compras regalos?
4. ¿Cuánto pagas por tu ropa?
5. ¿Haces algunos quehaceres por tus compañeros de cuarto o amigos?
6. ¿Por qué (no) limpias tu dormitorio?
7. ¿Comes más por el día o por la noche?
8. ¿Adónde vas para comprar la comida?

A ver

ESTRATEGIA

Using background knowledge to anticipate content

If you have a rough idea of what a video segment is about before you watch it, you can often predict what some of its content will be. Think about the topic and what kinds of situations are likely to arise. Ask yourself what kind of language you associate with these situations. By organizing your thoughts in advance, you prepare yourself to understand the content more easily.

Your background knowledge about this video segment includes the knowledge that it is about community and the things that people do in their communities. How does that help you prepare for viewing the video?

1 Trabaja con un(a) compañero(a) para contestar las siguientes preguntas.

1. ¿Qué es un programa de entrevistas? ¿Cuál es el motivo para transmitir un programa de entrevistas a través del cable local?

2. Piensen en los temas de las actividades en la sección **A repasar**. ¿Cuáles de esos temas crees que se van a usar en las entrevistas?

3. El nombre del programa de entrevistas es *"Conoce a tu comunidad"*. ¿De qué creen que se va a tratar *(is going to be about)*?

4. Mira las fotos de las personas entrevistadas. ¿Son todas de una sola comunidad o de varias comunidades por todo el mundo?

Verónica

Ricardo

Paola

Essdras

Andrés

Nicole

Bruna

Marcela

Alex

Michelle

Mariana

Winnie

© Cengage Learning 2013

5. Basándose en sus respuestas a las preguntas 1-4, hagan una predicción sobre qué van a ver en el programa de entrevistas *"Conoce a tu comunidad"*.

2 Para prepararte a ver el programa de entrevistas, escribe cinco palabras que asocias con cada tema.

1. las tiendas en tu barrio
2. los pasatiempos para los ratos libres
3. la compra de ropa
4. los restaurantes
5. el apartamento o la casa

▶ **Ver**

3 Ahora mira el programa de entrevistas "*Conoce a tu comunidad*".

>> ## Después de ver

4 Contesta las siguientes preguntas sobre el programa de entrevistas. Escucha el programa más de una vez si necesitas buscar algunas de las respuestas.

1. ¿Qué tiendas hay en el barrio de Verónica? ¿de Ricardo? ¿de Paola?
2. ¿Qué hace Essdras en su tiempo libre? ¿Andrés? ¿Nicole?
3. ¿Dónde compra la ropa Bruna? ¿Marcela? ¿Alex?
4. ¿Dónde prefiere comer Michelle, en casa o en un restaurante? ¿y Cristina?
5. ¿Cómo es el cuarto de Winnie? ¿de Carlos?

5 Con un(a) compañero(a), comparen sus comunidades con las de los entrevistados. Contesten las siguientes preguntas y escriban sus respuestas. Al final, júntense con otra pareja para compartir y comparar sus respuestas. Guarden la información para usar en la sección **A escribir** en las páginas P3-10 y P3-11.

1. ¿Qué tiendas hay en tu barrio?
2. ¿Qué te gusta hacer en los ratos libres?
3. ¿Dónde compras tu ropa?
4. ¿Prefieres comer en casa o en un restaurante?
5. ¿Dónde vives? ¿Cómo es tu apartamento o casa?
6. Completen las siguientes oraciones:

   ▪ Mi comunidad es más similar a la de [nombre de entrevistado(a)] porque…
   ▪ Mi comunidad es más diferente de la de [nombre de entrevistado(a)] porque…

A escribir

>> **Antes de escribir**

ESTRATEGIA

Identifying your target audience

You've already learned a variety of writing strategies in your introductory study of Spanish. As you write, always focus on a mix of strategies to help you approach a specific task. Given the nature of this task, this particular strategy will help you prepare your information before you write.

While you are planning, consider who will read your final written piece. Your intended reader's identity is the crucial element that helps you establish its format, tone, and content. For example, imagine that you are writing two different descriptions of the same event. How would your description vary if you were writing it for a close friend as opposed to someone you had never met? Focusing on your intended audience is the first step toward creating an effective written piece.

1 Vas a escribir un folleto (*brochure*) para atraer a nuevos residentes a tu comunidad. Para empezar, completa la siguiente tabla. Usa tus notas de la **Actividad 5** en la sección **A ver** y añade la otra información necesaria.

Tiendas buenas:

Cosas que puedes hacer en los ratos libres:

Restaurantes recomendados:

Parques cercanos y otros sitios de interés:

Barrios interesantes:

Otros aspectos que te gustan:

2 Trabaja con un(a) compañero(a) de clase para crear un lema *(slogan)* para su comunidad o barrio. Pueden usar los siguientes lemas de diferentes estados como inspiración.

- Alabama la Bella
- California: El Estado de Oro
- Massachusetts: El espíritu de América
- Minnesota: La Tierra de 10.000 Lagos
- Missouri: El Estado de las Cavernas
- Yo amo a Nueva York.
- Oregon: Aquí, todo es diferente.
- Tienes un amigo en Pensilvania.
- Rhode Island: Relájate
- Todo es más grande en Texas.
- Viriginia es para amantes.
- ¡Escápate a Wisconsin!

3 Con tu compañero(a), hablen del folleto y la información que debe presentar. Comparen sus tablas de la **Actividad 1** y consideren a su audiencia —las personas que están contemplando la posibilidad de trasladarse *(to move)* a su comunidad. ¿Cuáles son algunos atractivos que les van a interesar? ¿Qué fotos deben incluir ustedes para mostrarles la belleza de su comunidad? ¿Van a contar algo de la historia de la región? Finalicen su plan y busquen mayor información según sea necesario.

>> ## Composición

4 Trabaja con tu compañero(a) para escribir el folleto. Deben usar el lema que escribieron en la **Actividad 2** y seguir el plan que hicieron en la **Actividad 3**. Pueden crear el folleto en la computadora o a mano, pero el borrador debe indicar el diseño del folleto, su texto y los elementos visuales (como los mapas y fotos). Usen mandatos de **usted** o de **tú**, según su audiencia y el nivel *(level)* de formalidad del folleto.

>> ## Después de escribir

5 Miren su borrador otra vez. Usen la siguiente lista para revisarlo.

- ¿Tiene su folleto un enfoque específico y detalles interesantes?
- ¿Presenta la información de una manera que sea atractiva a su audiencia?
- ¿Hay concordancia entre los artículos, sustantivos y adjetivos?
- ¿Usan las formas correctas de todos los verbos?
- ¿Usan bien los pronombres (directos, indirectos, dobles, demostrativos)?
- ¿Usan los mandatos correctos?
- ¿Hay errores de puntuación o de ortografía?

Gabriela Medina/Getty Images

LAS RELACIONES PERSONALES

Todos tenemos varias "tribus" — los familiares, amigos, compañeros, colegas y otras personas que juegan un papel clave en nuestras vidas.

Para ti, ¿quiénes son las personas más importantes de tu vida? ¿Te importan mucho o poco las relaciones personales?

Communication

By the end of this chapter you will be able to

■ talk about friendship and love
■ write a soap opera episode and a blog post about it
■ describe guests at a wedding
■ express desires and wishes
■ share opinions

Un viaje por Venezuela

Venezuela es un país rico en recursos naturales, incluso el petróleo. La cordillera de los Andes pasa por la parte oeste del país. En las regiones al este y al sur hay áreas grandes de llanos *(plains)* y sabanas *(grasslands)*. Venezuela tiene una costa caribeña, que comparte con Colombia.

País / Area	Tamaño y fronteras	Sitios de interés
Venezuela 882.050 km²	más de dos veces el área de California; fronteras con Brasil, Guyana y Colombia	el salto *(falls)* Ángel, que está situado en el Parque Nacional Canaima; la isla Margarita; la selva amazónica; los Llanos y la Gran Sabana; las dunas de arena *(sand)* en el Parque Nacional Los Medanos de Coro

¿Qué sabes? Di si las siguientes oraciones son ciertas **(C)** o falsas **(F)**.

1. Según los datos, Venezuela es un poco más grande que California.
2. Salto Ángel, el salto más alto del mundo, está en el Parque Nacional Los Medanos de Coro.
3. Venezuela tiene una geografía diversa — hay montañas, dunas, selva, llanos y sabanas.
4. La producción de petróleo es una industria importante en Venezuela.

Lo que sé y lo que quiero aprender Completa la tabla del **Apéndice A**. Escribe algunos datos que **ya sabes** sobre Venezuela en la columna **Lo que sé**. Después, añade algunos temas que **quieres aprender** a la columna **Lo que quiero aprender**. Guarda la tabla para usarla otra vez en la sección **¡Explora y exprésate!** en la página 23.

Cultures

By the end of this chapter you will have explored

- facts about Venezuela
- the long history of Venezuelan cinema
- Latin American *telenovelas*
- Venezuelan weddings

¡Imagínate!

NARRACIÓN: La última vez que los vimos, estaban **disfrutando de** su juventud, **su amistad** y sus aventuras en la Universidad de Costa Rica. A ver, vamos a **recapitular**. ¿Quiénes son amigos? ¿Quiénes son **novios**? ¿Quién le interesa a quién?

Cuando los vemos por primera vez, Beto y Javier no **se conocen**. Pero cuando Anilú **se da cuenta** que Javier tiene el celular de su amigo Beto, hace una **cita** con los dos para **corregir** la situación.

>> **La vida sentimental** *Love life*

The word **alianza** can also mean wedding ring.

In this chapter, you are learning that **cita** means *date*. In Chapter 13, you will learn that it can also mean *appointment*. Compare:

Tengo **una cita** con David este fin de semana.

Tengo **una cita** con el doctor mañana a las diez.

Novio(a) means *boyfriend / girlfriend*, but as you'll see in **Vocabulario útil 2**, it can also mean *bride / groom*.

Juan cree que María es su **novia**, pero María dice que ella no tiene **novio**.

La novia llegó a la iglesia un poquito tarde. **El novio** estaba muy nervioso.

Las relaciones *Relationships*
la alianza *alliance*
la amistad *friendship*
las amistades *friends*
el amor *love*
la aventura amorosa *affair*
la cita *date*
 ...a ciegas *blind date*
el noviazgo *engagement*

Las personas
el amante *lover*
el (la) enemigo(a) *enemy*
el (la) novio(a) *boyfriend, girlfriend*

la pareja *couple*
 ...malemparejada *mismatched couple*
el (la) querido(a) *beloved*
el (la) rompecorazones *heartbreaker*

Los sentimientos *Feelings*
la alegría *joy, happiness*
el cariño *affection*
la cobardía *cowardice*
la esperanza *hope*
la pesadilla *nightmare*
la tristeza *sadness*

Querido(a) can be used in different ways. You have probably already seen it as a greeting in letters:

Querido Juan: *Dear John,*

As an adjective, it can mean *beloved, fondest,* or even *well-liked:*

Regreso a mi **querido** Denver. *I am returning to my beloved Denver.*

Mis recuerdos más **queridos** son de Colorado. *My fondest memories are of Colorado.*

La señora García es una profesora muy **querida** por todos. *Mrs. Garcia is a well-liked professor.*

Querido can also be used as a noun. Close friends and lovers use it as the endearment *darling, dear* or *sweetheart.*

Oye, **querida**, ¿me puedes echar una mano?

Hey, sweetheart, could you lend me a hand?

As an emotional term with varying shades of intimacy, **querido** can have a wide range of meanings, so be careful! Listen to how native speakers use this word before you try it yourself.

Verbos

atraer (like **traer**) *to attract*
burlarse de *to make fun of*
calentarse (ie) *to heat up; get heated up (about)*
comprometerse *to get engaged*
conocerse *to meet; to get to know each other*
corregir *to correct*
darse cuenta de *to realize, to find out*
disfrutar de *to enjoy*
echar de menos *to miss*
emocionarse *to be moved; to get excited (about)*
enterarse de *to find out*
esforzarse (ue) *to make an effort*
estar con *to be with*
estar juntos *to be together*
estar peleados *to be on the outs; to be broken up*

impresionar *to impress*
olvidar *to forget*
perdonar *to forgive*
recapitular *to sum up, recap*
romper con *to break up with*
traicionar *to betray*

Adjetivos

amistoso(a) *friendly*
bromista *joker; prankster*
cariñoso(a) *affectionate*
cobarde *cowardly*
comprensivo(a) *understanding*
enamorado(a) *in love*
exagerado(a) *tends to exaggerate*
experimentado(a) *experienced*
íntimo(a) *intimate, close*
sensible *sensitive*
valiente *brave*

> Notice that native speakers use **por, para** and **en** with the verb **esforzarse**:
>
> Se esforzó para terminar la tarea.
>
> Se esforzó por cuenta tuya.
>
> Se esforzó en no sonreír cuando le sacaron la foto.

> Review the following words that you have already learned. They will be used frequently in this chapter.
>
> **enamorarse** *to fall in love*
>
> **hacerse amigos(as)** *to become friends*
>
> **llevarse bien / mal con** *to get along well (badly) with*
>
> **salir con** *to go out with; to date*
>
> **sufrir** *to suffer*

ACTIVIDADES

1 **La carta de amor** Completa la carta de amor que Graciela le escribió a su ex novio Alberto. Usa las palabras de la lista.

Palabras: alegría, alianza, amante, amor, cariño, cita a ciegas, echo de menos, enemigo, esperanzas, estamos peleados, perdonarme, pesadilla, querido, tristeza

Querido Alberto: No sé por qué (1) _____. Sé que te enojaste cuando me viste hablando con Ramiro, tu peor (2) _____. Pero tienes que creerme cuando te digo que no le tengo nada de (3) _____, todo lo contrario. No sabes la (4) _____ que siento que no estemos juntos. Me acuerdo de la (5) _____ que sentía cuando nos paseábamos por el campus, mano en mano. Gracias a mi amiga Rosario, tuvimos esa primera (6) _____ y ya sé que tú eres el único (7) _____ para mí. Es una (8) _____ vivir sin ti. Tienes que (9) _____. La (10) _____ del corazón que tenemos es especial y sé que nunca encontraré el (11) _____ que siento contigo con ningún otro. Tengo muchas (12) _____ que volvamos a ser novios. ¡No me rompas el corazón! ¡Mándame un mensaje de texto, (13) _____! Te (14) _____.

2 La telenovela

Una aficionada *(fan)* de la telenovela **Rompecorazones** escribe un blog que resume las primeras semanas de la serie. Completa su blog con las palabras correctas de la lista. Usa la forma presente de los verbos y haz concordancia entre los verbos y sus sujetos.

Verbos: atraer, calentarse, comprometerse, conocerse, disfrutar de, emocionarse, enterarse, esforzarse, estar con, estar juntos, estar peleados, perdonar, recapitular, romper con

Otras palabras: comprensivo(a), rompecorazones

Voy a (1) _____ la historia de Dagoberto y Herlinda, los protagonistas de la telenovela **Rompecorazones**. ¡No se burlen de mí! Soy muy sentimental. Dagoberto y Herlinda (2) _____ desde hace más de cinco años. Ahora no se hablan. (3) _____ desde hace un mes por primera vez. (4) _____ en la fiesta de Mariana. Herlinda es muy amistosa y eso (5) _____ a Dagoberto. Dagoberto es muy (6) _____ y eso atrae a Herlinda. El problema al principio es que Dagoberto está comprometido con otra. Tiene que (7) _____ ella antes de salir con Herlinda. Las cosas (8) _____ cuando Dagoberto (9) _____ por impresionar a Herlinda con las historias de su pasado. Luego, Herlinda (10) _____ de que Dagoberto tiene la reputación de (11) _____. Él se pone triste cuando Herlinda le dice que no puede (12) _____ él. Pero ella lo (13) _____ cuando él le explica que ha cambiado *(has changed)*. Los dos sufren en silencio. Al final, (14) _____ su reunión y (15) _____ de nuevo. Me encantan las historias de parejas felices.

3 ¡Exagerado!

En grupos de tres, háganse preguntas y describan a los varios personajes del video. Averigüen cómo son y por qué creen que son así.

MODELO bromista

> *Sergio es muy bromista. Primero trata de impersonar*
> *(to impersonate) a Experto10. Luego se burla mucho de*
> *Beto en el gimnasio.*

1. amistoso(a)
2. cariñoso(a)
3. cobarde
4. comprensivo(a)
5. exagerado(a)
6. sensible
7. valiente

4 Un episodio

En grupos de cuatro, desarrollen un episodio de una telenovela u otro programa de televisión. Inventen seis personajes que tienen ciertas características y hablen sobre las aventuras románticas entre los seis.

¡Fíjate! La vida sentimental y las telenovelas venezolanas

Las telenovelas son historias románticas que tratan del *(are about)* amor, la traición, la tristeza, la alegría, el coraje, la cobardía, los amigos y los enemigos, las bodas y los divorcios, las parejas malemparejadas y las parejas ideales y todo que trae consigo *(with it)* la vida sentimental. Las telenovelas latinoamericanas son distintas a las *soap operas* estadounidenses en dos sentidos fundamentales: (1) En EEUU, los programas no tienen fin, pueden continuar por décadas. En Latinoamérica, tienen una duración predeterminada, generalmente no más de seis meses. Por eso, la trama *(plot)* se desarrolla con bastante rápidez. (2) En EEUU, no se educa al público sobre un tema sociocultural. En cambio, las telenovelas latinoamericanas suelen *(tend to)* incorporar un mensaje educativo, tal como la importancia del tratamiento de la adicción.

Joe Cavaretta/MCT /Landov

Hay cuatro subgéneros de telenovela en Latinoamérica: (1) los melodramas de las clases trabajadoras: generalmente tratan de una mujer o un hombre pobre que se enamora de alguien de clase alta; (2) los romances históricos: tratan de un período histórico como los tiempos coloniales o la revolución industrial; (3) los misterios: generalmente tratan de un asesino en serie *(serial killer)*; y (4) las comedias románticas: éstas son melodramas que tratan del amor de una manera cómica. Recientemente, temas que antes habían sido prohibidos, como la violencia urbana, el racismo y la orientación sexual, empiezan a aparecer en las telenovelas latinoamericanas.

Venezuela es uno de los principales productores mundiales de telenovelas. Muchas de sus telenovelas han sido exportadas a México, Brasil, Colombia y EEUU. Con títulos como *Amor comprado, Dulce enemiga, Cara sucia, Bellísima* y *Pecado de amor*, la producción de telenovelas en Venezuela tiene una historia larga y rica. ¿Por qué no mejoras tu español a través de una telenovela venezolana?

Práctica En grupos de tres o cuatro personas, hablen de los siguientes temas.

1. ¿Qué piensan sobre las diferencias entre las telenovelas latinoamericanas y las *soap operas* de EEUU?

2. En su opinión, ¿debe tener una telenovela una duración corta o larga? ¿Debe tratar temas con un mensaje educativo? ¿Por qué sí o no?

3. ¿Han visto un episodio de una telenovela en uno de los canales de televisión en español que hay en EEUU? ¿Cuál? ¿Cómo es?

NARRACIÓN: ¿Quién crees que se va a **emparejar** con quién? ¿Te puedes imaginar un **boda** entre dos de estos estudiantes? ¿Hay aquí unos futuros **marido** y **mujer**? ¿Quiénes van a ser **los padrinos** y **las damas de honor**?

>> **La boda** *The wedding*

Las personas

los padrinos — el novio — la novia — las damas de honor

los invitados

"Los declaro marido y mujer."

Like its adjective form, **querido**, the verb **querer** has a variety of usages and meanings. In previous chapters, you learned:

Quiero comprarme una tableta nueva.

*I **want** to buy a new tablet.*

It can also mean *to love* in the same way that **amar** is used.

Dagoberto **quiere** a Herlinda. La **ama** mucho.

*Dagoberto **loves** Herlinda. He **loves** her very much.*

Querer can also be used in a lighter sense.

Los estudiantes **quieren** mucho a la profesora García.

*The students **like / are very fond of** Professor García.*

Las celebraciones *Celebrations, Festivities*

el aniversario de bodas *wedding anniversary*
el banquete *banquet*
el beso *kiss*
el brindis *toast*
el buffet *buffet*
la caricia *caress*
la ceremonia religiosa / civil *religious / civil ceremony*
la luna de miel *honeymoon*
la reunión *reunion*
la sorpresa *surprise*
los votos matrimoniales *marriage vows*

Verbos
abrazar *to hug*
acariciar *to caress*
acercarse a *to get nearer to; to get close to*

acordarse (ue) de *to remember*
alejarse de *to distance oneself from*
amar *to love*
aparecer (aparezco) *to appear*
brindar *to toast*
casarse (con) *to get married (to)*
celebrar *to celebrate*
desaparecer (desaparezco) *to disappear*
devolver (ue) *to return*
emparejarse *to pair off*
festejar *to celebrate; to party*
invitar *to invite*
llorar *to cry*
querer (ie) *to love*
regalar *to give as a gift*
resultar *to result in*

© Cengage Learning 2013

5 **La boda de tu amigo(a)** Un(a) amigo(a) íntimo tuyo(a) se va a casar. Tú le vas a ayudar con los planes. Pregúntale varias cosas sobre la boda. Él (Ella) va a contestarte.

MODELO   invitados: tener lista
          Tú: *¿Ya tienes una lista de los invitados?*
          Compañero(a): *No, todavía no tengo la lista de los invitados.*

1. la ceremonia religiosa / civil: saber dónde va a tener lugar
2. el banquete: quién va a preparar
3. el buffet: qué se va a servir
4. el brindis: quién va a hacer
5. la luna de miel: adónde van a ir
6. sorpresa: tener para tu novio(a)

6 **El video de la boda** El camarógrafo hace una narración mientras graba los momentos clave de una boda. Completa su narración con las palabras correctas del vocabulario.

1. Cuando _____ la novia en su vestido blanco, todo el mundo voltea *(turns)* a verla.
2. En sus _____, los novios prometen amarse para siempre, hasta que la muerte los separe.
3. Los novios se dan un _____ después de los votos matrimoniales.
4. La novia _____ la cara del novio.
5. La madre de la novia _____ de emoción y el padre se esfuerza por no hacerlo.
6. La familia y las amistades _____ la unión con un banquete y baile.
7. El padrino _____ por la pareja con una copa de champán.
8. Los invitados les _____ a los novios muchas cosas útiles para su hogar.
9. Se ve que algunos solteros *(bachelors)* y solteras *(bachelorettes)* _____ en la boda porque existe un aire romántico.
10. En mi experiencia como camarógrafo, las bodas a menudo _____ en parejas nuevas.

> Traditions around the maid of honor and best man vary by country. The maid (or matron) of honor is sometimes called **la madrina** to distinguish her from **las damas de honor**. Depending on the country, **la madrina** may be the bride's mother or a close friend. The best man is **el padrino**, as are all the groomsmen. **El padrino** can also be the bride's father. The full bridal party is **el cortejo**.

7 **El día antes de la boda** En grupos de tres, representen la siguiente situación. Ustedes tres son los mejores amigos del (de la) novio(a). Es la noche antes de la boda. Decidan entre sí *(among yourselves)* qué van a hacer y quién se encarga *(who's in charge)* de qué.

MODELO   Compañero(a) #1: *¡Tenemos que festejar con la novia su último día de soltera (single)! ¿Adónde la llevamos?*
          Compañero(a) #2: *¿Por qué no vamos a Shangri-La? La música es muy buena y podemos comer algo mientras celebramos.*
          Compañero(a) #3: *Estás loco(a). La novia tiene que descansar. Mañana es el día más importante de su vida.*

○ >> Vocabulario útil 3

© Cengage Learning 2013

NARRACIÓN: **Entretanto,** ¿hay amor en el aire? Beto se esfuerza por impresionar a Dulce, en el gimnasio y cuando van de picnic. Le dice muchas cosas para atraerla. Y Dulce, ¿cree que Beto es su pareja ideal? ¿O sabe que las historias de Beto no son **tal como las pinta**? Es una historia de parejas **malemparejadas**.

Verbs like **graduarse** require an accent on the **u** in their conjugated forms. (**gradúa, gradúas,** etc.) in order to maintain correct pronunciation.

When someone is widowed, you use the verb **quedarse**.

La señora Garza **se quedó viuda** recientemente.

Mrs. Garza was recently widowed.

To say someone is married, divorced or separated, use the verb **estar**.

Hernán **está casado,** pero su hermano **está divorciado**.

Hernán is married, but his brother is divorced.

To say someone is a married person, a single person, or a widow / widower, use **ser**.

Maricarmen **es soltera** y su hermano **es viudo**. Su primo **es casado**.

Maricarmen is a single woman and her brother is a widower. Her cousin is a married man.

>> Etapas de la vida *Stages of life*

el **nacimiento** *birth*
la **infancia** *infancy, childhood*
la **niñez** *childhood*
la **adolescencia** *adolescence*
la **juventud** *youth*
la **madurez** *maturity*
la **vejez** *old age*
la **muerte** *death*

nacer (nazco) *to be born*
crecer (crezco) *to grow*
graduarse de *to graduate from*
separarse de *to separate from*
divorciarse de *to divorce from*
quedarse solo(a) *to remain alone; to be left alone*
jubilarse *to retire*
morir (ue) *to die*

El estado civil *Marital status*
casado(a) *married*
  ...**recién casado(a)** *recently married*
  ...**recién casados** *newlyweds*

divorciado(a) *divorced*
separado(a) *separated*
soltero(a) *single*
viudo(a) *widowed*
el **matrimonio** *marriage*
la **separación** *separation*
el **divorcio** *divorce*

Frases útiles
a medida que *as*
a pesar de *in spite of*
entretanto *meanwhile, in the meantime*
hacer cuentas *to sum up*
mantener en sintonía *stay tuned*
mientras tanto *meanwhile, in the meantime*
tal como (lo/los/las) pinta *the way he (she) tells it*

Soltero(a) and **viudo(a)** can be used as adjectives or as nouns. Compare:

Rosa es madre **soltera**. *Rosa is a **single** mother.*

Casi todos de mis amigos son **solteros**. *Most of my friends are bachelors.*

La señora González se quedó **viuda** este año. *Mrs. Gonzalez was widowed this year.*

Es **viuda** de golf. *She's a golf widow.*

ACTIVIDADES

8 **¿En qué etapa?** Empareja la etapa de la vida en la primera columna con una frase de la segunda columna para completar las oraciones de una manera lógica.

1. Durante la adolescencia,
2. Durante la vejez,
3. El nacimiento de un bebé
4. Durante la niñez,
5. Durante la madurez,
6. Durante la primera infancia,
7. Durante la juventud,
8. Al final de una vida larga,

a. es un momento muy feliz en la vida de los padres.
b. uno explora sus intereses, disfruta de su vida universitaria , se gradúa y busca una carrera que le interese.
c. uno se casa, o quizás se separa de su pareja, o se divorcia.
d. uno empieza a tener sentimientos románticos y su cuerpo empieza a madurar.
e. uno puede esperar la muerte con serenidad.
f. uno va a la escuela, juega con sus amigos y aprende más de su lugar en el mundo.
g. uno crece, aprende a caminar, hablar y reconocer a parientes.
h. uno se jubila, descansa y disfruta de su tiempo libre.

9 **El estado civil** Contesta las siguientes preguntas sobre tus conocidos. Escribe con todo el detalle que puedas.

- ¿Conoces a alguien recién casado? ¿Cómo fue el matrimonio?
- ¿Conoces a alguien divorciado? ¿Cómo fue el divorcio?
- ¿Conoces a alguien malemparejado? ¿Por qué crees que no debe estar en esa relación?
- ¿Conoces a alguien separado? ¿Cuánto tiempo dura la separación?
- ¿Conoces a un soltero o soltera? ¿Cómo son?
- ¿Conoces a un viudo o viuda? ¿Qué pasó?

10 **Frases útiles** En grupos de tres, representen la siguiente situación: Son guionistas *(scriptwriters)* de una teleserie popular. Tienen que escribir un guión para un resumen de la temporada anterior. Usando las frases útiles del vocabulario, escriban el guión del resumen. Pueden usar las ideas de la **Actividad 2** o pueden inventar una teleserie nueva.

MODELO *Dagoberto y Herlinda se conocen en la fiesta de Mariana. Se enamoran locamente. Dagoberto es un rompecorazones y le cuenta historias a Herlinda para impresionarla. Herlinda se da cuenta de que no todo es tal como lo pinta.*

A ver

ESTRATEGIA

Using a diagram to track content

When you are watching a video segment that has a lot of information, it's helpful to take notes to keep track of it all. In some cases, using a diagram to organize your notes will give you a greater understanding of how the different pieces of information relate to each other.

Antes de ver Ya conocen a los seis personajes del video: Anilú, Beto, Chela, Dulce, Javier y Sergio. Hagan una lista con dos o tres palabras que asocian con cada uno(a).

Ver Mientras ves el video, haz una copia más grande del siguiente diagrama y úsalo para anotar información que se relacione con cada personaje. Primero, incluye un adjetivo o frase descriptiva que se usa en el video para decribir a Anilú, Beto, Dulce y Sergio, y tres que se usan para describir a Chela y Javier. Después, dibuja líneas para indicar las relaciones entre ellos: ¿se conocen o no se conocen?

Después de ver Di si las siguientes oraciones son ciertas (**C**) o falsas (**F**) y corrige las oraciones falsas.

_____ 1. Los estudiantes del video estudian en la Universidad de Costa Rica.

_____ 2. Sergio es Experto10.

_____ 3. Anilú es Autora14.

_____ 4. Chela es una persona honesta.

_____ 5. Beto se burla mucho de Sergio.

_____ 6. Chela cree que Sergio es un rompecorazones.

_____ 7. La historia del video es una de parejas malemparejadas.

_____ 8. Anilú y Javier pasan como barcos (*ships*) en la noche.

▶ >> Voces del mundo hispano

© Cengage Learning 2013

En el video para este capítulo Carlos, Emiliano, Juan Carlos, Raquel, Pablo, Diego, Maca y Andrew hablan de sus familias y sus relaciones personales. Lee las siguientes oraciones. Después mira el video una o más veces para decir si las oraciones son ciertas (**C**) o falsas (**F**).

1. Carlos y Emiliano nacieron en Buenos Aires, Argentina.
2. Carlos y Emiliano dicen que son personas alegres y que les gusta mucho la música.
3. Juan Carlos es de una familia de ocho hijos--tiene tres hermanas y cuatro hermanos.
4. Raquel tiene dos hermanas, una de 23 años y otra de 16 años.
5. Pablo tiene dos hermanas y la hermana mayor tiene dos hijos.
6. Diego vive con su pareja desde hace más de cinco años.

🔊 >> Voces de Estados Unidos

Track 2

Gustavo Dudamel, director de orquesta

Rich Copley/ZUMA Press/Newscom

❝ La música en sí es un camino infinito y, como todo, tiene momentos de creación y de redescubrimiento. Y la música clásica siempre se recrea, incluso con el mismo director y la misma orquesta tocando el mismo concierto ❞

Así dice el joven director de orquesta de origen venezolano, Gustavo Dudamel. De estilo casual y amante de la música de Bob Marley y del merengue, Gustavo Dudamel rompe los estereotipos de la música clásica. Uno de los músicos más influyentes del mundo, Dudamel es director de la Orquesta Filarmónica de Los Ángeles, la Sinfónica de Gotemburgo y la Sinfónica Simón Bolívar, de Venezuela. El maestro venezolano es producto del Sistema de Orquestas Juveniles e Infantiles de Venezuela, una famosa red de programas de educación musical. Denominado "el hombre que rejuvenece la música clásica" por la revista National Geographic, Dudamel es fundador y director de programas de educación musical para jóvenes pobres en Latinoamérica y Estados Unidos.

¿Y tú? ¿Qué importancia tienen las artes en tu vida? ¿Crees que es importante apoyar *(to support)* las artes? ¿Por qué sí o no?

¡Prepárate!

Expressing hopes and wishes: The subjunctive mood, part 1

Cuando yo tenga hijos, **quiero que aprendan** a ser responsables desde muy pequeños.

Cómo usarlo

LO BÁSICO

As you know, a *verb tense* is a form of a verb that indicates *when* an action took place, is taking place, or will take place. The present indicative, the present progressive, the preterite, and the imperfect are all *verb tenses*. (The preterite and imperfect are different aspects of the past tense.)

Mood refers to a verb form that expresses *attitudes* towards actions and events.

1. Verbs can be used to express *time* (with tenses) and *attitudes* (moods) in both Spanish and English. You have already learned to use the *indicative mood* (to make statements, ask questions, and express objective, factual, or real information) and the *imperative mood* (to give commands).

2. The *subjunctive mood* allows the speaker to express a variety of subjective nuances, such as hopes, wishes, desires, doubts, and opinions. The subjunctive is also used to express unknown or hypothetical situations. Although the subjunctive mood exists in English, it is usually used only in literature or in formal written communication.

> In this chapter, you will focus on forming the present subjunctive correctly and using it to express hopes, wishes, emotions, and opinions.

3. Like the indicative mood, the subjunctive mood has tenses. The *present subjunctive*, like the present indicative, expresses what happens regularly, what is happening now, and what is about to happen. The difference is that the present subjunctive views these present-tense events through a subjective, emotional, or contrary-to-fact filter.

Compare the following sentences that contrast the uses of the present indicative and the present subjunctive.

Present indicative	Present subjunctive
Hago una cita con Marcos.	Mi madre **quiere que** yo **haga** una cita con Marcos.
Mis abuelos **celebran** su aniversario de oro este año.	**Espero que** mis abuelos **celebren** su aniversario de oro este año.
Tú **te casas** en mayo.	**Recomiendo** que **te cases** en mayo.
La pareja **vive** en una casa nueva.	Sus padres **insisten en que** la pareja **viva** en una casa nueva.
¡El buffet **es** fantástico!	La novia **pide que** el buffet **sea** fantástico.

4. Notice that in the sentences on page 14, the subjunctive is used when there is a change of subject; in other words, when someone else wishes another person to take (or not take) some sort of action. This change of subject is signaled by the word **que**. These kinds of sentences are called complex sentences. They contain an independent clause (Person 1 + verb) and a dependent clause (Person 2 + verb), which follows the word **que**. You'll learn more about complex sentences later in this chapter and also in **Chapters 12** and **13**.

Person 1 + indicative verb + **que** + Person 2 + subjunctive verb

Adela	**quiere**	**que**	**Elmer**	***sea un padrino.***
Adela	*wants*	*(that)*	*Elmer*	*to be a groomsman.*

5. Here are some verbs that you can use to express what people wish, need, request, desire, or want others to do (or not to do!). (These are known as verbs of volition.)

aconsejar	*to advise*	**permitir**	*to permit, allow*
desear	*to wish*	**prohibir**	*to forbid*
esperar	*to hope*	**querer (ie)**	*to wish; to want*
insistir en	*to insist*	**recomendar (ie)**	*to recommend*
mandar	*to order*	**requerir (ie, i)**	*to require*
necesitar	*to need*	**sugerir (ie, i)**	*to suggest*
pedir (i, i)	*to ask, request*		

> Remember that if there is no change of subject in the sentence, the infinitive is used: **Adela quiere invitar a Elmer a ser un padrino.** Note that this is not *always* the case for these kinds of verbs. For example, **esperar** can trigger the subjunctive without a change of subject: **Esperamos que no lleguemos tarde.**

> Note that the subjunctive often translates into English as an infinitive and the word **que** usually isn't translated.

Can you find the subjunctive form in the second sentence of this intro to an article on a Venezuelan wedding planning website? What present-indicative verb triggers the use of the subjunctive?

eReportaje

E-Reportaje: Mi boda en el lugar ideal

Cuando estás organizando tu boda, uno de los puntos más importantes es la elección del lugar. Sin duda alguna toda novia quiere que su boda sea especial, pero dependiendo del presupuesto, el tiempo o las facilidades, la boda podrá ser especial en un salón de fiestas, en casa de tu madrina o en los salones especiales de un hotel.

29 jul 10

Seguir leyendo...

💬 1 comentarios 👤 1266 lecturas

Photo: Reprinted by permission of Floreven. Text: Reprinted by permission of Gerencia Altamira Medios.

1 **Análisis, parte 1** Con un(a) compañero(a) de clase, miren las siguientes oraciones y divídanlas en dos partes, según el modelo. Después, escriban el verbo conjugado *(conjugated)* de cada parte de la oración en la columna correcta de la tabla.

MODELO El novio prohíbe que los invitados saquen fotos durante la ceremonia.
El novio prohíbe que / los invitados saquen fotos durante la ceremonia.

Verbo de la primera parte	Verbo de la segunda parte
prohíbe	saquen

1. Los padres de Ana quieren que ella se gradúe de la universidad en mayo.
2. ¡Recomendamos que tú te alejes de ese rompecorazones ahora mismo!
3. Espero que ustedes celebren el nacimiento de mi nieto conmigo.
4. La novia necesita que las damas de honor le ayuden con su vestido.
5. Pido que ustedes me perdonen la molestia.
6. Su madre desea que Elena rompa con Manuel.
7. Nuestros padres insisten en que no nos casemos antes de graduarnos.
8. Ustedes sugieren que lleguemos temprano a la ceremonia.

2 **Análisis, parte 2** Ahora, miren los verbos de la segunda columna de la tabla, que son formas del presente de subjuntivo. ¿A cuáles dos de las siguientes formas verbales son semejantes estas formas del subjuntivo? ¿Mandatos afirmativos de **tú**, mandatos negativos de **tú**, mandatos de **usted / ustedes**, el pretérito o el imperfecto?

3 **A ver** Con un(a) compañero(a), indentifiquen las formas del subjuntivo.

1. ¡Esperamos que nadie llore durante la ceremonia!
2. El novio quiere que su padrino se acuerde del anillo.
3. La pareja desea que el destino de la luna de miel sea un secreto.
4. Todos esperamos que ellos estén juntos para siempre.
5. Mi amiga pide que yo le describa el vestido de la novia.
6. Sus amigos recomiendan que ellos escriban sus propios votos matrimoniales.

Sonrisas

Comprensión Mira el dibujo e identifica todas las formas del subjuntivo. ¿Conoces a alguien como el esposo del dibujo, que siempre necesita que otros hagan todo por él o ella? ¿Qué cosas pide?

Gramática útil 2

Expressing hopes and wishes: The subjunctive mood, part 2

© Cengage Learning 2013

Sí, un padre excelente... eres un buen cocinero, te gustan los quehaceres domésticos, **quieres que tus hijos sean** trabajadores.

Using the **yo** form of the verb makes sure that any irregularities such as stem changes are automatically carried over into the present subjunctive forms.

Notice the similarity between the subjunctive forms and the **usted / ustedes** command forms, both of which are based on the idea of using "opposite vowel endings."

Cómo formarlo

1. To form the subjunctive, take the present indicative **yo** form of the verb, delete the **o**, and add the following subjunctive endings.

	hablar	comer	escribir
yo	habl**e**	com**a**	escrib**a**
tú	habl**es**	com**as**	escrib**as**
usted / él / ella	habl**e**	com**a**	escrib**a**
nosotros / nosotras	habl**emos**	com**amos**	escrib**amos**
vosotros / vosotras	habl**éis**	com**áis**	escrib**áis**
ustedes / ellos / ellas	habl**en**	com**an**	escrib**an**

2. **-Ar** and **-er** stem-changing verbs follow the same stem-changing pattern that they use in the present indicative. However, **-ir** stem-changing verbs show a stem change in the **nosotros** and the **vosotros** forms as well.

-ar verb: pensar	p**ie**nse, p**ie**nses, p**ie**nse, pensemos, penséis, p**ie**nsen
-er verb: poder	p**ue**da, p**ue**das, p**ue**da, podamos, podáis, p**ue**dan
-ir verb: pedir	p**i**da, p**i**das, p**i**da, <u>p**i**damos</u>, <u>p**i**dáis</u>, p**i**dan

Note that **dormir** and **morir** show an additional **o → u** change in the **nosotros** (d<u>u</u>rmamos, m<u>u</u>ramos) and **vosotros** (d<u>u</u>rmáis, m<u>u</u>ráis) forms.

3. Preterite spelling-change verbs (**-car** verbs: **c → qu**, **-gar** verbs: **g → gu,** and **-zar** verbs: **z → c**) have the same change in all subjunctive forms.

buscar	bus**que**, bus**ques**, bus**que**, bus**quemos**, bus**quéis**, bus**quen**
llegar	lle**gue**, lle**gues**, lle**gue**, lle**guemos**, lle**guéis**, lle**guen**
comenzar	comien**ce**, comien**ces**, comien**ce**, comen**cemos**, comen**céis**, comien**cen**

4. The following verbs have irregular present subjunctive forms.

Dar and **estar** are irregular only because you remove the **-oy** ending in the **yo** form and then add accented endings for all forms except **nosotros(as)** and **vosotros(as)**.

	dar	estar	ir	saber	ser
yo	**dé**	**esté**	**vaya**	**sepa**	**sea**
tú	**des**	**estés**	**vayas**	**sepas**	**seas**
usted / él / ella	**dé**	**esté**	**vaya**	**sepa**	**sea**
nosotros / nosotras	**demos**	**estemos**	**vayamos**	**sepamos**	**seamos**
vosotros / vosotras	**deis**	**estéis**	**vayáis**	**sepáis**	**seáis**
ustedes / ellos / ellas	**den**	**estén**	**vayan**	**sepan**	**sean**

♦)) **4 Abuela quiere que...** Abuela viene a la ceremonia de boda de su nieto
Track 3 Andrés. Ella es un poco mandona *(bossy)* y tiene muchas ideas y sugerencias.
Escucha sus comentarios y escribe la frase que mejor complete cada oración.

MODELO   Escuchas: Miguelín, debes hacer el primer brindis.
Ves: Abuela quiere que Miguelín (bailar con la novia / hacer
el primer brindis).
Escribes: Abuela quiere que Miguelín <u>haga el primer brindis.</u>

1. Abuela quiere que Marcos (saludar a todos / abrazar a todos).
2. Abuela quiere que María (hablar con el chef / poner comida en el buffet).
3. Abuela no quiere que los invitados (comer demasiado / quedarse sin comida).
4. Abuela quiere que Marilena (bailar mucho / dar su lista al DJ).
5. Abuela quiere que le gente mayor *(older)* (poder bailar / poder cantar).
6. Abuela quiere que todos (hablar el día de la ceremonia / llevarse bien).

5 ¿Qué quieren? Crea oraciones completas con formas del subjuntivo
para decir qué quiere cada persona indicada. Sigue el modelo.

MODELO   el padre de la novia: su hija comprar un vestido barato
El padre de la novia quiere que su hija compre un vestido barato.

1. la novia / sus padres pagar los costos de la boda
2. el novio / yo hablar con todos los invitados
3. el enemigo del novio / la novia romper con él
4. nosotros / tú hacer el primer brindis
5. tú / la banda tocar música buena
6. yo / nosotros hacer planes para después de la ceremonia

> Don't forget that verbs
> ending in **-car, -gar**, and
> **-zar** have a spelling
> change in the subjunctive:
> **buscar → busque,**
> **llegar → llegue,**
> **abrazar → abrace.**

👥 **6 Nuestras recomendaciones** Con un(a) compañero(a), usen ideas de la
lista para completar las oraciones con sus recomendaciones.

MODELO   Sugerimos que los enemigos...
Sugerimos que los enemigos traten de llevarse bien.

Ideas: divorciarse, hacerse amigos(as) de muchas personas, participar en
muchas actividades sociales, romper con su(s) amante(s), salir con más /
menos personas, separarse, tratar a los otros con más respeto, tratar de
llevarse bien, ¿...?

1. Sugerimos que los novios (no)...
2. Sugerimos que los rompecorazones (no)...
3. Recomendamos que una persona recién divorciada (no)...
4. Recomendamos que los viudos (no)...
5. Aconsejamos que la pareja malemparejada (no)...

Gramática útil 3

Expressing opinions and emotions: The subjunctive with impersonal expressions

Es mejor que reconsideremos esta cita.

1. You have learned to form the present subjunctive tense and to use it with verbs of volition to express wishes and desires.

Queremos que la reunión **sea** una sorpresa.	*We want the reunion to be a surprise.*
Los invitados **piden que** la banda **toque** más canciones de amor.	*The guests request that the band play more love songs.*
Espero que ellos **se comprometan**.	*I hope that they get engaged.*

2. The present subjunctive is also used in a variety of other contexts, which you will learn here and in **Chapters 12** and **13**.

3. Impersonal expressions, such as **es bueno, es malo**, and **es fantástico**, also require the subjunctive. Note that here the subjunctive occurs in complex sentences with **que**, just like the sentences you formed in **Gramática útil 2** using verbs of volition.

Es bueno que los invitados **disfruten** de la celebración.	*It's good that the guests enjoy (are enjoying) the celebration.*
No es lógico que ellos no **se conozcan**.	*It's not logical that they don't know each other.*
¡Es extraño que Margarita **tenga** tantos enemigos!	*It's strange that Margarita has so many enemies!*
No es necesario que todos **asistan** a la ceremonia.	*It's not necessary that everyone attend the ceremony.*

4. Here are some impersonal expressions that are frequently used with the present subjunctive to express emotions and opinions.

Impersonal expressions		
es bueno	es imprescindible *(essential)*	es mejor
es extraño *(strange)*	es interesante	es necesario
es fantástico	es una lástima	es ridículo
es horrible	es lógico	es terrible
es importante	es malo	

5. Note that in situations where there is no change of subject (and **que** is not used), you use the infinitive instead of the subjunctive.

Es importante llegar a tiempo.	vs.	**Es importante que lleguemos** a tiempo.
No es necesario traer un regalo.	vs.	**No es necesario que traigas** un regalo.

ACTIVIDADES

7 **Reglas de oro** Escucha mientras Sebastián habla de sus siete "reglas de oro" *(golden rules)* y crea oraciones completas según el modelo.

Track 4

MODELO   Escuchas: Regla número 1. Es muy importante que los novios no se
comprometan demasiado temprano.
Ves: Regla número 1. Es importante que... (comprometerse)
Escribes: *...los novios no se comprometan demasiado temprano.*

Regla número 2. Es recomendable que... (hacerse amigos)
Regla número 3. No es lógico que... (llevarse mal, romper la relación)
Regla número 4. Es mejor que... (salir)
Regla número 5. Es bueno que... (tratar de)
Regla número 6. No es necesario que... (impresionar)
Regla número 7. Es imprescindible que... (disfrutar)

8 **¿Y ustedes?** Trabajen en parejas y usen palabras de las columnas para escribir por lo menos seis reglas sobre la amistad y el amor. Sigan el modelo.

MODELO   *Es importante que las parejas se esfuercen por hacer planes para
citas formales de vez en cuando.*

es bueno que	los amigos	llevarse bien / mal
es malo que	los novios	acordarse de...
es necesario que	las parejas	alejarse de...
es mejor que	las personas divorciadas	acercarse a...
es lógico que	los viudos y las viudas	conocerse
es ridículo que	los enemigos	esmerarse por
¿...?	¿...?	¿...?

9 **Consejos para todos tipos** En grupos de cuatro personas, hagan los papeles de *(role-play)* cuatro de los siguientes personajes. ¿Qué consejos tienen los unos para los otros? Usen expresiones impersonales con **que** para expresar sus opiniones y sugerencias y sigan el modelo.

MODELO   El Cobarde: *¿Romper con tu novio? ¡Es mejor que sufras en silencio!*

El (La) Bromista: La vida es para reírse. ¡No toma nada en serio!

El (La) Rompecorazones: Mientras te habla, ¡está mirando a los demás!

El (La) Exagerado(a): No necesita las telenovelas — ¡su vida es puro drama!

El (La) Comprensivo(a): Es el (la) amigo(a) perfecto(a) — ¿o tal vez algo más?

El (La) Experimentado(a): ¡Sabe todo... y ha hecho *(has done)* aun más!

El (La) Cobarde: No le gusta el conflicto. ¿Y hablar de las emociones? ¡Ni
hablar! *(No way!)*

¡Explora y exprésate!

Venezuela

Carmelo Gil/iStockphoto

Información general

Nombre oficial: República Bolivariana de Venezuela

Población: 27.223.228

Capital: Caracas (f. 1567) (3.300.000 hab.)

Otras ciudades importantes: Maracaibo (2.000.000 hab.), Valencia (900.000 hab.), Maracay (500.000 hab.)

Moneda: bolívar

Idiomas: español (oficial), lenguas indígenas (araucano, caribe, guajiro)

Mapa de Venezuela: Apéndice D

Vale saber...

Susana Gonzalez/Reuters/Landov

- Venezuela declara la independencia de España en 1811. Con Colombia, Ecuador y Panamá, forma parte de la Gran Colombia hasta 1830, cuando se convierte en país independiente.

- Hay más de 26 grupos indígenas en Venezuela hoy día. Los wayúu (o guajiros) son el pueblo indígena más grande. Otro pueblo importante son los yanomami, que viven en el Amazonas y se conocen por su respeto hacia la naturaleza.

- Venezuela tiene las reservas de petróleo más grandes de cualquier país de Sudamérica.

- Venezuela se conoce por su industria televisiva y cinematográfica.

El cine venezolano

El cine venezolano tiene una larga historia, empezando en 1897 con el realizador (*producer*) Manuel Trujillo Durán, cuando estrenó dos películas filmadas en Venezuela en el Teatro Baralt en Maracaibo. Hacia finales de los años 20, el cine nacional comienza a tener una presencia regular en las pantallas del país. Hoy día, la afición al cine de la comunidad venezolana continúa y los cineastas venezolanos siguen realizando *(continue making)* películas de gran interés nacional e internacional. La Cinemateca Nacional en Caracas se dedica a preservar y mantener el patrimonio cinematográfico de Venezuela con su departamento del Archivo fílmico. Igualmente fomenta *(promotes)* el futuro del cine venezolano con su programa de formación y participación en el cual los niños pueden aprender del arte del cine y disfrutar de *(enjoy)* la riqueza audiovisual venezolana. Con la Cinemateca, Venezuela asegura su importancia fílmica en el teatro global.

Courtesy of Fundación Cinemateca Nacional de Venezuela

>> En resumen

La información general

1. ¿Qué países forman la Gran Colombia?
2. ¿Cuántos grupos indígenas hay en Venezuela hoy día?
3. ¿Cuál es el pueblo indígena más grande de Venezuela?
4. ¿Qué pueblo indígena de Venezuela se conoce por respetar la naturaleza?
5. ¿Qué tiene Venezuela que son las más grandes de todo Sudamérica?
6. ¿Por cuál industria se conoce Venezuela?

El tema del entretenimiento y el arte

1. ¿Cuándo empieza la historia del cine venezolano?
2. ¿Qué realizador estrenó dos películas filmadas en Venezuela?
3. ¿Cuándo empieza a tener una presencia regular el cine nacional en las pantallas del país?
4. ¿Qué fundación se dedica a preservar y fomentar el cine venezolano?

🌐 ¿QUIERES SABER MÁS?

Revisa y rellena la tabla que empezaste al principio del capítulo. Luego, escoge un tema para investigar en línea, y prepárate para compartir la información con la clase.

También puedes escoger de las palabras clave a continuación o en **www.cengagebrain.com.**

Palabras clave: (Venezuela) los yanomami, el petróleo, parque nacional Canaima, Rómulo Gallegos, Carolina Herrera

🌐 **Tú en el mundo hispano** Para explorar oportunidades de usar el español para estudiar o hacer trabajos voluntarios o aprendizajes en Venezuela, sigue los enlaces en **www.cengagebrain.com**.

🎧 **Ritmos del mundo hispano** Sigue los enlaces en **www.cengagebrain.com** para escuchar música de Venezuela.

A leer

ESTRATEGIA

Guessing word meaning from context

You can often guess a word's meaning by looking at the context around it. Here's an example from the reading: **Esta lista termina con alguien que no debería estar en la boda, pero siempre <u>logra</u> entrar en ella.** The first part tells you this person shouldn't be in the wedding. From that you can guess **logra** means *manages*: but he always *manages* to enter it.

This chapter's reading describes some of the "typical" personality types who attend Venezuelan weddings. It comes from *Sala de Espera* (www. saladeespera.com), a general-interest Venezuelan magazine with both print and online versions.

1 Familiarízate con estas palabras antes de leer la lectura.

1. muere por una **minilumpia**... por un **tequeño**
2. donde entran los **mesoneros**
3. tiende a **ayunar** durante el día
4. **agarrar** más de un **pasapalo**... de las **bandejas**
5. abramos nuestras **neveras**
6. **embadurnadas** con paté

a. *covered* in paté
b. *we open our refrigerators*
c. *is dying for a mini eggroll... for a cheese stick*
d. *where the waiters enter*
e. *tends to fast during the day*
f. *grabbing more than one appetizer... from the trays*

2 Esta lectura tiene varias formas gramaticales y expresiones que no sabes. Haz correspondencia entre ellas y sus equivalentes en inglés.

1. en qué mesa **le haya tocado**
2. **hará** siempre lo posible
3. que **ha asistido** en su vida
4. siempre **me he preguntado**
5. el **hecho** de tomar una foto
6. **puede haberse divertido**
7. **cayese** víctima del hampa
8. **perdiese** su cámara
9. **me ha provocado esconderles**
10. **se perdería**
11. **no debería** estar en la boda
12. todos los demás **responderán**

a. *everyone else **will respond***
b. ***would lose***
c. ***I have** always **asked myself***
d. ***were to fall** victim to the criminal underworld*
e. ***has prompted me to hide***
f. *at whatever table **has been assigned** to him*
g. *that he **has attended** in his life*
h. ***should not** be at the wedding*
i. *the **act** of taking a photo*
j. ***were to lose** her camera*
k. ***can have had fun***
l. ***will** always **do** whatever possible*

3 Ahora lee el artículo y busca el significado de estas palabras, según su contexto.

1. mala educación (El comelón)
2. costumbre (La fotógrafa obsesiva)
3. sorteado (La que se lleva...)
4. arrocero, caradura (El arrocero)

Cinco personajes indispensables de la boda venezolana

Por Pedro Camacho

El comelón

Muere por una mesa de queso. Muere por una minilumpia. Y, por sobre todas las cosas, muere por un tequeño. Al llegar a la fiesta, sin importar en qué mesa le haya tocado, hará siempre lo posible por estar cerca de la puerta por donde entran los mesoneros. Por lo general se hace amigo de ellos, pidiéndoles que no dejen de llevarle pasapalos por su puesto y que "no lo dejen morir". A pesar de estar bastante consciente de que los días después de cada matrimonio al que ha asistido en su vida amanece[1] indigestado, siempre comete el mismo error de comer de más. Incluso tiende a ayunar durante el día para tener suficiente espacio en la noche. Consejo: al menos de que seas este personaje que ya todos saben que come demasiado y lo quieren a pesar de eso, agarrar más de un pasapalo por vez de las bandejas de los mesoneros es considerado mala educación.

La fotógrafa obsesiva

Siempre me he preguntado cómo alguien cuya[2] cara nadie recuerda en algún contexto que no incluya el hecho de tomar una foto, puede haberse divertido en la fiesta. Su cámara está adherida a su mano[3]. Si al salir de la fiesta cayese víctima del hampa y perdiese su cámara, se perdería por lo menos 60% del total de fotos tomadas en la fiesta. Recientemente descubrí una nueva costumbre fastidiosa[4] de este personaje, que consiste en acercarse a los invitados, abrazarlos y luego estirar el brazo que le queda libre[5] (que además es el que tiene la cámara) para poder tomar la foto de ambos y salir retratada[6] con cada invitado de la fiesta. Siempre me ha provocado esconderles la cámara mientras están en el baño para ver cómo pierden los estribos[7] y arruinan la fiesta, obligando a todos los demás a buscar debajo de las mesas.

prominx/iStockphoto

La que se lleva lo que quedó de la comida

Cuando estemos en nuestras casas el día siguiente de la boda, abramos nuestras neveras y veamos que podemos hacernos un sándwich con jamón serrano y queso tentación, unas galletas embadurnadas con paté y finalizarlo todo con un buen trozo de torta de boda, demos gracias a Dios por la existencia de este personaje y agradezcamos[8] que tuvo el coraje y la falta de vergüenza como para llevarse un sorteado de comida de la fiesta entre platitos plásticos.

[1]*awakens* [2]*whose* [3]**adherida...:** *glued to her hand* [4]*tiresome, tedious* [5]**estirar...:** *to stretch out the arm that remains free* [6]*pictured* [7]*lose their temper* [8]*we give thanks*

El padre orgulloso

Probablemente es el personaje, sin contar los dos que se están casando, más feliz de toda la fiesta. El día de la boda es una montaña rusa[9] de emociones que lo llevan de la alegría desbordada[10] al llanto desaforado[11] en instantes. Entre sus principales (y más aburridas) tareas se encuentran la de recibir las felicitaciones de todas las personas de la fiesta, un interminable caminar de mesa en mesa ejercitando los más diversos estilos de conversación trivial, que van desde hablar del clima hasta un debate político, siempre respetando la regla dorada[12] de no pasar más de 10 minutos en cada mesa, para que el tiempo le rinda[13] y no deje a nadie por fuera. Cuenta sencilla: a 5 minutos por invitado, con sólo 100 invitados, implica 8 horas de estar parado[14], conversando. Consejo: Haga rendir[15] su tiempo. Su otro compromiso tradicional (por lo menos en Venezuela) es el de hacer el brindis y dar inicio al vals. Consejo para el discurso de brindis: debe tener un balance delicado entre humor y emotividad. Demasiada emotividad, arruinas el ánimo de la velada[16]. Demasiado humor, arruinas tu imagen de por vida.

El arrocero

Esta lista termina con un personaje que no debería estar en la boda, pero que siempre logra entrar en ella. Cuando toda la familia se reúne a ver las fotos, este es el personaje que la novia suele señalar, exclamando en voz alta: "¿Y este quién es?", a lo que todos los demás responderán: "¿Ah? Yo siempre pensé que era amigo tuyo…". Si eres lo suficientemente afortunado como para identificarlo el mismo día de la boda, haz lo posible por sacarlo cuanto antes, porque a estos parásitos no les basta haber entrado a la fiesta sin que los hayan visto[17], sino que tienden a consumir bebida y comida sin parar. Son verdaderos zamuros en busca de sitios para aterrizar[18]. Sus lugares favoritos son las bodas lujosas[19] en hoteles que poseen varios salones, ya que en esas ceremonias se supone que nadie será tan caradura como para querer entrar sin invitación.

Lisa F. Young/iStockphoto

Text reprinted by permission of Sala de Espera.

[9]*roller coaster* [10]*excessive* [11]*wild* [12]**regla…:** *golden rule* [13]**el…:** *the time be productive* [14]*standing* [15]**Haga…:** *Make productive*
[16]**ánimo…:** *the spirit of the evening* [17]**no…:** *it is not enough for them to have joined the party without having been seen*
[18]**zamuros…:** *turkey buzzards looking for places to land* [19]*luxurious*

Después de leer

4 Haz correspondencia entre las palabras que analizaste en la lectura y sus equivalentes en inglés. ¿Pudiste adivinar los significados correctos por los contextos de las oraciones?

1. mala educación
2. costumbre
3. sorteado
4. arrocero
5. caradura

a. *custom*
b. *wedding crasher*
c. *bad manners*
d. *nerve, chutzpah*
e. *selection*

5 Di si las siguientes oraciones sobre la lectura son ciertas (**C**) o falsas (**F**).

1. El comelón no come nada durante el día de la boda porque quiere prepararse para comer mucho durante la celebración esa noche.
2. El comelón les pide favores a los mesoneros.
3. A la fotógrafa obsesiva no le gusta aparecer en sus propias *(own)* fotos.
4. El autor no sabe cómo es posible que la fotógrafa obsesiva se divierta en las fiestas.
5. La persona que se lleva lo que quedó de la comida es una persona tímida.
6. El padre orgulloso no está muy contento durante la fiesta, pero está contento el próximo día.
7. El padre orgulloso tiene que usar su tiempo de una manera muy eficiente.
8. El autor compara al arrocero con un parásito.
9. Los arroceros hablan con todos, pero afortunadamente no beben ni comen mucho.

6 En grupos de tres o cuatro personas, describan cinco tipos típicos en las bodas en Estados Unidos. ¿Cómo son ellos y qué hacen durante las celebraciones de boda? Hagan una lista con una descripción completa de cada uno. Usen las categorías de la lectura o creen sus propias categorías.

7 En el mismo grupo de la **Actividad 6**, cada persona debe hacer el papel de uno de los tipos que describieron en su lista. Imaginen que todos están en la celebración de boda. ¿Qué dicen y qué hacen durante la fiesta? Representen sus conversaciones.

A escribir

ESTRATEGIA

Writing—Adding interest through word choice and sentence structure

You often have different purposes when you write. Sometimes you write for functional reasons, such as giving instructions or sharing information. Other times you write to persuade others to change their opinions or to take specific action. And other times you write to entertain others (and yourself).

A good example of this kind of writing is the reading in this chapter, **Cinco personajes indispensables de la boda venezolana**. The author deliberately chose interesting words and varied his sentence structure to keep his writing lively and entertaining. In this kind of writing, it's worth the extra effort to refine your word choices using a dictionary and to make sure your sentence structures are not repetitive.

1 Vas a escribir una descripción de varias fotos de una celebración de boda. El propósito *(purpose)* de tu descripción es el de entretener a tus amigos y familiares con tus comentarios. Antes de escribir, estudia los siguientes pares de oraciones para ver cómo las palabras y las estructuras de las oraciones afectan el nivel *(level)* de interés.

- La novia era muy bonita, pero no me gustó su vestido.

  vs.:

  La novia se esforzó mucho por su apariencia, y aunque ella era súper bonita, desgraciadamente, no puedo decir lo mismo de su vestido.

- El padre de la novia estaba muy nervioso.

  vs.:

  Se puede decir que el padre de la novia estaba nervioso, pero uno se pone nervioso al tomar un examen importante. Él, al contrario, estaba... ¡fuera del mundo estresado!

>> Composición

2 Mira las fotos en la página 29. Primero, escribe dos oraciones sencillas *(simple)* para cada una, dando tu reacción personal. Después, revisa tus comentarios para hacerlos más divertidos. Trata de variar las estructuras de las oraciones y buscar palabras más precisas para añadir interés a tus reacciones.

la torta de boda

los recién casados

las damas de honor y sus flores

el perro de la madre del novio

>> Después de escribir

3 Usa la siguiente lista para ayudarte a revisar tus comentarios.

- ¿Escogiste palabras interesantes y variaste la estructura de las oraciones?
- ¿Usaste bien el subjuntivo con expresiones impersonales y verbos de volición?
- ¿Usaste bien las formas del presente, pretérito, imperfecto y presente progresivo?
- ¿Hay concordancia *(agreement)* entre los artículos, los sustantivos *(nouns)* y los adjetivos?
- ¿Hay errores de puntuación o de ortografía?

Vocabulario

La vida sentimental *Love life*

Las relaciones *Relationships*
la alianza *alliance*
la amistad *friendship*
las amistades *friends*
el amor *love*
la aventura amorosa *affair*
la cita *date*
  ...a ciegas *blind date*
el noviazgo *engagement*

Las personas
el amante *lover*
el (la) enemigo(a) *enemy*

el (la) novio(a) *boyfriend, girlfriend*
la pareja *couple*
  ...malemparejada *mismatched couple*
el (la) querido(a) *beloved*
el (la) rompecorazones *heartbreaker*

Los sentimientos *Feelings*
la alegría *joy, happiness*
el cariño *affection*
la cobardía *cowardice*
la esperanza *hope*
la pesadilla *nightmare*
la tristeza *sadness*

atraer (*like* **traer**) *to attract*
burlarse de *to make fun of*
calentarse (ie) *to heat up; to get heated up (about)*
comprometerse *to get engaged*
conocerse *to meet; to get to know each other*
corregir *to correct*
darse cuenta de *to realize, to find out*
disfrutar de *to enjoy*
echar de menos *to miss*
emocionarse *to be moved; to get excited*
enamorarse *to fall in love*
enterarse de *to find out*
esforzarse (ue) por *to make an effort*

estar con *to be with*
estar juntos *to be together*
estar peleados *to be on the outs; to be broken up*
hacerse amigos(as) *to become friends*
impresionar *to impress*
llevarse bien / mal con *to get along well (badly) with*
olvidar *to forget*
perdonar *to forgive*
recapitular *to sum up, recap*
romper con *to break up with*
salir con *to go out with; to date*
sufrir *to suffer*
traicionar *to betray*

amistoso(a) *friendly*
bromista *joker; prankster*
cariñoso(a) *affectionate*
cobarde *cowardly*

comprensivo(a) *understanding*
enamorado(a) *in love*
exagerado(a) *tends to exaggerate*
experimentado(a) *experienced*

íntimo(a) *intimate, close*
sensible *sensitive*
valiente *brave*

La boda *The wedding*

Las personas
las damas de honor *bridesmaids*
los invitados *guests*
el marido / la mujer *husband / wife*
el (la) novio(a) *groom, bride*
los padrinos *groomsmen*

Las celebraciones *Celebrations, Festivities*
el aniversario de bodas *wedding anniversary*
el banquete *banquet*

el beso *kiss*
el brindis *toast*
el buffet *buffet*
la caricia *caress*
la ceremonia religiosa / civil *religious / civil ceremony*
la luna de miel *honeymoon*
la reunión *reunion*
la sorpresa *surprise*
los votos matrimoniales *marriage vows*

abrazar *to hug*
acariciar *to caress*
acercarse a *to get nearer to; to get close to*
acordarse (ue) de *to remember*
alejarse de *to distance oneself from*
amar *to love*
aparecer (aparezco) *appear*
brindar *to toast*
casarse con *to get married to*
celebrar *to celebrate*

desaparecer (desaparezco) *to disappear*
devolver (ue) *to return*
emparejarse *to pair off*
festejar *to celebrate; to party*
invitar *to invite*
llorar *to cry*
querer (ie) *to love*
regalar *to give as a gift*
resultar *to result in*

Etapas de la vida *Stages of life*
el nacimiento *birth*
la infancia *infancy, childhood*
la niñez *childhood*
la adolescencia *adolescence*
la juventud *youth*
la madurez *maturity*
la vejez *old age*
la muerte *death*

nacer (nazco) *to be born*
crecer (crezco) *to grow*
graduarse de *to graduate from*
separarse de *to separate from*
divorciarse de *to divorce from*
quedarse solo(a) *to remain alone; to be left alone*

jubilarse *to retire*
morir (ue) *to die*

El estado civil *Marital status*
casado(a) *married*
   ...recién casado(a) *recently married*
   ...recién casados *newlyweds*
divorciado(a) *divorced*
separado(a) *separated*
soltero(a) *single*
viudo(a) *widowed*

el matrimonio *marriage*
la separación *separation*
el divorcio *divorce*

Otras palabras y expresiones

Verbos
aconsejar *to advise*
desear *to wish*
esperar *to hope*
insistir en *to insist*
mandar *to order*
necesitar *to need*
pedir (i, i) *to ask, request*
permitir *to permit, allow*
prohibir *to forbid*
querer *to wish; to want*
recomendar (ie) *to recommend*
requerir (ie) *to require*
sugerir (ie, i) *to suggest*

Expresiones impersonales
es bueno *it's good*
es extraño *it's strange*
es fantástico *it's fantastic*

es horrible *it's horrible*
es importante *it's important*
es imprescindible *it's extremely important*
es una lástima *it's a shame*
es lógico *it's logical*
es malo *it's bad*
es mejor *it's better*
es necesario *it's necessary*
es ridículo *it's ridiculous*
es terrible *it's terrible*

Frases útiles
a medida que *as*
a pesar de *in spite of*
entretanto *meanwhile, in the meantime*
hacer cuentas *to sum up*
mantener en sintonía *stay tuned*
mientras tanto *meanwhile, in the meantime*
tal como (lo/los/las) pinta *the way he(she) tells it*

Repaso y preparación

Complete these activities to check your understanding of the new grammar points in **Chapter 11** before you move on to **Chapter 12**.

The answers to the activities in this section can be found in **Appendix B**.

The subjunctive mood with verbs of volition (pp. 14, 18)

1 Completa las oraciones con formas del presente de subjuntivo.

1. Mi amigo espera que su primo _____ (casarse) en junio.
2. El novio insiste en que sus padrinos le _____ (organizar) una fiesta de despedida de soltero.
3. Los otros invitados y yo pedimos que tú nos _____ (sacar) una foto.
4. Tú quieres que yo te _____ (traer) un plato de comida del buffet.
5. Los padres del novio prohiben que los invitados _____ (aplaudir) durante el primer beso.
6. La dama de honor sugiere que nosotros le _____ (regalar) unas copas para vino a la pareja.

2 Crea oraciones completas según el modelo.

MODELO el amante desear / su querida hacer planes para una excursión romántica
   El amante desea que su querida haga planes para una excursión romántica.

1. ella esperar / su madre no enterarse de su noviazgo
2. nosotros prohibir / ellos salir en una cita a ciegas
3. yo querer / tú impresionar a mis padres
4. tú no recomendar / yo graduarse temprano
5. ustedes pedir / nosotros asistir a la reunión
6. ellos desear / usted disfrutar de su fiesta de jubilación

The subjunctive with impersonal expressions (p. 20)

3 Sigue el modelo para crear oraciones con el presente de subjuntivo.

MODELO No es justo sufrir tanto por el amor. (ellos)
   No es justo que ellos sufran tanto por el amor.

1. No es bueno siempre estar peleado con los otros. (tú)
2. Es malo burlarse de las personas sensibles. (nosotros)
3. Es fantástico llevarse bien con todos. (usted)
4. Es terrible romper con su novio. (ella)
5. No es necesario salir con los amigos todas las noches. (yo)
6. Es interesante acordarse tan claramente de su niñez. (ellos)

4 Crea oraciones completas con el subjuntivo para dar tus opiniones sobre los temas indicados. Sigue el modelo.

MODELOS   (no) es importante / los novios conocerse por mucho tiempo antes
                de casarse

> *Es importante que los novios se conozcan por mucho tiempo
> antes de casarse. / No es importante que los novios se conozcan
> por mucho tiempo antes de casarse.*

1. es mejor / los padres no saber nada de la vida sentimental de sus hijos
2. es una lástima / a veces los buenos amigos pelearse
3. es normal / una pareja mal emparejada separarse
4. es lógico / algunas personas temer la muerte
5. es extraño / un viudo no querer casarse otra vez
6. es necesario / nosotros darse cuenta la importancia del amor y de la amistad

>> Preparación para el Capítulo 12

Ustedes commands (Chapter 6)

5 Usa mandatos afirmativos y negativos de **ustedes** para completar las instrucciones para los invitados a una boda en la isla Margarita en Venezuela.

¡Bienvenidos a nuestra boda!

La cena de ensayo (*rehearsal dinner*), vié a las 21:00

- 1. ¡_____ (Llegar) a tiempo, por favor! Vamos a sacar una foto del grupo entero a las nueve y media. 2. No _____ (esforzarse) por ponerse ropa elegante —todo es muy informal.
- Después de la cena hacemos karaoke en el bar del hotel 3. ¡_____ (Prepararse) para cantar!

La ceremonia religiosa, sáb a las 14:00

- 4. _____ (Vestirse) con ropa formal y 5. _____ (sentarse) según las instrucciones de los padrinos.
- 6. No_____ (ponerse) perfumes o 7. _____ (usar) productos personales con mucha fragancia, por favor.

La recepción en el salón del hotel, sáb, 16:00 a 17:00

- 8. _____ (Seguir) directamente desde la ceremonia a la recepción.
- Por favor, 9. _____ (pasar) primero por la parte central del salón para saludar a los novios. Después, 10. _____ (tomar) una copa de champán para hacer el brindis.

La fiesta en la playa, el sáb, 19:00 a ¿...?

- 11. _____ (Cambiarse) la ropa formal por algo más deportivo y ¡12. _____ (venir) listos para divertirse!
- ¡13. No _____ (comer) antes de llegar! Tenemos un buffet grande con mariscos, ceviche y mucho más.

Image: Janne Hämäläinen/iStockphoto; Text: © Cengage Learning 2013

Complete these activities to review some previously learned grammatical structures that will be helpful when you learn the new grammar in **Chapter 12**.

In addition, be sure to reread all three **Chapter 11: Gramática útil** sections before moving on to the **Chapter 12** grammar sections.

As you saw earlier in this chapter, present subjunctive forms are similar to **usted** and **ustedes** command forms (and also to negative **tú** command forms).

capítulo 12

¿Qué significa la cultura para ti?

CULTURAS

La palabra **cultura** puede significar muchas cosas —el arte, el ballet, los museos, el teatro, la ópera, Internet, la televisión, las películas, la música popular y más.

¿Qué significa "cultura" para ti? ¿Qué tipo de actividad cultural te gusta más?

Communication

By the end of this chapter you will be able to

- talk about popular and high culture
- express preferences and make suggestions about entertainment
- express emotion
- express doubt and uncertainty
- express unrealized desires and unknown situations

Un viaje por Colombia

Colombia es un país montañoso con regiones geográficas muy diversas. Es el único país de Sudamérica con costas en el Pacífico y el Caribe. También tiene selva amazónica y llanos. El país recibió su nombre del explorador italiano Cristóbal Colón (*Christopher Columbus*).

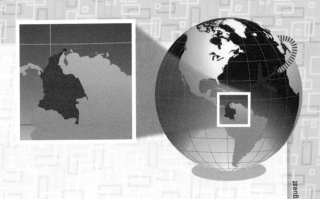

País / Área	Tamaño y fronteras	Sitios de interés
Colombia 1.038.700 km^2	casi dos veces el área de Texas; fronteras con Brasil, Ecuador, Panamá, Perú y Venezuela	los Andes, las islas de San Andrés y Providencia, la arquitectura y cultura de Santa Marta y Cartagena de Indias, el Parque Arqueológico de San Agustín, que tiene ruinas y estatuas de piedra creadas por una civilización precolombina desconocida

¿Qué sabes? Di si las siguientes oraciones son ciertas (**C**) o falsas (**F**).

1. Colombia es más o menos el mismo tamaño que Texas.
2. Tiene costas en el Pacífico pero no en el Caribe.
3. Tiene selvas, montañas, llanos e islas.
4. Las ruinas del Parque Arqueológico de San Agustín son los residuos de edificios de los exploradores italianos.

Lo que sé y lo que quiero aprender Completa la tabla del **Apéndice A**. Escribe algunos datos que **ya sabes** sobre Colombia en la columna **Lo que sé**. Después, añade algunos temas que **quieres aprender** a la columna **Lo que quiero aprender**. Guarda la tabla para usarla otra vez en la sección **¡Explora y exprésate!** en la página 55.

Cultures

By the end of this chapter you will have explored

- facts about Colombia
- MAMBO, a Colombian modern art museum
- *Elniuton.com*, a Colombian magazine and artistic movement that blends science, technology, art, and design
- new technologies for Spanish television, video, music, and Internet radio

◉ >> Vocabulario útil 1

JAVIER: ¿Qué clase de **películas** te gustan?

ANILÚ: Me encantan **las comedias románticas**. Quiero ver una película que me haga reír. ¿Y tú?

JAVIER: Bueno, está bien. Podemos ver una comedia.

ANILÚ: No contestaste mi pregunta.

JAVIER: A ver… me gustan **los dramas**… y **los documentales** me parecen siempre informativos. Leí **una crítica** de una película que parece muy buena… **Los críticos** la **calificaron con cuatro estrellas.**

ANILÚ: ¡La crítica! Yo nunca leo las críticas. En primer lugar, **los críticos** no saben de lo que hablan. Y en segundo lugar, prefiero formar mis propias opiniones.

Art-house or independent films, such as *Exit through the Gift Shop* and *Winter's Bone,* are referred to as **filmes / películas de autor**. Films from other countries, such as *Biutiful,* are referred to as **películas extranjeras**. In some countries, the word **largometraje** is used instead of **película** to refer to any full-length feature film. A **cortometraje** is a short film.

>> Clases de película

la comedia (romántica)

los dibujos animados

el documental

el drama

Clases de película

el misterio

la película de acción

la película de ciencia ficción

la película de horror / terror

© Cengage Learning 2013

 Sobre la película

el título *title*
doblado(a) *dubbed*
una película titulada... *a movie called . . .*
con subtítulos en inglés *with subtitles in English*
Se trata de... *It's about . . .*
la estrella de cine *movie star*

 El índice de audiencia

apto(a) para toda la familia
   G (for general audiences)
se recomienda discreción
   PG-13 (parental discretion advised)
prohibido para menores
   R (minors restricted)

 La crítica

calificar / clasificar con cuatro estrellas
   to give a four-star rating
el (la) crítico(a) *critic*
la reacción crítica *critical reaction*
la reseña / la crítica *review*

 En el cine

los chocolates *chocolates*
los dulces *candy*
la entrada / el boleto *ticket*
las palomitas (de maíz) *popcorn*

1 **Las películas populares** Trabaja con un(a) compañero(a) de clase. Digan qué clase de películas son las siguientes y cuál es su índice de audiencia. ¿Pueden adivinar cuáles son los títulos en inglés?

Película	Clase de película	Índice	Título en inglés
Megamente			
Harry Potter y las reliquias de la muerte			
El cisne negro			
La red social			
Incepción			

MODELO   Día de los Enamorados

Día de los Enamorados *es una comedia romántica. Se recomienda discreción. Su título en inglés es* Valentine's Day.

2 **¿Qué clase de película es?** En grupos de tres, cada persona escribe en unos pedacitos de papel el título de dos películas conocidas. Pongan los seis papelitos en el medio del grupo. La primera persona escoge un papelito y dice algo sobre la película. La segunda persona trata de adivinar el título de la película, y la tercera persona dice qué clase de película es.

MODELO   Tú: *Los actores principales son Ben Affleck y Jon Hamm.*
            Se trata de un ladrón (thief) *y el agente que lo busca.*
         Compañero(a) #1: *Es* The Town.
         Compañero(a) #2: *Es una película de acción.*

3 **¿Quieres ir al cine?** Quieres invitar a tu compañero(a) al cine, pero no sabes qué clase de películas le gustan. Conversen sobre sus preferencias y decidan qué película quieren ver. Pueden comentar sobre la reacción crítica, las reseñas que hayan leído y el índice de audiencia. ¡No tienen que estar de acuerdo sobre la película que quieren ver!

> Remember the phrase **me gustaría** *(I would like to)*? You can also use **me encantaría** *(I would love to).*

MODELO   Compañero(a): *¿Quieres ir al cine?*
         Tú: *Sí, qué buena idea.*
         Compañero(a): *¿Qué clase de películas te gustan?*
         Tú: *Me encantan los dramas. Hay una película clásica que me gustaría ver:* Casablanca *con Humphrey Bogart.*
         Compañero(a): *A mí no me gustan los dramas. Prefiero ver una película de acción…*

¡Fíjate!   Las películas: Técnica y tecnología

Como sabes, hay una gran variedad de modos para ver películas y videos en los televisores, las computadoras y otros aparatos. Y como aprendiste en el **Capítulo 4**, muchas de las palabras que se usan para hablar de la tecnología son muy semejantes al inglés, mientras otras mantienen sus raíces españolas. Este resumen de términos incluye algunos que ya sabes y otros que son nuevos.

> **alta definición:** *high definition*
> **bajar / descargar:** *download*
> **banda ancha:** *high-speed*
> **pago por visión:** *pay-per-view*
> **streaming / flujo de video en tiempo real:** *streaming video*
> **televisión de pago:** *pay TV;* también se conoce como
>   *enhanced cable* o *premium channels* en inglés
> **video a pedido / bajo demanda:** video on demand

Cuando se prepara una película para el mercado hispanohablante, es necesario que el diálogo sea doblado o que se añadan subtítulos en español. Pero muchas veces se cambia el título también, a veces con títulos en español que son diferentes para distintas regiones. No hay un sistema fijo *(fixed)*; a veces se mantienen los títulos originales en inglés (como *Toy Story, Up in the Air,* etc.) Otras veces se traducen los títulos directamente al español *(La red social, La saga crepúsculo, Harry Potter y las reliquias de la muerte).* Y en otros casos, los títulos en español son completamente diferentes de los títulos en inglés.

Práctica 1   Con un(a) compañero(a), traten de hacer correspondencia entre los títulos en español a la izquierda y los nombres originales de las películas en inglés a la derecha.

1. En tierra hostil
2. Todo incluido
3. La decisión de Anne
4. Rumores y mentiras / Se dice de mí...
5. Noche loca
6. Un sueño posible

a. Date Night
b. Easy A
c. The Hurt Locker
d. Couples Retreat
e. The Blind Side
f. My Sister's Keeper

Práctica 2   Con un(a) compañero(a), contesten las siguientes preguntas sobre sus preferencias con relación a las películas.

1. ¿Cómo prefieren ver las películas? ¿Van al cine o prefieren mirarlas en la televisión o en la computadora? ¿Cuáles son algunas ventajas *(advantages)* y desventajas de cada modo?

2. En su opinión, ¿por qué a veces cambian los nombres de las películas? ¿Qué ventajas ofrece? ¿Qué desventajas?

3. ¿Prefieren ver las películas extranjeras dobladas o con subtítulos? ¿Por qué?

ANILÚ: Dame ese **control** un momento. Voy a **cambiar de canal**. ¡Odio a **esa entrevistadora**!

>> **La televisión**

el cable *cable television*
cambiar el / de canal *to change the channel*
el control remoto *remote control*
en vivo *live*
el episodio *episode*
la estación *station*
grabar *to record*
por satélite *by satellite dish*
la teleguía *TV guide*

>> **Los programas de televisión**

la telecomedia *sitcom*
la teleserie *TV series*

las noticias

el programa de concursos

el programa de entrevistas

el programa de realidad

el teledrama

la telenovela

el (la) entrevistador(a) *interviewer*
el (la) locutor(a) *announcer*
el (la) participante *participant*
el (la) presentador(a) *host of the show*
el público *audience*
el (la) televidente *TV viewer*

ACTIVIDADES

4 **La tele** Identifica los siguientes programas y personas. Si es un programa, di qué clase de programa es. Si es una persona, di qué hace esa persona en la televisión.

1. Soledad O'Brien
2. *Project Runway*
3. Anderson Cooper
4. *Modern Family*
5. *The Bold and the Beautiful*
6. *20/20*
7. *The Wire*

5 **¡Dame ese control!** Con un(a) compañero(a), identifica los siguientes programas de televisión, di si te gustan y también di por qué sí o no. Luego, describe un programa del mismo género que te guste más. Explica por qué tu programa es superior al de la lista.

1. Es un programa de entrevistas en vivo. Las cuatro entrevistadoras hablan con estrellas de cine y cantantes o con políticos o expertos sobre temas importantes.
2. Es una telecomedia que ocurre en la escuela secundaria McKinley. Los estudiantes son cantantes en el coro de la escuela.
3. Es un programa de concursos. Cada semana, los participantes tienen que competir en un concurso de baile. Cada pareja incluye un bailador o bailadora profesional y una celebridad.
4. Es un teledrama que se sitúa en Nueva York en las oficinas de una agencia de publicidad. La acción ocurre en los años sesenta.
5. Es un programa de noticias que se transmite por la noche en NBC. Los episodios pueden incluir entrevistas con personas famosas, investigaciones de crímenes, homicidios y robos o eventos de interés nacional.

JAVIER: ¿Te gusta **la ópera**?

ANILÚ: ¡La ópera! ¡Ni muerta! Prefiero **los musicales, los shows** grandes de Broadway.

JAVIER: ¿Y qué clase de **música** te gusta?

ANILÚ: Tiene que ser **pop**.

JAVIER: A ver, vamos a hacer cuentas. A mí me gustan los documentales y los dramas, las palomitas, la ópera y **la música clásica**. Leo las críticas antes de salir a ver una película y me gusta escoger la película antes de salir de casa.

ANILÚ: Uy, no nos va muy bien, ¿eh?

Other types of music are: **la música alternativa, el jazz, la música folk, las baladas, el folk, el reggaetón.** Examples of Latino music are: **el mambo, la salsa, el merengue, la rumba, el tango, el flamenco, las rancheras.**

>> **La música**

la música clásica *classical music*
la música country *country music*
la música contemporánea *contemporary music*
la música mundial *world music*
la música pop *pop music*
el R & B *rhythm and blues*
el rap *rap*
el rock *rock*

>> **Arte y cultura** *The arts*

el baile / la danza *dance*
la escultura *sculpture*
el espectáculo *show*
la exposición de arte *art exhibit*
la obra teatral *play*
el musical *musical*
la ópera *opera*
la pintura *painting*
el show *show*

6 **¿Qué clase de arte te interesa?** Completa las siguientes oraciones con las palabras correctas de la lista.

1. Me encanta _____ de Rodin.
2. _____ de Picasso son mundialmente reconocidas.
3. En el mundo del _____, Isadora Duncan fue reina *(queen)*.
4. _____ *Wicked* tuvo mucho éxito por el mundo.
5. *Cat on a Hot Tin Roof* de Tennessee Williams es una _____ fenomenal.
6. Quiero ir al Museo de Arte Moderno en Nueva York para ver _____ latinoamericano.
7. ¿Cuál es tu _____ favorita? La mía es *Carmen*.

a. baile
b. ópera
c. la escultura
d. la exposición de arte
e. las pinturas
f. el musical
g. obra teatral

7 **Tus preferencias musicales** Habla con tu compañero(a) sobre sus preferencias musicales. Primero, identifica dos cantantes o grupos musicales que pertenezcan a cada una de las categorías. Luego, comparen sus preferencias musicales. Finalmente, informen a otra pareja sobre sus preferencias y ellos harán lo mismo.

Categorías
la música pop
la música country
la música mundial
el R & B
el rap
el rock

MODELO   Tú: *¿Conoces la música de Juanes?*
           Compañero(a): *No, ¿qué clase de música es?*
           Tú: *Es música rock pop con ritmos indígenas. ¿Qué clase de música te gusta a ti?*

8 **Una cita a ciegas** *(blind date)* Vas a salir en una cita a ciegas. Antes de salir, llamas por teléfono a la persona para decidir adónde van y qué van a hacer. Como sabes muy poco de los gustos de la persona, tienes que hacerle muchas preguntas sobre sus preferencias. Trabaja con un(a) compañero(a) e incluye en la conversación los temas de las películas, la televisión, la música, el arte y la cultura. Al final de la conversación, decidan adónde van a ir en su cita. Explíquenle a otra pareja en la clase qué decidieron hacer y ellos harán lo mismo.

As a variation, you can dramatize your phone conversation in front of the class.

MODELO   Tú: *¿Qué te gustaría hacer el viernes por la noche?*
           Compañero(a): *No sé. Creo que hay un concierto en el Auditorio Nacional muy bueno. ¿Qué clase de música te gusta?*

ESTRATEGIA

Listening for sequencing words

As you listen to this chapter's video segment, pay attention to sequencing words that help you understand the order in which things occur. Words such as **primero, segundo, luego, en primer lugar** (in the first place), **antes, después**, and **mientras** (while, during) can help you order the information in the video and aid your comprehension.

Antes de ver ¿Qué les gusta o no les gusta a Anilú y a Javier? Mira las páginas 36, 40 y 42 para ver sus gustos y disgustos. Haz una lista de por lo menos tres cosas que le gustan o no le gustan a cada persona.

© Cengage Learning 2013

Ver Mira el video para el **Capítulo 12.** Presta atención al uso de las palabras de secuencia.

Después de ver 1 Mira el video otra vez y usa las palabras de la estrategia **(primero, en primer lugar, en segundo lugar, antes, después o mientras)** para completar las siguientes oraciones. Después de completarlas, indica quién dijo cada una.

1. — _____, los críticos no saben de lo que hablan.

2. —¿Quieres ver la tele? Aquí tienes el control remoto _____ me esperas.

3. —Leo las críticas _____ de ir a ver una película y me gusta escoger la película _____ de salir de casa.

4. —Y _____, prefiero formar mis propias opiniones.

Después de ver 2 ¿A quién se describe? Trabaja con un(a) compañero(a) de clase para decir si las siguientes oraciones se refieren a Javier **(J)** o a Anilú **(A)**. Pueden referir a las listas que escribieron para la **Actividad 1** para ayudarles.

1. _____ Quiere ver la guía de películas en el periódico.
2. _____ Le gustan las comedias románticas.
3. _____ Le gustan los documentales.
4. _____ Le gusta leer las críticas de las películas.
5. _____ Prefiere comer palomitas durante una película.
6. _____ Le gusta comer chocolates en el cine.
7. _____ Le encantan los musicales y la música pop.
8. _____ Le gusta ir a la ópera.

Voces de la comunidad

▶ >> Voces del mundo hispano

En el video para este capítulo David, Ana María, Juan Carlos e Inés hablan de la cultura y las artes. Lee las siguientes oraciones. Después mira el video una o más veces para decir si las oraciones son ciertas (**C**) o falsas (**F**).

1. A Ana María y Juan Carlos les gustan los programas de drama.
2. A Juan Carlos e Inés no les gustan las comedias.
3. Ana María va al teatro muy frecuentemente.
4. Inés y Juan Carlos van al teatro para ver obras de baile.
5. David prefiere la música rock a la música latina.
6. A Ana María y David no les importa lo que dicen los críticos.

🔊 >> Voces de Estados Unidos

Track 5

Túpac Mantilla, percusionista

❝Pasé muchos años corriendo de la escuela al conservatorio para llegar a tiempo a las clases de música y después volver a casa para hacer la tarea —era una vida muy ocupada para un niño. Por supuesto, mi mamá quería que fuera (wanted me to be) el mejor pianista del mundo❞.

Aunque Túpac Mantilla no cumplió exactamente los deseos de su mamá, no la decepcionó tampoco. Todo lo contrario: el joven colombiano, que reside en Astoria, Nueva York, es uno de los percusionistas más destacados (*prominent*) de su generación. Colabora con músicos distinguidos tal como el pianista panameño Danilo Pérez y el guitarrista Julian Lage. Ha tocado en el Festival de Jazz de Newport, Lincoln Center y hasta Carnegie Hall. Es director del programa infantil del Festival de Jazz de Panamá y fundador y director de TEKEYÉ®, un grupo de música alternativa que ejecuta percusión con objetos de la vida diaria como fósforos (*matches*), escobas (*brooms*) y botellas, y que incorpora ritmos colombianos, teatro y baile. De hecho, Mantilla es experto en la percusión corporal, que consiste en golpes en las piernas, los pies, el pecho, los codos, los antebrazos, el estómago y la cara. Mantilla ha recibido numerosos premios, incluyendo una nominación Grammy por el mejor álbum de jazz contemporáneo.

¿Y tú? ¿Qué importancia tiene la música en tu vida? ¿Crees que todos debemos aprender a tocar un instrumento? ¿Por qué sí o no?

¡Prepárate!

Expressing emotion and wishes: The subjunctive with expressions of emotion and ojalá

[Cómo usarlo]

LO BÁSICO

- An independent clause is a phrase containing a verb that can stand alone as a complete sentence: **Están muy contentos.**
- A dependent clause is a phrase containing a verb that cannot stand alone as a complete sentence: **...que vayamos al teatro con ellos.**
- A complex sentence combines both independent and dependent clauses: **Están muy contentos de que vayamos al teatro con ellos.**

In **Chapter 11,** you learned to use the present subjunctive with verbs of volition—verbs that express what people want, need, hope, or wish other people will do and with impersonal expressions. You read and created complex sentences such as the following.

Es importante que ellos **vayan** al concierto.	*It's important* that they *go* to the concert.
Quiero que ellos me **lleven** el programa.	*I want* them *to bring* me a program.

In this chapter, you will learn three more uses of the present subjunctive.

You may want to review the present subjunctive forms you learned in **Chapter 11** to refresh your memory.

Ojalá *(I wish, I hope)* is a word of Arabic origin meaning "May Allah grant." This and other Arabic words entered the Spanish language during almost eight centuries of Arab presence in Spain.

1. In addition to verbs of volition and impersonal expressions, Spanish speakers also use the present subjunctive when they express emotion or use the Spanish word **ojalá.**

Nos alegramos de que puedas venir.	*We're happy that you can come.*
Ojalá (que) la película **sea** buena.	*I hope the movie is good.*

The use of **que** is optional with **ojalá**, but is used in the rest of the sentences to signal the beginning of the dependent clause.

2. Notice that the model sentences above all follow the pattern you learned in **Chapter 11**. These sentences are complex sentences where a verb or expression in the independent clause triggers the use of the subjunctive in the dependent clause.

Notice that in this usage with the subjunctive there is often a change of subject from the independent clause to the dependent clause.

independent clause (verb of emotion or *ojalá*)	*que*	dependent clause (verb in subjunctive)
A ellos les **encanta**	que	**haya** muchos cines aquí.
Ojalá	(que)	la película **sea** buena.

Notice that the present subjunctive of **hay** is **haya**. Like **hay**, it is invariable; you use **haya** with both singular and plural nouns.

3. Remember, in situations where there is no use of **que** and no change of subject, there is also no use of the subjunctive. (**Ojalá** always requires the subjunctive, whether you use **que** or omit it, and whether or not there is a change of subject.)

Me alegro de poder ir al concierto.	vs.	Me alegro de **que tú puedas** ir al concierto.
Quiero llegar a tiempo.	vs.	Ojalá **que llegue** a tiempo.

¡**Ojalá que me dejes** escoger la película!

4. Here are some verbs and expressions that are frequently used with the subjunctive. Notice that some of these are the same as or similar to the verbs of volition you learned in **Chapter 11.** This is because the subjunctive is usually used to describe situations that involve emotion, which includes volition.

Verbs of emotion, positive and neutral		
alegrarse de	estar contento(a) de	ojalá
encantar*	fascinar*	sorprender* *(to surprise)*
esperar	gustar	
Verbs of emotion, negative		
molestar*	temer *(to fear)*	
sentir *(to feel sorry, to regret)*	tener miedo de	

*Can be conjugated like **gustar***

5. As you learned in **Chapter 4**, some verbs (such as **encantar, fascinar, sorprender**, and **molestar**) are conjugated like **gustar.** They are used with the indirect object pronouns **me, te, le, nos, os**, and **les**, rather than with the subject pronouns **yo, tú, usted, él, ella, nosotros(as), vosotros(as), ustedes, ellos**, and **ellas: Me molesta que no quieran ir a la ópera. Me fascina que tú no veas nunca la televisión.**

ACTIVIDADES

1 **Reacciones** Crea oraciones completas según el modelo para expresar las reacciones de las personas indicadas sobre las películas y la televisión.

MODELOS a usted le sorprende que / salir tantas películas malas
A usted le sorprende que salgan tantas películas malas.

1. a nosotros nos molesta que / Hollywood hacer tantas películas de acción
2. a mí me sorprende que / ser tan populares las telenovelas
3. no me gusta que / los actores famosos recibir tanto dinero
4. a ellos les encanta que / las películas extranjeras ser dobladas
5. a ti te molesta que / los refrescos en el cine costar tanto
6. a ustedes les sorprende que / los críticos siempre tener las mismas opiniones

2 **Felipe** Felipe lleva dos años en Hollywood buscando trabajo como actor. Escucha la descripción de su vida. Usando la frase indicada, expresa tus emociones sobre la situación de Felipe.

Track 6

MODELO Lees: No me sorprende que...
Escuchas: Felipe piensa que quiere ser estrella de cine.
Escribes: *No me sorprende que quiera ser estrella de cine.*

1. Espero que...
2. Ojalá que...
3. Me alegro de que...
4. Siento que...
5. Me molesta que...
6. No me gusta que...

3 **Yo creo que...** Te gusta mucho ir al cine y ver la televisión, pero tienes opiniones muy fuertes sobre ciertos aspectos de la industria. Expresa tus opiniones sobre los siguientes temas a un(a) compañero(a). Usa las expresiones de emoción de la página 47 o ojalá para formar tus oraciones.

1. el salario de los actores principales
2. los presupuestos *(budgets)* de más de ochenta millones de dólares
3. el precio de las entradas
4. el precio de las palomitas y los chocolates en el cine
5. los anuncios en la tele
6. la programación en la tele
7. las telenovelas
8. la violencia en las películas y los programas de televisión

MODELO *Es ridículo que les paguen veinte millones de dólares a los actores principales de una película.*

Gramática útil 2

Expressing doubt and uncertainty: The subjunctive with expressions of doubt and disbelief

"No es cierto que los chicos de hoy no puedan entender el teatro"

Look at this headline from an article about children's theater and **juglares** *(jesters and puppeteers)*. Do you know why **puedan** is in the subjunctive?

Los juglares se han mantenido vigentes durante tres décadas con los mismos ingredientes: el títere, la imaginación y la maleta.

Photo by Walter Moreno/Los Andes

Cómo usarlo

1. The subjunctive is also used to express doubt and uncertainty.

   No creen que funcione el televisor.
   ***They don't think** the TV **is working**.*

   Dudamos que podamos ver el programa.
   ***We doubt we'll be able to** watch the program.*

2. When speakers view situations as doubtful, or do not expect them to occur, they use the subjunctive. Notice that in this usage, you do not need to have a change in subject: **Dudamos que podamos ver el programa.**

3. Here are some verbs and expressions that express doubt and uncertainty.

   - **Verbs:** dudar *(to doubt)*, no creer *(to not believe)*
   - **Expressions:**
     Es dudoso / improbable. *(It's doubtful / improbable.)*
     No es probable / cierto / seguro / verdad. *(It's not probable / certain / sure / true.)*
     no estar seguro(a) de *(to not be sure of)*

4. When speakers use similar expressions to express belief or certainty—**creer, estar seguro(a), es cierto, es seguro, es obvio**—the present indicative (and not the present subjunctive) is used.

   Creen que **funciona** el televisor.
   ***They think** the TV **is working**.*

   Es cierto que podemos ver el programa.
   ***It's certain that we can** watch the program.*

Note that when you use some of these expressions in a question, you use the indicative, not the subjunctive, because you are not expressing doubt, but are assuming your listener agrees with you in your certainty: **¿No es cierto que esa película es buenísima? ¿No crees que ese programa es interestante?**

ACTIVIDADES

4 **Dudas** Tú y tus amigos tienen muchas opiniones negativas de la industria televisiva. ¡Dudan de todo! Di de lo que dudan.

MODELO tú / ese episodio ser nuevo
Dudas que ese episodio sea nuevo.

1. ellos / las noticias ser interesantes
2. tú / los programas de realidad existir en veinte años
3. yo / esa telecomedia hacerme reír
4. nosotros / ese participante ganar el concurso
5. ella / ese programa de entrevistas gustarle al público
6. yo / el show de los Óscars terminar a tiempo
7. ustedes / la presentadora ser original en sus comentarios
8. él / ese teledrama durar más de un año

5 **La música** Hay muchos tipos de música hoy día, y las preferencias del público varían mucho. Crea seis oraciones sobre la industria musical, combinando frases de las tres columnas con verbos de la lista para expresar tus opiniones.

Verbos: creer, no creer, dudar, estar seguro(a) de, no estar seguro(a) de

MODELO *No creo que la música clásica exista en cincuenta años.*

Columna 1	Columna 2	Columna 3
yo	la música pop	existir en... años
mis amigos(as)	la música clásica	ser tan popular en
mi mejor amigo(a)	la música country	el futuro
el(la) crítico(a) de música	la música latina	controlar el mercado
los blogueros	el rap	en... años
los jóvenes	el rock	cambiar de ritmo y tema
¿...?	¿...?	en el futuro
		tener el público en el
		futuro que tiene hoy
		encontrarse en conciertos
		para jóvenes
		¿...?

6 **Mi futuro** Conversa sobre tu futuro con un(a) compañero(a). Usando el subjuntivo con algunas expresiones de duda, cuéntale a tu compañero(a) cuatro o cinco predicciones sobre tu futuro. Él (Ella) igualmente te contará *(will tell you)* de cuatro a cinco predicciones sobre su futuro.

MODELO *Es improbable que tenga una casa grande en Hollywood y una carrera como director de cine.*

Sonrisas

© Cengage Learning 2013

Expresión En grupos de tres o cuatro estudiantes, den sus reacciones a los siguientes lemas *(slogans)*. Usen expresiones como **dudo que, estoy seguro(a) de que, no es cierto que, es probable que** y **no es probable que.**

1. El tiempo es oro.
2. El mundo es un pañuelo *(handkerchief)*.
3. La mala suerte *(luck)* y los tontos caminan del brazo *(arm-in-arm)*.
4. La práctica hace al maestro.
5. Donde una puerta se cierra, cien se abren.

¿Tienes la misma duda que los niños? ¿Por qué sí o por qué no?

>> Gramática útil 3

Expressing unrealized desires and unknown situations: The subjunctive with nonexistent and indefinite situations

Cómo usarlo

1. You have used the subjunctive in dependent clauses that begin with **que** and that follow independent clauses containing:

   - verbs of volition — Mis amigos **prefieren** que **vayamos** al teatro.

   - impersonal expressions — **Es ridículo** que las entradas **sean** tan caras.

   - verbs / expressions of emotion — **¡Qué lástima** que no **puedas** acompañarnos!

   - **ojalá** — **Ojalá** que **vengas** la próxima vez.

   - expressions of doubt — **No estoy seguro** de que todos **podamos** ir.

2. You also use the subjunctive when you refer to people, places, or things that don't exist or may not exist. These references to nonexistent or unknown things also occur in dependent **que** clauses.

   - Doesn't exist:

     No veo a nadie que **conozcamos**. — *I don't see anyone* here who *we know*.

   - Unknown—don't know if it exists:

     Buscan un teatro que se **especialice** en comedias. — *They're looking for* a theater that *specializes* in comedies.

3. When you *know or believe* that something or someone exists, you use the present indicative in the dependent **que** clause.

   Veo a alguien que **conocemos**. — *I see someone* that *we know*.
   Conoces un teatro que **se especializa** en comedias. — *You know of* a theater that *specializes* in comedies.

4. These sentences follow the same pattern as the other complex sentences you learned: independent clause + **que** + dependent clause with subjunctive.

7 **Los deseos de la productora** La productora tiene una visión particular para su musical. ¿Qué dice ella que buscan, quieren o necesitan ella y las personas que trabajan con ella?

MODELO   yo querer: una obra (tener posibilidades cómicas)
Quiero una obra que tenga posibilidades cómicas.

1. el director buscar: una actriz (poder hablar francés, inglés y español)
2. nosotros necesitar: un banco (prestarnos los fondos)
3. yo buscar: un director de la orquesta (saber algo de musicales)
4. los actores querer: un teatro (no ser ni muy pequeño ni muy grande)
5. nosotros necesitar: un contador (poder controlar los costos)
6. yo buscar: un actor (no ser muy conocido todavía)

8 **El productor ejecutivo** Escucha al productor ejecutivo de un musical.
Track 7 Él describe lo que va a necesitar para poder montar un musical. Escucha su descripción y escribe lo que él dice que necesita de cada persona que busca.

MODELO   Escuchas: Primero, vamos a necesitar un director. El director
tiene que tener mucha experiencia en el teatro.
Ves: director / tener
Escribes: *Necesita un director que tenga experiencia en el teatro.*

1. actores / poder
2. director de orquesta / saber
3. diseñador / ser
4. productor / ser

9 **¡Somos directores!** Con un(a) compañero(a), ustedes van a ser escritores(as) o directores(as) de una telecomedia sobre las experiencias de estudiantes universitarios que estudian español. Escriban seis oraciones que describan su visión. Usen el subjuntivo para describir esas cosas y personas que buscan para ejecutar su plan. Piensen en las siguientes preguntas antes de empezar.

■ ¿Qué cualidades quieren que tenga su telecomedia?
■ ¿Qué tipo de actor / actriz buscan para representar al (a la) profesor(a)?
■ ¿Cómo quieren que sean los estudiantes?
■ ¿Qué tipo de situaciones van a representar?

MODELO   *Queremos escribir una telecomedia que sea divertida.*

Colombia

Ildi Papp/Shutterstock

Información general ▶

Nombre oficial: República de Colombia

Población: 44.205.293

Capital: Santa Fé de Bogotá (f. 1538)
(8.000.000 hab.)

Otras ciudades importantes: Medellín
(2.200.000 hab.), Cali (2.100.000 hab.),
Barranquilla (1.200.000 hab.)

Moneda: peso (colombiano)

Idiomas: español (oficial), chibcha, guajiro
y 90 lenguas indígenas

Mapa de Colombia: Apéndice D

Rodrigo Arangua/AFP/Getty Images/Newscom

Vale saber…

- Colombia declara la independencia de España en 1810 para ser parte de la Gran Colombia bajo el libertador Simón Bolívar. En 1830, Colombia es uno de tres países independientes que se forman de la Gran Colombia. Los otros dos países son Venezuela y Ecuador.

- Colombia se conoce por su diversidad pluricultural. Tiene una gran variedad de culturas del Caribe, del Pacífico, del Amazonas y de los Andes. También se puede ver la influencia de las culturas árabe, europea y africana.

- Junto con Costa Rica y Brasil, Colombia es uno de los principales productores de café de Latinoamérica.

MAMBO

La misión del Museo de Arte Moderno de Bogotá (MAMBO) es "investigar, estimular, divulgar *(spread)*, promover, proteger y fomentar *(encourage)* el interés por todas las manifestaciones de las artes plásticas y visuales, modernas y contemporáneas en Colombia". Creado en 1955, el MAMBO ofrece exposiciones de lo mejor del arte contemporáneo que incluyen pinturas, escultura, fotografías y videos. Pero su misión educativa no termina allí. La biblioteca del MAMBO contiene siete grandes colecciones bibliográficas, compilaciones periodísticas, catálogos y revistas que documentan la historia del arte nacional. MAMBO ofrece talleres *(workshops)*, conversatorios *(discussion forums)*, conferencias, seminarios y guías para la estimulación del arte joven. ¡Hasta puedes bajar una app de MAMBO para el iPhone!

Fotografía Ernesto Monsalve – Museo de Arte Moderno de Bogotá. Used with permission.

>> En resumen

La información general

1. ¿En qué año declara Colombia la independencia de España?
2. ¿Quién es el líder de la Gran Colombia?
3. ¿Cuándo se establece Colombia como república independiente?
4. ¿Colombia es uno de los principales productores de qué producto?

El tema del arte

1. ¿En qué artes se especializa MAMBO?
2. ¿Cuándo fue creado el MAMBO?
3. ¿Qué incluyen las exposiciones de MAMBO?
4. ¿Qué incluye MAMBO en su misión educativa para el artista joven?

🌐 ¿QUIERES SABER MÁS?

Revisa y rellena la tabla que empezaste al principio del capítulo. Luego, escoge un tema para investigar en línea y prepárate para compartir la información con la clase.

También puedes escoger de las palabras clave a continuación o en **www.cengagebrain.com**.

Palabras clave: los araucanos, la leyenda de El Dorado, el Museo de Oro, Gabriel García Márquez, Sofía Vergara

🌐 **Tú en el mundo hispano** Para explorar oportunidades de usar el español para estudiar o hacer trabajos voluntarios o aprendizajes en Colombia, sigue los enlaces en **www.cengagebrain.com**.

🎵 **Ritmos del mundo hispano** Sigue los enlaces en **www.cengagebrain.com** para escuchar música de Colombia.

ESTRATEGIA

Using prefixes and suffixes to aid in comprehension

When you read Spanish, there will always be words you don't understand. Analyzing prefixes and suffixes is a good way to approach them. Prefixes (such as the English *un-* and *in-*) attach to the beginnings of words, so that all words with that prefix share that part of their meaning. Suffixes (such as, in English, *-ly* and *-tion*) attach to the ends of words.

1 Trabaja con un(a) compañero(a). Miren la siguiente tabla que contiene algunos prefijos y sufijos del español, cada uno acompañado de una palabra modelo de la lectura. Después, identifiquen un equivalente en inglés para cada prefijo o sufijo en español. ¿Son similares, diferentes, idénticos?

Prefijos	Sufijos	
con-: *contiene*	**-al**: *cultural*	**-ión**: *unión*
eco-: *eco-tecnología*	**-ción / -ciones**: *publicaciones*	**-ista**: *artistas*
in-: *inestables*	**-dad**: *calidad*	**-ivo(a)**: *colectivo*
inter-: *internacional*	**-dor(a)**: *diseñador*	**-mente**: *totalmente*
pro-: *promueve*	**-iente**: *independiente*	**-miento**: *movimiento*

2 Mira las frases de la lectura. Con un(a) compañero(a), hagan correspondencia entre ellas y sus equivalentes en inglés.

1. desarrollamos propuestas
2. hecha con herramientas y conocimientos
3. conmovedoras y contundentes
4. no pertenecen a una élite
5. alto nivel de propuesta

a. *touching and forceful*
b. *we develop proposals*
c. *made with tools and knowledge*
d. *a high level of vision / purpose*
e. *do not belong to an elite group*

3 La siguiente lectura describe una revista *(magazine)* digital que se llama *Elniuton.com*. Con un(a) compañero(a), contesten las siguientes preguntas.

1. ¿Leen versiones digitales de algunas revistas populares? ¿Cuáles? ¿También leen revistas digitales que no tengan una versión impresa *(printed)*? ¿Cuáles? ¿Tienen que pagar para leerlas o son gratuitas?
2. ¿Conocen bien algún movimiento artístico o cultural contemporáneo en tu comunidad o estado? ¿A nivel *(level)* nacional? ¿En otros países?

4 Lee el artículo sobre *Elniuton.com*. No te olvides de usar los prefijos y los sufijos para ayudarte a entender las palabras que no conozcas.

LECTURA

Elniuton.com: Innovación y experimentación a nivel internacional

"La revista *Elniuton.com* es un movimiento cultural totalmente independiente colombiano que promueve la unión entre diseño, ciencia, arte y tecnología. Nuestras publicaciones son principalmente digitales (se ve en Internet y son gratuitas). Fuera de las publicaciones desarrollamos propuestas de intervención digital / análogo, como graffiti electrónico (mezcla de sténcil, LEDs y sensores de movimiento). Hemos participado[1] en diferentes espacios dictando conferencias, talleres[2] de graffiti electrónico y exposiciones colectivas".

Una de las participantes del proyecto "El Cuerpo Es Un Instrumento" lleva un tutú electroacústico creado por Benoit Maubrey.

© Benoit Maubrey

"Elniuton.com" es un colectivo y movimiento artístico y también el nombre de la revista publicada por el colectivo. Sus publicaciones recientes incluyen ediciones sobre la eco-tecnología y *low technology*, que *Elniuton.com* define como "un término para referirse principalmente a las tecnologías inestables o tecnología efímera, hecha con herramientas y conocimientos que no pertenecen a una elite, sino a las masas y que están en constante cambio".

Sus artículos y proyectos están creados por artistas, científicos, diseñadores y programadores de muchos países (y no todos del mundo hispanohablante). Hay versiones en inglés y español.

Estos dos proyectos / artículos recientes reflejan la combinación de disciplinas que ofrece una edición típica de *Elniuton.com*.

- La *Edición 11 (Low Technology)* describe "Crank the Web", una instalación de Jonah Brucker-Cohen (EEUU), que consiste en una máquina mecánica conectada a una computadora. Cuando los participantes mueven una manivela[3], acceden a Internet. La descripción dice, "La rapidez de conexión se determina por la fuerza del trabajo físico y no por la capacidad económica de los usuarios para adquirir modernos sistemas informáticos".

- La *Edición 10* (Eco-tecnología) contiene una descripción de "El Cuerpo[4] Es Un Instrumento", de Benoit Maubrey, director de Die Audio Gruppe, un colectivo artístico con base en Berlín. El grupo crea prendas de vestir electrónicas que tienen amplificadores y parlantes. Cuando una persona se pone uno de estos aparatos, él o ella emite sonidos[5] cuando mueve o se relaciona con su entorno[6].

[1]*We have participated* [2]**conferencias...:** *lectures and workshops* [3]*crank, handle* [4]*Body* [5]*sounds* [6]*surroundings*

Quotation from http://elniuton.com/aboutus.html.

El arte de Javier Casas en *Elniuton.com*

"Con mi trabajo trato de dejar un poco de mi alma[7], un poco de mi ánimo[8]. Todo se trata de generar imágenes conmovedoras y contundentes, desvariar[9], alucinar un poco, 'disoñar' y divertirme".

—Javier Casas

Diseñador gráfico de la universidad Jorge Tadeo Lozano, actualmente trabaja para la empresa desarrolladora de videojuegos Immersion Games en Bogotá, desempeñándose[10] como diseñador gráfico. Alterna esta labor como ilustrador independiente.

Siempre ha tenido[11] una inquietud por el proceso creativo y desde muy pequeño tuvo el hábito de dibujar.

Este diseñador siempre ha sido caracterizado[12] por hacer cosas de calidad y con alto nivel de propuesta; experimentar es para él un proceso natural, haciendo que cada proyecto nuevo sea siempre una búsqueda y una excusa para hacer algo diferente.

El diseñador colombiano Javier Casas diseñó la portada *(cover)* de esta edición de *Elniuton.com*.

Una ilustración de Javier Casas en *Elniuton.com* Edición 10

[7]**dejar...:** *to leave behind a little of my soul* [8]*mind, spirit* [9]*to rave, talk nonsense* [10]*trabajando* [11]*has had* [12]*has been characterized*

In the quote at the top of the page, the artist mixes two words (**diseñar** and **soñar**) to create a new word: **disoñar**. Words like these are called *portmanteau words*. English examples include *ginormous* and *guesstimate*.

Después de leer

5 Con un(a) compañero(a), contesten las preguntas sobre la lectura.

1. ¿Qué disciplinas combina *Elniuton.com*?
2. ¿Hay que pagar para leer *Elniuton.com*?
3. ¿Qué es el graffiti electrónico?
4. ¿Cuáles son dos movimientos relacionados con la tecnología que describe la lectura?
5. En el proyecto "Crank the Web", ¿qué determina la rapidez de la conexión a Internet?
6. ¿Qué se ponen los participantes del proyecto "El Cuerpo Es Un Instrumento"?
7. ¿Qué otro empleo tiene Javier Casas, además de ser ilustrador independiente?
8. ¿Desde cuándo empezó Javier Casas a dibujar?

6 Con un(a) compañero(a), hablen de sus reacciones a la lectura, contestando las siguientes preguntas.

1. ¿Les interesa saber más sobre *Elniuton.com*? ¿Por qué sí o no?
2. ¿Conocen otros ejemplos de *low technology*? (Por ejemplo, muchas personas prefieren escuchar música en vinilo *[vinyl]* en vez de una forma digital). ¿Les gusta la idea de *low technology*? ¿Por qué sí o no?
3. ¿Qué piensan del proyecto con las prendas de vestir eléctronicas? ¿Conocen otras formas de arte o proyectos que mezclan elementos de la naturaleza con la tecnología?
4. El arte de Javier Casas es un ejemplo de la forma que se llama *collage*. ¿Cómo representa su arte la mezcla de tecnología y ecología? ¿Qué formas combina?
5. ¿Les gusta el arte de Javier Casas? ¿Por qué sí o no? ¿Conocen a otros artistas o personas que usan un estilo similar?

7 En grupos de tres o cuatro personas, imaginen que van a planear un proyecto o un artículo para una edición futura de *Elniuton.com*. Su proyecto puede ser una combinación de cualquier número de disciplinas: arte, diseño gráfico, ciencia, tecnología, música, danza, etc. Juntos decidan qué tipo de proyecto va a ser y cómo lo van a organizar. Al final, compartan sus ideas con la clase entera.

A escribir

ESTRATEGIA

Prewriting—Creating an outline

In **Chapter 9** you learned how to write a paragraph using a topic sentence and supporting details. In this chapter, you will create an outline that shows the organization of a piece of writing that is composed of more than one paragraph. When you are writing compositions longer than a single paragraph, an outline is a useful way to organize your thoughts and ideas before you begin writing.

 1 Trabaja con un(a) compañero(a) de clase.

> This English-language film of the Gabriel García Márquez novel *El amor en los tiempos del cólera* was directed by Mike Newell and was a critically acclaimed production.

1. Juntos, piensen en un programa de televisión, una película, una pieza de música o una exposición de arte que los dos conozcan bien. Van a escribir una reseña de cuatro párrafos breves.

2. Después de seleccionar una obra, hagan una lista de opiniones, temas, datos *(facts)* y ejemplos que puedan usar en su reseña. Escriban todo lo que puedan; van a tener la oportunidad de organizar sus ideas en la **Actividad 3.**

MODELO película: Love in the Time of Cholera
actores: *Benjamin Bratt, Javier Bardem, Giovanna Mezzogiorno*
temas e ideas: *película romántica, histórica, basada en la novela*
El amor en los tiempos del cólera, de Gabriel García Márquez
opiniones: *Es una película intensa y triste pero muy interesante.*

2 Miren su lista de ideas y traten de hacer un bosquejo *(outline)* como el siguiente. Recuerden que cada párrafo debe tener una oración temática y dos ejemplos que se relacionen con esa oración.

I. **Párrafo 1: Introducción con reacción general a la obra**

 A. Oración temática: *Me gustó mucho la película con su historia de amor porque...*

 B. Ejemplo 1: *Los actores son muy buenos y...*

 C. Ejemplo 2: *Se trata de varias épocas históricas y también...*

II. **Párrafo 2: Elaboración del Ejemplo 1 del Párrafo 1**

 A. Oración temática: *El director trabajó muy bien con los actores...*

 B. Ejemplo 1: *La interpretación (performance) de Javier Bardem es...*

 C. Ejemplo 2: *Giovanna Mezzogiorno tiene un papel (role)...*

III. Párrafo 3: Elaboración del Ejemplo 2 del Párrafo 1

   A. Ejemplo 1: *La película comienza en el momento presente y después vuelve al pasado cuando...*

   B. Ejemplo 2: *Incluye los detalles* (details) *de un amor que empezó hace muchos años...*

IV. Párrafo 4: Conclusión que resume la reacción general otra vez, pero de otra punta de vista

   A. Oración temática: *En fin, es una película muy complicada...*

   B. Ejemplo 1: *Los actores realizan unos papeles complejos y...*

   C. Ejemplo 2: *La manera de narrar la historia de la película añade...*

>> Composición

3 Usa el bosquejo para escribir tu reseña. Aquí hay unas frases que te pueden ser útiles *(useful)* mientras escribes.

En primer / segundo lugar…	Es bueno / malo / extraño / obvio / una lástima / lógico…
Después…	Me molesta que…
Luego…	Temo que…
En fin…	Me alegro de que…
Dudo que…	Ojalá que…
No es cierto…	Me sorprende que…
Creo que…	

>> Después de escribir

4 Intercambia tu borrador con el de otro(a) estudiante. Usen la siguiente lista como guía para revisar el borrador de su compañero(a).

- ¿Incluye la reseña toda la información del bosquejo?
- ¿Usaron expresiones de emoción y transiciones como **primero, segundo, luego, antes,** etc.?
- ¿Hay concordancia *(agreement)* entre los artículos, los sustantivos *(nouns)* y los adjetivos?
- ¿Usaron bien el subjuntivo con los verbos y expresiones de negación, de duda y de emoción?
- ¿Hay errores de puntuación o de ortografía?

Vocabulario

Clases de película *Movie genres*

la comedia (romántica) *(romantic) comedy*
los dibujos animados *cartoons; animated film*
el documental *documentary*
el drama *drama*
el misterio *mystery*
la película... *movie, film*
   ... de acción *action movie*
   ... de ciencia ficción *science fiction movie*
   ... de horror / terror *horror movie*

Sobre la película *About the movie*
con subtítulos en inglés *with subtitles in English*
doblado(a) *dubbed*
la estrella de cine *movie star*
una película titulada... *a movie called . . .*
Se trata de... *It's about . . .*
el título *title*

Las películas: Técnica y tecnología

la alta definición *high definition*
bajar / descargar *to download*
la banda ancha *high-speed*
el pago por visión *pay-per-view*

el streaming / flujo de video en tiempo real *streaming video*
la televisión de pago *pay TV (enhanced cable, premium channels)*
el video a pedido / bajo demanda *video on demand*

La crítica *Critique, review*

calificar / clasificar con cuatro estrellas *to give a four-star rating*
el (la) crítico(a) *critic*

la reacción crítica *critical reaction*
la reseña / la crítica *review*

El índice de audiencia *Ratings*

apto(a) para toda la familia *G (for general audiences)*

se recomienda discreción *PG-13 (parental discretion advised)*
prohibido para menores *R (minors restricted)*

En el cine *At the movies*

los chocolates *chocolates*
los dulces *candy*

la entrada / el boleto *ticket*
las palomitas (de maíz) *popcorn*

La televisión *Television broadcasting*

el cable *cable television*
cambiar el / de canal *to change the channel*
el control remoto *remote control*
en vivo *live*
el episodio *episode*

la estación *station*
grabar *to videotape; to record*
por satélite *by satellite dish*
la teleguía *TV guide*

Los programas de televisión *Television programs*

las noticias *news*
el programa de concursos *game show*
el programa de entrevistas *talk show*
el programa de realidad *reality show*

la telecomedia *sitcom*
el teledrama *drama series*
la telenovela *soap opera*
la teleserie *TV series*

La gente en la televisión *People on TV*

el (la) entrevistador(a) *interviewer*

el (la) locutor(a) *announcer*

el (la) participante *participant*

el (la) presentador(a) *presenter, host (of the show)*

el público *audience*

el (la) televidente *TV viewer*

La música *Music*

la música clásica *classical music*

la música country *country music*

la música contemporánea *contemporary music*

la música mundial *world music*

la música pop *pop music*

el R & B *rhythm and blues*

el rap *rap*

el rock *rock*

Arte y cultura *The arts*

el baile / la danza *dance*

la escultura *sculpture*

el espectáculo *show*

la exposición de arte *art exhibit*

la obra teatral *play*

el musical *musical*

la ópera *opera*

la pintura *painting*

el show *show*

Verbos y expresiones de duda

dudar *to doubt*

es dudoso *it's doubtful / unlikely*

es improbable *it's improbable / unlikely*

no creer *to not believe*

no es cierto *it's not certain*

no es probable *it's not probable / likely*

no es seguro *it's not sure*

no es verdad *it's not true*

no estar seguro(a) de *to not be sure of*

Expresiones impersonales

es bueno *it's good*

es extraño *it's strange*

es fantástico *it's fantastic*

es horrible *it's horrible*

es importante *it's important*

es imprescindible *it's extremely important*

es una lástima *it's a shame*

es lógico *it's logical*

es malo *it's bad*

es mejor *it's better*

es necesario *it's necessary*

es ridículo *it's ridiculous*

es terrible *it's terrible*

Verbos y expresiones de emoción positivas y negativas

alegrarse de *to be happy about*

encantar *to enchant; to please*

esperar *to wait; to hope*

estar contento(a) de *to be pleased about*

fascinar *to fascinate*

gustar *to like, to please*

molestar *to bother*

ojalá (que) *I wish, I hope*

sentir (ie, i) *to feel sorry, to regret*

sorprender *to surprise*

temer *to fear*

tener miedo de *to be afraid (of)*

Repaso y preparación

Complete these activities to check your understanding of the new grammar points in **Chapter 12** before you move on to **Chapter 13**.

The answers to the activities in this section can be found in **Appendix B**.

The subjunctive with expressions of emotion and **ojalá** (p. 46)

1 Completa las oraciones con formas del subjuntivo o del infinitivo.

1. Quiero _____ (ir) al cine durante el día.
2. Me alegro de que tú _____ (poder) acompañarme al teatro.
3. Me molesta _____ (llegar) tarde a los conciertos.
4. Me encanta que ellos _____ (querer) ir al espectáculo conmigo.
5. Ojalá que la ópera no _____ (comenzar) tarde.
6. Ojalá que nos _____ (gustar) la misma música.

The subjunctive with expressions of doubt and disbelief (p. 49)

2 Lea las frases y decide si estás de acuerdo. Después, completa cada una con **Creo** o **No creo** y una forma del subjuntivo o del indicativo.

1. la música rock (ser) buena para bailar
2. muchos de mis amigos (ir) a las actuaciones de danza moderna
3. muchas personas (comprar) canciones de música mundial
4. los programas de televisión (representar) bien la cultura norteamericana
5. los programas de noticias (ser) imparciales
6. los actores y actrices populares (ganar) demasiado dinero
7. los boletos para los shows de Broadway (costar) demasiado
8. los traductores (traducir) bien el diálogo de las películas extranjeras

The subjunctive with nonexistent and indefinite situations (p. 52)

3 Haz oraciones completas con las palabras indicadas. Usa las ilustraciones para decidir si la cosa o la persona a la que refieren existe o no existe.

MODELOS   yo buscar / teatro donde presentar shows de danza moderna.

*Busco **el** teatro donde **presentan** shows de danza moderna.*

*Busco **un** teatro donde **presenten** shows de danza moderna.*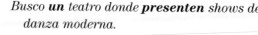

1. yo buscar / persona que tener los boletos
4. yo querer ver / telecomedia que ser bilingüe

2. yo buscar / persona que conocer a esa actriz tan famosa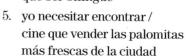
5. yo necesitar encontrar / cine que vender las palomitas más frescas de la ciudad

3. yo querer ver / telecomedia que tratar temas del día
6. yo necesitar encontrar / cine que vender pizza y cerveza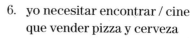

All art: © Cengage Learning 2013

Preparación para el Capítulo 13

Complete these activities to review some previously learned grammatical structures that will be helpful when you learn the new grammar in **Chapter 13**.

In addition, be sure to reread all three **Chapter 12: Gramática útil** sections before moving on to the **Chapter 13** grammar sections.

Subjunctive with verbs of volition (Chapter 11)

4 Completa las oraciones con la forma correcta de cada verbo —el de la cláusula independiente y el de la cláusula dependiente.

1. Adela _____ (querer) que nosotros _____ (ir) al cine con ella.
2. Tú _____ (esperar) que el concierto _____ (empezar) a tiempo.
3. Enrique y Natalia _____ (pedir) que tú _____ (grabar) el programa.
4. Ellos _____ (recomendar) que yo _____ (ver) esa película.
5. Yo _____ (insistir) en que ellos _____ (cambiar) el canal.
6. Nosotros _____ (desear) que ella _____ (comprar) los boletos para el show.
7. Usted _____ (requerir) que los actores _____ (llegar) temprano.
8. Tú _____ (sugerir) que yo _____ (escuchar) esta canción de rap.

Subjunctive with impersonal expressions (Chapter 11)

5 Escribe oraciones completas usando las palabras indicadas y formas del presente de subjuntivo.

1. es ridículo que yo / tener tantas canciones de música country
2. es bueno que mis amigos / asistir a clases de danza swing
3. es fantástico que ella / ver tantas obras teatrales profesionales
4. es extraño que tú / preferir los musicales a los conciertos de música clásica
5. es lógico que nosotras / vestirse muy elegante para ir a la ópera
6. es una lástima que él / siempre dormirse durante los documentales
7. es necesario que yo / cambiar el canal cuando hay muchos anuncios comerciales
8. es interesante que tú / ser muy aficionado a los programas de realidad

Ir + a + infinitive (Chapter 3)

6 Usa las palabras indicadas y escribe oraciones para indicar lo que cada persona va a hacer en el futuro.

1. nosotros (pintar)
2. tú (dibujar)
3. Martín (cantar)
4. Carmela y Laura (tocar la guitarra)
5. yo (cambiar el canal)
6. usted (escuchar música)

capítulo 13

¿Qué síntomas tienes?

EL BIENESTAR

El bienestar se refiere no solamente a la salud (*health*) física, sino a la salud mental también. Cada persona tiene su propia manera de poner en equilibrio su vida.

¿Cómo mantienes la salud física? A través del ejercicio, los deportes, la reflexión, la meditación, la dieta, la nutrición—u otras actividades?

Communication

By the end of this chapter you will be able to

- talk about health and illness
- describe aches and parts of the body
- express probable outcomes
- express yourself precisely with the subjunctive and the indicative
- talk about future activities

mangostock/Shutterstock

Un viaje por Argentina y Uruguay

Argentina y Uruguay comparten una frontera y se sitúan en los dos lados del Río de la Plata. Por ser tan grande, Argentina tiene una geografía más diversa que Uruguay —playas, montañas, selva, glaciares y pampas o llanuras. La industria ganadera (*cattle*) es muy importante en los dos países.

País / Área	Tamaño y fronteras	Sitios de interés
Argentina 2.736.690 km²	casi 30% del área total de Estados Unidos; fronteras con Bolivia, Brasil, Chile Paraguay y Uruguay	las cataratas del Iguazú, Buenos Aires, Patagonia, Mar del Plata
Uruguay 173.620 km²	un poco más pequeño que el estado de Washington; fronteras con Argentina y Brasil	Punta del Este, Colonia del Sacramento, los baños termales en la región noroeste, las estancias (*ranches*)

¿Qué sabes? Di si las siguientes oraciones son ciertas (**C**) o falsas (**F**).

1. Argentina es casi cinco veces el tamaño de Uruguay.
2. La geografía de Argentina es más variada que la de Uruguay.
3. Los dos países tienen una industria ganadera.
4. Uruguay tiene muchos baños termales que están cerca de sus playas.

Lo que sé y lo que quiero aprender Completa la tabla del **Ápendice A**. Escribe algunos datos que **ya sabes** sobre estos países en la columna **Lo que sé**. Después, añade algunos temas que **quieres aprender** a la columna **Lo que quiero aprender**. Guarda la tabla para usarla otra vez en la sección **¡Explora y exprésate!** en la página 91.

Cultures

By the end of this chapter you will have explored

- facts about Argentina and Uruguay
- the health benefits of the **tango**, Argentina's national dance
- the long life expectancy of Uruguayans
- the popularity of psychoanalysis in Argentina
- specialized medical language

¡Imagínate!

● >> Vocabulario útil 1

JAVIER: Dime, ¿qué **síntomas** tienes?

BETO: Uy, tengo **una tos** terrible y **estornudo** muchísimo.

JAVIER: ¿Te tomaste la temperatura?

BETO: Sí. Parece que tengo **fiebre**. También **me duele la garganta**. ¡Y no se me quita este **dolor de cabeza**!

>> El cuerpo

el ojo

la oreja (el oído)

la nariz

la boca

el cuello

la lengua

la cabeza

el hombro

el pecho

el dedo

la espalda

el brazo

la mano

el codo

el estómago

la pierna

la rodilla

el pie

el corazón *heart*
la garganta *throat*
el pulmón (los pulmones) *lung(s)*
la sangre *blood*
el tobillo... *ankle . . .*
   quebrado / roto *broken*
   torcido *twisted*

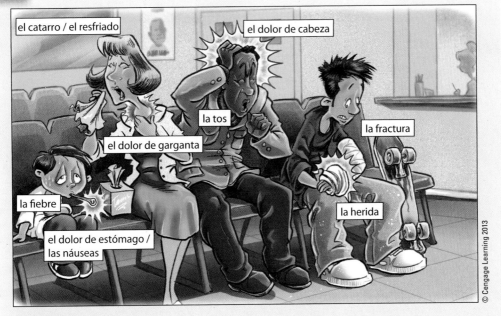

el catarro / el resfriado

el dolor de cabeza

la tos

el dolor de garganta

la fractura

la fiebre

la herida

el dolor de estómago / las náuseas

© Cengage Learning 2013

la alergia *allergy*
la enfermedad *sickness, illness*
la gripe *flu*
la infección *infection*

cortarse *to cut oneself*
desmayarse *to faint*
dolerle (ue) (a uno) *to hurt*
estar congestionado(a) *to be congested*
estar mareado(a) *to feel dizzy*
estornudar *to sneeze*
lastimarse *to hurt, injure oneself*
palpitar *to palpitate*
resfriarse *to get chilled; to catch cold*
toser *to cough*
vomitar *to throw up*

Use **tener** to say you have an allergy: **Tengo alergia a la penicilina.** Use **tener** or **sentir** to say you feel nauseous: **Tengo náuseas después de comer. Siento náuseas cuando viajo por avión.**

Doler follows the same pattern as the verb **gustar: Me duele el estómago. / Le duelen las rodillas.**

ACTIVIDADES

1 **Beto** Beto no se siente nada bien. Completa sus comentarios con las conclusiones más lógicas de la segunda columna.

1. _____ Me corté el dedo.
2. _____ Estaba mareado.
3. _____ Tuve náuseas.
4. _____ Estoy estornudando mucho.
5. _____ Estoy congestionado.
6. _____ No quiero comer.
7. _____ Tengo mucho calor.
8. _____ Me caí y me lastimé el tobillo.

a. Tengo dolor de estómago.
b. Tengo el tobillo torcido.
c. Me lastimé el hombro.
d. Vomité.
e. Tengo fiebre.
f. Me desmayé.
g. Tengo una fractura en la mano.
h. Tengo alergia en la primavera.
i. Tengo catarro.
j. Me salió sangre.

2 **El cuerpo** ¿Qué parte o partes del cuerpo usas para hacer las siguientes cosas?

1. para caminar
2. para oír
3. para tocar la guitarra
4. para respirar
5. para oler
6. para leer
7. para la digestión
8. para escribir
9. para doblar el brazo
10. para llorar

3 **Una vez…** Con un(a) compañero(a), háganse las siguientes preguntas sobre la salud.

- ¿Qué tuviste la última vez que estabas enfermo(a)?
- ¿Te has roto (*Have you broken*) el brazo o la pierna alguna vez? ¿Cómo ocurrió?
- ¿Tienes alergia a alguna comida o medicina? Explica.
- ¿Qué haces cuando tienes gripe?
- ¿Te has desmayado (*Have you fainted*) alguna vez? Explícate.
- ¿Tienes náuseas en ciertas situaciones? ¿Cuáles?
- ¿Has tenido (*Have you had*) una fractura o una herida alguna vez? ¿Cómo ocurrió?

¡Fíjate! El lenguaje médico

*Adenopatias laterocervicales, inguinales
y axilares, exantema máculo-papuloso
muy pruriginoso, hepatoesplenomegalia,
nefromegalia con insuficiencia hepática
aguda durante su estancia en el hospital,
meningitis aséptica.*

Como lo demuestra *(demonstrates)*
el texto de arriba, la medicina tiene su
propio lenguaje altamente especializado
que puede resultar incomprensible para
las personas que no tienen educación
técnica. Sin embargo, muchos términos
médicos son similares en inglés y
español, debido a que el vocabulario
médico y científico tiene sus raíces *(roots)*
en el latín y el griego. Esto permite que
un médico que no habla español comprenda el informe médico anterior.
Para facilitar la comprensión de los términos científicos y médicos, basta
con tener en consideración algunas correspondencias básicas entre las
dos lenguas.

español		inglés	
f-	farmacia, física	*ph-*	pharmacy, physics
(p)si-	(p)sicología, (p)siquiatría	*psy-*	psychology, psychiatry
inm-	inmunología	*imm-*	immunology
c-	cólera, tecnología	*ch-*	cholera, technology
-ología	oncología, dermatología	*-ology*	oncology, dermatology
t-	terapia, patología	*th-*	therapy, pathology
-ólogo	patólogo, ginecólogo	*-ologist*	pathologist, gynecologist

Práctica Contesta las siguientes preguntas con un(a)
compañero(a) de clase.

1. Consideren el informe médico. ¿Comprenden de qué se trata?
   ¿Reconocen algunas palabras?
2. ¿Qué vocabulario especializado emplea el campo profesional en
   el cual está interesado cada uno(a) de ustedes? Hagan una lista de
   cinco palabras para cada campo profesional.

Vocabulario útil 2

JAVIER: Pobre hombre. ¿Quieres que te lleve al **médico**?

BETO: No, hombre, no es para tanto. Creo que es una gripe, es todo. Me tomé unas aspirinas y voy a **guardar cama** unos cuantos días a ver si se me pasa.

You can use **el (la) doctor(a)** or **el (la) médico(a)** to refer to a medical doctor in Spanish. Even **la médico** has been popularized recently.

>> En el consultorio del médico

el chequeo médico *physical, checkup*
la cita *appointment*
la clínica *clinic*
la sala de emergencias *emergency room*
la sala de espera *waiting room*
la salud *health*

>> Instrucciones y preguntas

Lo (La) voy a examinar. *I'm going to examine you.*
¿Qué le duele? *What hurts?*
¿Qué síntomas tiene? *What are your symptoms?*

Abra la boca. *Open your mouth.*
Respire hondo. *Breathe deeply.*
Saque la lengua. *Stick out your tongue.*
Trague. *Swallow.*

Le voy a... *I'm going to . . .*
　... **hacer un análisis de sangre / orina.** *. . . give you a blood / urine test.*
　... **poner una inyección.** *. . . give you an injection.*
　... **poner una vacuna.** *. . . vaccinate you.*
　... **recetar una medicina.** *. . . prescribe a medicine.*
　... **tomar la presión.** *. . . take your blood pressure.*
　... **tomar la temperatura.** *. . . take your temperature.*
　... **tomar / hacer una radiografía.** *. . . take an X-ray.*

Consejos

Le aconsejo que... *I advise you to . . .*
   ... coma alimentos nutritivos. *. . . eat healthy foods.*
   ... duerma más. *. . . sleep more.*
   ... guarde cama. *. . . stay in bed.*
   ... haga ejercicio regularmente. *. . . exercise regularly.*
   ... lleve una vida sana. *. . . lead a healthy life.*
¡Ojalá se mejore pronto! *I hope you'll get better soon!*

ACTIVIDADES

4 **Los síntomas** Los pacientes le describen sus síntomas a la doctora Ruiz. ¿Cómo responde la doctora? En parejas, túrnense para hacer los papeles de la doctora y del (de la) paciente. Pueden usar las respuestas sugeridas en la segunda columna o pueden inventar sus propias respuestas.

MODELO El (La) paciente: Tengo fiebre y dolor de cabeza.
         La Dra. Ruiz: *Le voy a tomar la temperatura.*

1. _____ Me está palpitando mucho el corazón.
2. _____ Necesito perder peso.
3. _____ Voy a viajar a Argentina.
4. _____ Me rompí la pierna esquiando.
5. _____ Estoy muy cansado y congestionado.
6. _____ Hay mucha diabetes en mi familia.
7. _____ No tengo tiempo para cocinar.
8. _____ Me duele mucho la garganta.

a. Le aconsejo que guarde cama.
b. Le voy a tomar la presión.
c. Le voy a poner una vacuna contra la hepatitis.
d. Le voy a hacer un análisis de sangre.
e. Le aconsejo que haga ejercicio regularmente.
f. Le voy a recetar una medicina.
g. Le voy a tomar una radiografía.
h. Le aconsejo que coma alimentos nutritivos.

5 **¡Estoy enfermo(a)!** Con un(a) compañero(a), representa la siguiente situación: uno de ustedes está muy enfermo(a) y le describe su situación al (a la) doctor(a). El (La) doctor(a) te examina y te da consejos. Túrnense para hacer los papeles de paciente y médico.

MODELO Compañero(a): *¿Cómo está de salud?*
        Tú: *No muy bien. El otro día me desmayé y estoy muy congestionado(a).*
        Compañero(a): *¿Qué otros síntomas tiene?*
        Tú: *Pues, no duermo muy bien por la noche...*

Vocabulario útil 3

DULCE: ¿No **te recetó** nada el médico? Puedo pasar por **la farmacia** para recogértelo.

BETO: No necesito **medicinas** sino compañía agradable. ¿Por qué no vienes a visitarme?

Pharmacies in most Spanish-speaking countries focus more on selling medications and remedies and less on toiletries, cosmetics, and other products, as they do in the U.S. The **farmacia** often substitutes for a visit to a doctor for routine injuries or illnesses, because pharmacists in Spanish-speaking countries are trained to diagnose and treat minor problems.

>> En la farmacia

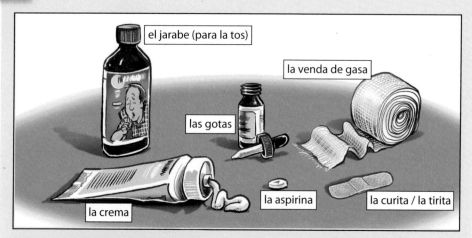

el jarabe (para la tos)

la venda de gasa

las gotas

la crema

la aspirina

la curita / la tirita

las muletas

el yeso

el antibiótico *antibiotic*
las hierbas *herbs*
la pastilla *tablet*
la píldora *pill*
la receta *prescription*
la vitamina *vitamin*

© Cengage Learning 2013

6 **¿Qué te recetó el médico?** Tu compañero(a) no se siente bien. Tú eres su médico(a). ¿Qué le recetas o aconsejas?

MODELO Compañero(a): Tengo una tos horrible.
        Tú: *Le voy a recetar un jarabe para la tos.*

1. Tengo dolor de cabeza
2. Me rompí el brazo.
3. No puedo dormir.
4. Me siento muy cansado(a).
5. Tengo una gripe muy fuerte.
6. Me pusieron un yeso porque me rompí la pierna.
7. Me corté el dedo.
8. Tengo los ojos muy rojos.
9. Me duelen los oídos.
10. Tengo dolor de espalda.
11. Me duele la garganta.
12. Tengo la piel muy seca.

7 **En la farmacia** Un(a) enfermo(a) está en la farmacia pero no tiene receta del médico. Con un(a) compañero(a), hagan el papel del (de la) cliente y el (la) farmacéutico(a) *(pharmacist)*.

MODELO Enfermo(a): *Estoy estornudando mucho y también me duele mucho la cabeza.*
        Farmacéutico(a): *¿Tiene una receta del médico?*
        Enfermo(a): *No, no tengo, pero ¿no hay algo que me pueda recomendar?*
        Farmcéutico(a): *Le puedo recomendar unas aspirinas para el dolor de cabeza, pero para el catarro, solo hay que tomar muchos líquidos y tomar unas vitaminas.*

A ver

ESTRATEGIA

Listening for cognates and key words

When listening to authentic speech, it is important to listen for key words. In this chapter's video, many of the key words are cognates related to illness and remedies. While you may recognize these words immediately in their written form, listen carefully. They are pronounced quite differently in Spanish and in English.

Antes de ver 1 Este episodio se enfoca en Beto, que está enfermo. Javier habla con él en su apartamento y Dulce lo llama por teléfono. Mira las fotos y las conversaciones de las páginas 68, 72 y 74 y crea una lista de los síntomas que identifiques.

Antes de ver 2 Trabaja con un(a) compañero(a) y túrnense para pronunciar estos cognados. Fíjense en las diferencias del inglés que se oyen al pronunciarlos. Luego, mientras ven el video, pongan un círculo alrededor de los cognados que oigan.

paciente	hospital	síntomas	emergencia
apendicitis	médico	medicinas	drogas
aspirinas	inyección	farmacia	temperatura

© Cengage Learning 2013

Ver Mira el video y presta atención a las palabras claves y los cognados.

Después de ver 1 Pon un círculo alrededor de las palabra(s) clave en cada oración. El número entre paréntesis te indica el número de palabras clave que debes marcar.

1. **Javier:** Dime, ¿qué síntomas tienes? (1)
2. **Beto:** Uy, tengo una tos horrible y estornudo muchísimo. (2)
3. **Javier:** ¿Te tomaste la temperatura? (1)
4. **Beto:** Sí. Parece que tengo fiebre. También me duele la garganta. (3)

Después de ver 2 Contesten las siguientes preguntas sobre el video.

1. ¿Qué síntomas tiene Beto?
2. ¿Qué ofrece hacer Javier?
3. ¿Qué prefiere hacer Beto por unos días?
4. ¿Qué cosas le da Javier a Beto?
5. ¿Qué le va a traer Javier a Beto después de las clases?
6. ¿Qué ofrece hacer Dulce?

▶ >> Voces del mundo hispano

© Cengage Learning 2013

En el video para este capítulo Claudio, Ana y Alejandro hablan de las enfermedades y la salud. Lee las siguientes oraciones. Después mira el video una o más veces para decir si las oraciones son ciertas (**C**) o falsas (**F**).

1. Cuando Claudio está enfermo toma sopa de pollo.
2. Claudio y Ana se enferman poco, pero Alejandro se enferma mucho.
3. Los tres no creen que los remedios caseros ayuden con las enfermedades.
4. Los tres van raramente al médico.
5. Claudio y Ana hacen muchísimo ejercicio.
6. Alejandro come mucha comida rápida pero va frecuentemente al gimnasio.

◀)) >> Voces de Estados Unidos

Track 8

Élmer Huerta, médico

Dr. Élmer Huerta

❝¿Por qué se sabe tanto sobre la farándula *(entertainment)* y los deportes y tan poco sobre la salud? ¿Será *(Would it be)* posible vender el concepto de 'salud' usando los medios de comunicación de la misma manera que vendemos jabón, alcohol, nicotina y muebles?❞

Con dos programas diarios de radio y un programa de televisión semanal en español, el doctor Élmer Huerta es uno de los promotores de la salud más importantes de Estados Unidos. Nacido en Perú y oncólogo por profesión, Huerta ha dedicado su vida a la medicina preventiva. Es fundador y director del Cancer Preventorium en el Washington Cancer Institute, uno de los pocos centros del país dedicados a la prevención del cáncer. Además, tiene el honor de ser el primer presidente latino de la American Cancer Society. Su misión con esta organización se centra en el uso de nuevas tecnologías para educar al público norteamericano sobre el cáncer.

¿Y tú? ¿Crees que es nuestra responsabilidad informarnos sobre la salud y la prevención de las enfermedades graves? ¿Hasta qué punto?

¡Prepárate!

>> Gramática útil 1

Expressing possible outcomes: The subjunctive and indicative with conjunctions

Look at the public service ad promoting meditation to relieve stress. Identify the verb that is used in the subjunctive. Can you explain why the subjunctive is used here?

¿**Dolor de cabeza a causa del** estrés?

Tómate unos momentos para practicar la meditación...

...antes de que te sientas así.

www.meditacionparatodos.com

Photo: Shutterstock/Lichtmeister; Content: © Cengage Learning 2013

Cómo usarlo

LO BÁSICO

A conjunction is a word or phrase that links two clauses in a sentence. In the sentence **Voy a llamar a la farmacia para que tenga lista tu receta**, the conjunction is **para que**.

> Remember that the situations referred to in number 1 are places where the subjunctive is used in a dependent clause that begins with **que.**

1. As you have learned, your decision to use the subjunctive often depends on what you are expressing. The subjunctive is used after verbs or expressions of *uncertainty, doubt, disbelief, volition, negation,* and *emotion.*

2. Certain conjunctions also require the use of the subjunctive. With some conjunctions, the subjunctive is always used. With other conjunctions, either the subjunctive or the indicative may be used, depending upon the context.

3. The following groups of conjunctions are either used with the subjunctive only, or may be used with both the subjunctive and the indicative.

   ■ Conjunctions that require the subjunctive:

a menos que	*unless*	en caso de que	*in case*
antes (de) que	*before*	para que	*so that*
con tal (de) que	*provided that*	sin que	*without*

■ Conjunctions that may be used with the subjunctive or indicative, depending on context:

aunque	*although*	**en cuanto**	*as soon as*
cuando	*when*	**hasta que**	*until*
después (de) que	*after*	**tan pronto (como)**	*as soon as*

> In some regions of the Spanish-speaking world, **tan pronto** is used without **como**.

4. Examine the following sentences to see how and when the subjunctive is used.

No te vas a mejorar **a menos que tomes** tu medicina todos los días.
*You won't get better **unless you take** your medicine every day.*

El médico dice que puedo hacer ejercicio **con tal de que no me sienta** peor.
*The doctor says I can exercise **as long as I don't feel** worse.*

Ella va a ir al hospital **en cuanto llegue** Nati de la oficina.
*She's going to the hospital **as soon as** Nati **arrives** from the office (whenever that may be).*

Fue al hospital **en cuanto llegó** Nati de la oficina.
*She went to the hospital **as soon as** Nati **arrived** from the office (she has already arrived).*

Debes quedarte en cama **hasta que** nos **llame** el médico.
*You should stay in bed **until** the doctor **calls** us (whenever that may be).*

Cuando estás enfermo, te quedas en cama **hasta que** te **llama** el médico.
*When you are sick, you stay in bed **until** the doctor **calls** you (habitual action).*

5. In the case of conjunctions that require the subjunctive, the subjunctive is used because the action expressed in the dependent clause has not yet taken place and is an unrealized event with respect to the action described in the main clause.

Ella va al hospital **antes de que venga** la niñera.
*She's going to the hospital **before** the babysitter **arrives**. (She's leaving now, the babysitter's not here, she doesn't know when the sitter will come.)*

6. With conjunctions that may be used with the subjunctive or the indicative, use depends upon whether or not the action described is habitual (indicative), whether it has already occurred (indicative), or whether it has yet to occur (subjunctive).

Ella siempre va al hospital **tan pronto como viene** la niñera.
*She always goes to the hospital **as soon as** the babysitter **arrives**. (habitual action)*

Ella fue al hospital **tan pronto como vino** la niñera.
*She went to the hospital **as soon as** the babysitter **arrived**. (past action)*

Ella va al hospital **tan pronto como venga** la niñera.
*She's going to the hospital **as soon as** the babysitter **arrives**. (future action—she doesn't know when it will occur)*

7. Aunque is a different case. When used with the subjunctive, it may mean that the speaker does not know what the current situation is. When used with the indicative, it indicates that the situation is, in fact, true.

Aunque esté enfermo, Arturo siempre asiste a sus clases.

Even though he may be *sick (we don't know right now if he is),* *Arturo always attends his classes.*

Aunque está enfermo, Arturo asiste a sus clases.

Even though he is *sick (right now),* *Arturo attends his classes.*

ACTIVIDADES

1 **La mamá de Beto** Completa las recomendaciones de la mamá de Beto con una de las conjunciones indicadas.

MODELO Puedes ir a esquiar (en caso de que / <u>con tal de que</u>) no te resfríes.

1. Tienes que ir a la clínica (aunque / para que) te receten unos antibióticos.
2. No vas a perder peso (a menos que / en caso de que) hagas ejercicio.
3. Tienes que hablar con el médico (en caso de que / sin que) necesites una vacuna para tu viaje a las cataratas de Iguazú.
4. Si no guardas cama, no te vas a mejorar (aunque / para que) te tomes todas las medicinas.

2 **El doctor Serna** Vas a hacerte tu chequeo médico con el doctor Serna. ¿Qué te dice? Sigue el modelo para completar sus recomendaciones.

MODELO Te van a llamar / en cuanto / estar lista la receta
Te van a llamar en cuanto esté lista la receta.

1. Ve a casa a descansar / después de que / ir a la farmacia
2. Come algo / antes de que / tomarse el antibiótico
3. Pregunta por mí / cuando / llamar por los resultados de tu análisis
4. No te vas a sentir mejor / a menos que / guardar cama unos cuantos días

3 **¿Y ustedes?** Trabaja con un(a) compañero(a) para hacer recomendaciones sobre la salud. Túrnense para hacer las recomendaciones y usen las frases indicadas con ideas de la lista.

Ideas: estar enfermo(a), hablar con el médico, hacer mucho ejercicio, mantenerse sano(a), no querer, sentirse estresado(a)

1. No debes comer mucha comida a menos que...
2. Debes hacer ejercicio para que...
3. Debes dormir ocho horas al día aunque...
4. No empieces una dieta nueva antes de que...
5. Debes tratar de relajarte tan pronto como...
6. No debes hacer ejercicio cuando...

4 **Los planes** Completa las siguientes oraciones. Trabaja con un(a) compañero(a) para completar las oraciones de una manera lógica.

1. Voy a sacar buenas notas este semestre / trimestre a menos que…
2. Mis amigos y yo necesitamos hacer ejercicio para que…
3. Pienso viajar después de graduarme de la universidad con tal de que…
4. Voy a tratar de ahorrar mucho dinero en caso de que…
5. No vamos a tomar ese curso hasta que…
6. Tengo que hacer una investigación en Internet antes de que…
7. Mis amigos y yo vamos a buscar trabajo tan pronto como…
8. ¿…?

Sonrisas

© Cengage Learning 2013

Expresión En grupos de tres o cuatro estudiantes, escriban lemas (*slogans*) para estos productos. Usa las conjunciones de las páginas 78–79. Da razones, como el padre de de la tira cómica. Sigan el modelo.

MODELO una almohada (*pillow*) para viajeros
Para que siempre duermas bien, no importa dónde estés.

1. el agua mineral
2. el asiento (*seat*) de seguridad para los bebés
3. una bebida fortificada para deportistas
4. unos zapatos atléticos
5. un casco (*helmet*) para los ciclistas
6. un abrigo de invierno

Gramática útil 2

Expressing yourself precisely: Choosing between the subjunctive and indicative moods

Dudo que **estés** de ánimo para tener compañía.

> Remember that all these uses of the subjunctive occur either in a dependent clause that begins with **que** or a conjunction (such as **cuando** or **para que**), or after **ojalá**.

Cómo usarlo

Here is a summary of the basic situations and contexts in which the subjunctive mood, the indicative mood, and the infinitive are used.

Use the subjunctive:

- after expressions of emotion

  Me alegro de **que te sientas** mejor.

- after expressions of doubt and uncertainty

  Dudan **que** el médico **sepa** la respuesta.

- after impersonal expressions, **ojalá,** and verbs expressing opinions, wishes, desires, and influence (verbs of volition)

  Es importante **que sigas** las instrucciones de la enfermera.
  Ojalá **tengamos** tiempo para comer una cena nutritiva hoy.
  Mis amigos quieren **que** yo **vaya** con ellos al gimnasio.

- in a **que** clause to refer to unknown or nonexistent situations

  Buscas un médico **que tenga** experiencia con medicina geriátrica.

- after certain conjunctions to refer to events that have not yet taken place or that may not take place

  Antes de que **vayas** al médico, debes hacer una lista de preguntas.
  Voy a la farmacia en cuanto **salga** del trabajo.

- after **aunque** to express situations that may or may not be true, or are considered irrelevant

  Aunque el médico no **esté,** voy a su oficina.

Use the indicative:

- after expressions of certainty

  Están seguros de que el médico **sabe** la respuesta.

- in a **que** clause with known or definite situations

  Sé que tu médico **tiene** experiencia con medicina geriátrica.

- after certain conjunctions to express past or habitual actions

  Elena salió para el hospital después de que yo **llegué.**

- after **aunque** when a situation is a reality

  Aunque ya **es** tarde, vamos a llamar al médico.

Use an infinitive:

- after expressions of emotion when there is no change of subject

  <u>Estoy contenta</u> de **sentirme** mejor.

- after verbs of volition or influence when there is no change of subject

  Tus amigos <u>quieren</u> **ir** al gimnasio.

- after impersonal expressions to make generalized statements

  <u>Es importante</u> **seguir** las instrucciones de la enfermera.

ACTIVIDADES

◀)) **5** **En el consultorio** Estás en la sala de espera del consultorio y escuchas
Track 9 a varias personas comentar sobre diferentes personas. Según lo que dicen,
¿conocen o no conocen a las personas que mencionan? Escucha los comentarios
y luego marca la respuesta apropiada.

MODELO   Escuchas: ¿Me puedes recomendar un médico que me ayude con
          mis alergias?
          Marcas: No lo / la conoce.

1. _____ Lo / La conoce.   4. _____ Lo / La conoce.
   _____ No lo / la conoce.   _____ No lo / la conoce.

2. _____ Lo / La conoce.   5. _____ Lo / La conoce.
   _____ No lo / la conoce.   _____ No lo / la conoce.

3. _____ Lo / La conoce.   6. _____ Lo / La conoce.
   _____ No lo / la conoce.   _____ No lo / la conoce.

6 **Los buenos amigos** Unos buenos amigos van a visitar a su colega que
acaba de salir del hospital. Completa sus comentarios con los verbos entre
paréntesis. Piensa bien si se requiere el subjuntivo o el indicativo en cada caso.

MODELO   Nos alegramos de que (tú / estar) en casa.
          Nos alegramos de que estés en casa.

1. Vinimos directo a tu casa después de que me (tú / llamar).
2. Dudamos que (tú / echar de menos) la comida del hospital.
3. Es importante que (tú / tomar) todos los antibióticos hasta que
   (acabarse).
4. Es una lástima que no (tú / poder) salir por dos semanas.
5. Sabemos que no (tú / querer) guardar cama por tanto tiempo.
6. Estamos seguros de que (tú / ir) a recuperarte pronto.
7. Te trajimos unas revistas para que no (tú / aburrirse).
8. Vamos a la playa en cuanto (tú / sentirse) mejor.
9. Llámanos cuando (tú / querer).

7 **¿Lo crees?** Con un(a) compañero(a), lean los siguientes comentarios sobre la salud. Den sus reacciones a cada uno, usando expresiones de la lista. Sigan el modelo.

Expresiones: Creo que..., Dudo que..., Es probable que..., No creo que..., Es improbable que...

MODELO La agua en botella es más sana.
  Tú: *No creo que la agua en botella sea más sana.*
  Compañero(a): *Yo creo que la agua en botella sí es más sana.*

1. Las dietas extremas son efectivas.
2. Caminar es el mejor ejercicio.
3. Es posible perder mucho peso sin hacer ejercicio.
4. Es posible hacer mucho ejercicio sin perder peso.
5. Una dieta mala contribuye a la depresión.
6. Comer demasiado azúcar resulta en la hiperactividad, especialmente en los niños.
7. La cafeína sube el colesterol.
8. Un 20% de la población estadounidense es obesa.

8 **¿Cierto o falso?** En grupos de tres o cuatro estudiantes, túrnense para hacer un comentario relacionado con la salud que se refiere a otra persona del grupo. El comentario puede ser cierto o falso. Al oír el comentario, la persona indicada debe decir si es verdad o no. Sigan el modelo.

MODELO Tú: *Sé que Shannon levanta pesas todos los días.*
  Shannon: *Sí, es verdad que levanto pesas todos los días.*
  O: *No, no es verdad que levante pesas todos los días.*

9 **Mi salud** En tu clase de salud, tu profesor(a) te pide que describas tu salud y tus actitudes hacia la salud. Con un(a) compañero(a), creen siete oraciones que usen las siguientes frases.

MODELOS es importante
  Es importante que te hagas un chequeo médico una vez al año.
  antes de
  Siempre leo todas las instrucciones antes de tomarme las píldoras.

1. cuando
2. dudo que
3. antes de que
4. es importante que
5. estoy seguro(a) de que
6. para que
7. querer

>> Gramática útil 3

Talking about future activities: The future tense

Cómo usarlo

1. You have already learned to use the present tense of **pensar** and **ir** + **a** + infinitive to talk about the future.

Pienso ser enfermera.	*I plan to become a nurse.*
Voy a ir al médico el viernes.	*I'm going to go to the doctor on Friday.*

2. Additionally, Spanish has a separate tense, the future tense, which you can use to talk about events that have not yet occurred. This tense is equivalent to the *will* + infinitive future tense used in English.

Hablaré con el médico.	*I will talk to the doctor.*

3. Most Spanish speakers use the present indicative or **ir a** + infinitive to talk about future events that are about to happen. They tend to use the future tense in more formal contexts or to discuss events that are further away in time.

Voy al gimnasio esta tarde.	*I'm going to the gym this afternoon.*
Voy a correr en el parque mañana.	*I'm going to run in the park tomorrow.*
El próximo mes **iré** a la playa.	*Next month I will go to the beach.*

4. Spanish speakers also use the future tense to speculate about current situations.

—¿**Dónde estará** el médico? Hace una hora que lo esperamos.	*Where could the doctor be? We've been waiting for him for an hour.*
—**Tendrá** una emergencia.	*He must have an emergency.*

Cómo formarlo

1. Future-tense endings are the same for **-ar**, **-er**, and **-ir** verbs. The future endings attach to the end of the *infinitive*, rather than to a verb stem.

yo	-é	hablaré	nosotros / as	-emos	hablaremos
tú	-ás	hablarás	vosotros / as	-éis	hablaréis
Ud. / él / ella	-á	hablará	Uds. / ellos / ellas	-án	hablarán

Notice that all forms except the first-person plural (**nosotros**) have a written accent on the final syllable.

2. These verbs are irregular in the future tense. They attach the regular future endings to the irregular stems shown, rather than to the infinitive. They are grouped by their similarities, but some have further irregularities.

irregular: <u>c</u> changes to <u>r</u>		
decir	dir-	diré, dirás, dirá, diremos, diréis, dirán
hacer	har-	haré, harás, hará, haremos, haréis, harán
irregular: <u>e</u> is dropped from infinitive		
poder	podr-	podré, podrás, podrá, podremos, podréis, podrán
querer	querr-	querré, querrás, querrá, querremos, querréis, querrán
saber	sabr-	sabré, sabrás, sabrá, sabremos, sabréis, sabrán
irregular: <u>d</u> replaces the final vowel		
poner	pondr-	pondré, pondrás, pondrá, pondremos, pondréis, pondrán
salir	saldr-	saldré, saldrás, saldrá, saldremos, saldréis, saldrán
tener	tendr-	tendré, tendrás, tendrá, tendremos, tendréis, tendrán
venir	vendr-	vendré, vendrás, vendrá, vendremos, vendréis, vendrán

Tendrás que tomar mis exámenes también.

3. The future tense of **hay** is **habrá**.

Habrá una reunión mañana.   *There will be a meeting tomorrow.*

ACTIVIDADES

10 **¿Qué pasará?** Carmela y su hermano están en la sala de espera de la sala de emergencias. Él se lastimó el brazo y le hace varias preguntas a Carmela. ¿Qué quiere saber?

MODELO ¿Crees que la enfermera me _____ (tomar) la presión?
        ¿Crees que la enfermera me tomará la presión?

1. ¿Crees que nosotros _____ (ver) al médico pronto?
2. ¿Crees que tú _____ (poder) quedarte conmigo?
3. ¿Crees que el médico me _____ (hacer) una radiografía?
4. ¿Crees que yo _____ (tener) que tener un yeso?
5. ¿Crees que mamá y papá _____ (enojarse) conmigo?
6. ¿Crees que el brazo me _____ (doler) mucho mañana?
7. ¿Crees que yo (ir) _____ a la escuela mañana?
8. ¿Crees que mis amigos me _____ (ayudar) en la escuela?
9. ¿Crees que yo _____ (mejorarse) pronto?
10. ¿Crees que nosotros (salir) _____ de aquí antes de las cuatro?

🔊 **11** **El Año Nuevo** Vas a escuchar dos veces unas preguntas sobre tus
Track 10 resoluciones para el Año Nuevo. Di si harás o no harás lo que se pregunta.
Sigue el modelo.

MODELO Escuchas: ¿Vas a hacer una cita para un chequeo médico?
Ves: _____, _____ una cita para un chequeo médico.
Escribes: *Sí*, *haré* una cita para un chequeo médico.
O: *No*, *no haré* una cita para un chequeo médico.

1. _____, _____ peso este año.
2. _____, _____ ejercicio cinco veces por semana.
3. _____, _____ más atención en lo que como.
4. _____, _____ más tiempo para descansar.
5. _____, _____ menos en días de entresemana.
6. _____, _____ las recomendaciones del médico.
7. _____, _____ ocho horas al día.
8. _____, _____ una vida sana desde hoy en adelante.

👥 **12** **¿Qué les pasará?** Ahora que conoces a los personajes del video, vas
a tratar de predecir qué les va a pasar en el futuro. Con un(a) compañero(a),
creen por lo menos dos oraciones para cada personaje (o personajes) en la lista.

MODELO Sergio y Javier
Sergio y Javier serán atletas profesionales. Viajarán por todo
el mundo para competir en torneos internacionales.

	Futuros posibles	
1. Beto	ser [¿qué profesión?]	vivir en [¿qué ciudad?]
2. Anilú	trabajar [¿dónde?]	viajar [¿adónde?]
3. Chela	casarse [¿con quién?]	hacer [¿…?]
4. Sergio y Javier	salir [¿con quién?]	saber [¿…?]
5. Dulce y Beto	tener [¿cuántos?] hijos	¿…?
6. Dulce		

👥 **13** **El futuro** Todos tenemos ideas de lo que vamos a hacer en el futuro: dónde
vamos a vivir, qué profesión vamos a practicar, qué clase de casa vamos a tener,
cómo va a ser nuestra familia y así. Hazle seis preguntas a tu compañero(a) sobre
su futuro. Escribe un párrafo que describa el futuro de tu compañero(a) según sus
respuestas. Luego, si hay algunas predicciones que tienen en común, explícalas.

MODELOS Las predicciones de mi compañero:
Será programador y trabajará en una compañía que produce
videojuegos. Estará casado con tres hijos y tendrá una casa
grande en las afueras de Nueva York. Sus hijos asistirán a una
escuela privada. Tendrá un BMW y un auto eléctrico.
Las predicciones que tenemos en común:
Los dos estaremos casados y tendremos hijos.

Argentina

Aníbal Trejo/Shutterstock

Información general ▶

Nombre oficial: República Argentina

Población: 41.343.201

Capital: Buenos Aires (f. 1580)
(3.000.000 hab.)

Otras ciudades importantes: Córdoba
(1.350.000 hab.), Rosario (1.250.000 hab.),
Mar del Plata (600.000 hab.)

Moneda: peso (argentino)

Idiomas: español (oficial), guaraní

Mapa de Argentina: Apéndice D

Emiliano Rodríguez / Alamy

Vale saber…

- En 1816, las Provincias Unidas del Río de la Plata declaran la independencia de España. Después de muchos conflictos, se forman Argentina y Uruguay del territorio de las Provincias, y también una gran parte de Bolivia y una provincia de Brasil.

- Argentina es un país de inmigrantes. La mayoría de ellos emigraron de España e Italia entre 1860 y 1930.

- La era del general Juan Perón se conoce como Peronismo y su fama internacional se debe en parte a su segunda esposa, Eva "Evita" Duarte de Perón quien, como primera dama, promovió *(promoted)* los derechos de los trabajadores y de las mujeres.

- Argentina es el segundo país más grande de Sudamérica y el país más grande de habla hispana.

- Argentina es uno de los principales exportadores de carne vacuna (= de vaca) del mundo. La parrillada *(barbecue)*, una comida fuerte que incluye varios tipos de carne asada, es una tradición argentina conocida por todo el mundo.

Uruguay

Información general ▶

Nombre oficial: República Oriental del Uruguay

Población: 3.510.386

Capital: Montevideo (f. 1726) (1.500.000 hab.)

Otras ciudades importantes: Salto (130.000 hab.),
Paysandú (90.500 hab.)

Moneda: peso

Idiomas: español

Mapa de Uruguay: Apéndice D

Vale saber...

- El territorio que ahora es Uruguay fue reclamado por Argentina después de la separación de las Provincias Unidas del Río de la Plata. Luego fue anexado por Brasil en 1821. Uruguay declaró su independencia de Brasil en 1825 con la ayuda de los argentinos. En 1828, en el tratado de Montevideo, Brasil y Argentina reconocen a Uruguay como país independiente.

- Colonia del Sacramento es la ciudad más antigua del país y contiene muestras *(examples)* de dos culturas: la de los portugueses, que fundaron la ciudad en 1680, y la de los españoles, que la controlaron durante el siglo XVIII.

- 90% de los uruguayos son de ascendencia europea, la mayoría de ellos de ascendencia italiana.

- La celebración del carnaval en Montevideo, que dura *(lasts)* casi dos meses, se considera el festival nacional de Uruguay. Los desfiles *(parades)* incluyen elementos indígenas y afrohispanos. Las murgas, una combinación de teatro y música que parodian los temas políticos del día, son una parte importante del carnaval.

- En Uruguay se jugó la primera Copa Mundial de fútbol en 1930. Uruguay venció *(defeated)* a Argentina ese año para coronarse como los primeros campeones mundiales de fútbol.

El tango y la salud

El tango, baile nacional de Argentina, no es solo una diversión, un arte y un tesoro cultural, también se puede considerar ¡una terapia! Según varios estudios, bailar el tango es bueno para la coordinación, el equilibrio y los sistemas circulatorio y respiratorio. Además, baja la presión y mejora el tono muscular y la postura de la columna vertebral. Pero los beneficios no terminan con el cuerpo; la mente igual disfruta de *(enjoys)* los efectos saludables. Reduce el estrés, disminuye los síntomas de la ansiedad y la depresión, eleva la autoestima y mejora la memoria. ¡Hasta puede quitarte *(get rid of)* los dolores de cabeza!

Será por estos beneficios que la popularidad del tango se ha extendido a lugares inesperados como China, Islandia, Nepal, Kenia, Tailandia y Nueva Zelanda. ¿Qué esperas? Para animar el espíritu y tonificar el cuerpo, no hay nada mejor que la "tangoterapia", un tratamiento ciento por ciento argentino que puedes practicar en milongas *(venues where tango is practiced)* por todo el mundo.

El secreto de la larga vida

La esperanza de vida *(life expectancy)* al nacimiento en Uruguay es de 75 años —la más alta de todo Sudamérica y solo tres años menos que la esperanza de vida para el estadounidense. ¿Cuál es el secreto de los uruguayos? Quizás uno de ellos es la yerba mate, una hierba que se sirve como un té caliente y que los uruguayos toman en abundancia. El mate frecuentemente se usa para tratar problemas médicos como la hipertensión *(high blood pressure)* o se mezcla con otras hierbas medicinales. Pero la larga vida no se puede atribuir solamente a un té. Uruguay tiene el nivel de pobreza *(poverty level)* más bajo de todo Latinoamérica. Disfruta de un clima templado *(mild)*, playas solitarias, parques naturales y millas de pampas donde los gauchos siguen manejando sus manadas *(continue driving their herds)*. La gente se conoce por ser cordial, generosa y cortés y el ambiente por todo lado es relajante. ¿Por qué los uruguayos tienen una esperanza de vida tan larga? Quién sabe, pero dentro del estilo de vida estarán los secretos.

>> En resumen

La información general

1. ¿De dónde emigraron la mayoría de inmigrantes que viven hoy día en Argentina?
2. En cuanto a tamaño, ¿en qué posición cae Argentina en Sudamérica?
3. ¿Quién es Eva Perón y por qué se conoce?
4. ¿Qué dos países trataron de anexar a Uruguay?
5. ¿Qué dos culturas están representadas en la arquitectura de Colonia del Sacramento?
6. ¿Quiénes fueron los primeros campeones mundiales de fútbol y en qué año ganaron ese honor?

El tema de la salud

1. ¿Cuáles son tres beneficios del tango para el cuerpo?
2. ¿Cuáles son tres beneficios del tango para la mente?
3. ¿Cuál es la esperanza de vida para un uruguayo al nacimiento? ¿Y para el estadounidense?
4. ¿Para qué uso médico se toma la yerba mate?

¿QUIERES SABER MÁS?

Revisa y rellena la tabla que empezaste al principio del capítulo. Luego, escoge un tema para investigar en línea y prepárate para compartir la información con la clase.

También puedes escoger de las palabras clave a continuación o en **www.cengagebrain.com**.

Palabras clave: (Argentina) los gauchos, la guerra sucia, la guerra de las Malvinas, Jorge Luis Borges, Adolfo Pérez Esquivel, Diego Maradona; **(Uruguay)** el carnaval de Montevideo, los tablados, Horacio Quiroga, Mario Benedetti, Alfredo Zitarrosa, Julio Sosa

Tú en el mundo hispano Para explorar oportunidades de usar el español para estudiar o hacer trabajos voluntarios o aprendizajes en Argentina y Uruguay, sigue los enlaces en **www.cengagebrain.com**.

Ritmos del mundo hispano Sigue los enlaces en **www.cengagebrain.com** para escuchar música de Argentina y Uruguay.

A leer

ESTRATEGIA

Using graphic organizers

You have been using a Spanish version of a KWL chart ("What I **Know**, What I **Want** to Know and What I **Learned**") to keep track of cultural information in the chapter openers and the **¡Explora y exprésate!** sections. A KWL chart is an example of a graphic organizer, along with other kinds of charts, tables, and diagrams. Graphic organizers are useful tools for visually representing the information you read and helping you organize your reactions to it.

You may want to review the reading strategy about scanning on page 260 of **Chapter 7** before you begin.

Norteamérica

1 Con un(a) compañero(a), ojeen (scan) la caja (box) con la lista de países en la página 93. Luego, pongan los números 1 a 10 en los mapas para indicar el ranking de los países con la proporción más grande de psicólogos.

2 Con un(a) compañero(a), ojeen la lectura para encontrar cada uno de los siguientes números. Después pónganlos en las siguientes oraciones.

Números: 7, 50, 121, 145, 57.600, 93.000, 100.000

Sudamérica

En 2005 Argentina tenía más de un _____% de psicólogos más que Dinamarca.

↓

En 2005 Argentina tenía _____ psicólogos cada _____ habitantes.

↓

En 2008 Argentina tenía _____ psicólogos cada _____ habitantes.

↓

En 2008 EEUU tenía aproximadamente _____ psicólogos en total.

↓

En 2008 Argentina tenía aproximadamente _____ psicólogos en total.

↓

En 2008 la población de EEUU era más o menos _____ veces > que la de Argentina.

Europa

© Cengage Learning 2013

3 Ahora lee la lectura sobre Argentina y la psicología.

LECTURA
Argentina la analítica

Huadi, una ilustración que fue publicada en el diario "La Nación" Argentina, el día 15 de octubre de 2005. Usada con permiso.

Argentina tiene fama de muchas cosas —su geografía impresionante y diversa, la calidad de la carne y el vino que produce y sus contribuciones a las artes y la arquitectura, entre muchas otras. Pero también es el líder en una categoría menos conocida: Argentina es el país con la mayor proporción de psicólogos per cápita de cualquier otro país del mundo.

Un estudio realizado[1] en 2008 por un grupo de investigadores de la Facultad de Psicología de la Universidad de Buenos Aires (UBA) y dirigido[2] por el licenciado en psicología Modesto Alonso afirma que hay más de 57.600 psicólogos en actividad en Argentina. Para expresar este dato en términos más fáciles de entender, en Argentina hay aproximadamente un psicólogo cada 690 habitantes (o, para decirlo de otra manera, 145 cada 100.000 habitantes). (Para comparar con Estados Unidos, en el mismo año había aproximadamente 93.000 psicólogos en EEUU, que tiene una población más o menos siete veces más grande que la de Argentina).

Estas cifras hacen que Argentina se encuentre en la primera posición del ranking de países con la mayor proporción de psicólogos, seguido por[3]

Cuando Alonso habla de los datos de 2005, se refiere al estudio más reciente realizado por la Organización Mundial de la Salud. Los resultados del estudio de 2005 indicaron el siguiente ranking de los diez países con mayor número de psicólogos per cápita: Argentina, Dinamarca, Finlandia, Suiza, Noruega, Alemania, Canadá, Brasil, Estados Unidos y Ecuador. El nuevo estudio de Alonso (2008) sugiere que la proporción de psicólogos en Argentina está aumentando más rápidamente que en otros países.

Dinamarca. En 2005, Argentina tenía 121 psicólogos cada 100.000 habitantes. "En 2005 teníamos más de un 50% de psicólogos más que en Dinamarca. En 2008 tenemos 145 psicólogos cada 100.000 habitantes; es decir que la brecha sigue agrandándose[4]", dijo Alonso en una entrevista con *La Prensa*, un diario bonaerense[5], en 2010.

Pero, ¿por qué? En un artículo que se publicó en *La Nación*, otro diario de Buenos Aires, Sara Slapak, decana de la Facultad de Psicología de la UBA, ofrece una idea. "Una de las hipótesis se relaciona con nuestro origen. Somos un país de inmigrantes; el interés por cuestiones como la identidad, el desarraigo y el duelo[6] son temas propios de la psicología".

Otra teoría tiene que ver con el tipo de psicología que se practica en Argentina y también con las normas de formación educativa que sus estudiantes reciben allí. Una hipótesis diferente señala el número de inmigrantes judío-alemanes[7] que se refugiaron en Buenos Aires después de la Segunda Guerra Mundial y propone que ellos trajeron consigo el hábito del psicoanálisis que era tan popular en Alemania y toda Europa durante esa época.

No se sabe con exactitud, pero lo que sí es cierto es que la gran mayoría de los argentinos graduados en la psicología se dedican a la "terapia del diván[8]" o el psicoanálisis. Alonso considera que esta decisión se debe a una falta de otras opciones profesionales.

Según él, "Además faltan estadísticas, faltan políticas, faltan leyes[9] que permitan aprovechar[10] la enorme cantidad de psicólogos que tenemos, que pueden trabajar en las fábricas, en empresas[11], en los hospitales —muchos más de los que tenemos actualmente...".

[1]*carried out, completed* [2]*directed* [3]*followed by* [4]**la brecha...:** *the gap keeps getting bigger* [5]*daily newspaper of Buenos Aires*
[6]**el desarraigo...:** *uprooting / rootlessness and pain* [7]**señala...:** *points to the number of Jewish-German immigrants* [8]*sofa* [9]*laws*
[10]*to take advantage of* [11]**fábricas…:** *factories, in businesses*

Continúa, "Hoy la gente tiene más conocimientos sobre los beneficios de la psicología y se han dado[12] importantes avances, como [...] la incorporación de los psicólogos en las obras sociales y prepagas. La conciencia que la gente, y sobre todo los médicos, tienen de que el psicólogo existe, que es útil su actividad terapéutica para ayudar a la gente...".

El interés que tienen los argentinos en la psicoterapia se manifiesta también en la cultura popular. Por ejemplo, dos escritores argentinos de historietas[13] populares frecuentemente tratan el tema en sus obras. Maitena Burundarena, conocida simplemente como "Maitena", es la autora de *Mujeres alteradas* y *Superadas*. Aquí ella usa el tema de la psicoterapia para dar un toque moderno a un tema viejo —problemas con la suegra.

Ricardo Liniers es otro escritor y dibujante argentino, que, como Maitena, se conoce solamente por uno de sus nombres (Liniers). Es el autor de *Macanudo*, una historieta que se publica regularmente en el diario porteño *La Nación*. En la siguiente historieta, él se burla cariñosamente[14] de los estudiantes de psicología en su país.

[12]*there have been* [13]*comic strips* [14]*lovingly makes fun of*

¡ME TIENES HARTO CON TU ANALISTA! ¿...TÚ PIENSAS REALMENTE QUE HABLANDO DE TU MAMÁ VAS A ENTENDER POR QUÉ NUESTRA RELACIÓN NO FUNCIONA...?

NO, NO... DE MI MAMÁ NO, ¡DE LA TUYA!

Maitena 2002

Maitena, autora de *Mujeres alteradas* y *Superadas*

¡Me tienes harto...! *I'm fed up with. . . (literally, you've got me fed up with. . .)*

Ricardo Liniers, autor de *Macanudo*

Vos: Tú (**Vos** *is a familiar form of address used in Argentina and some other parts of Latin America.*), **complejo**: *complex*

In Argentina, **obras sociales** y **prepagas** refer to union-run medical insurance and pre-paid monthly premiums, usually for a certain amount of unlimited care.

Porteño is an adjective that is used to refer to Buenos Aires.

👥 **4** El contenido de la lectura se divide en cuatro partes temáticas. Con un(a) compañero(a), miren la siguiente tabla y después vuelvan a la lectura para buscar un dato, trozo *(piece)* de información o comentario que se asocie con cada parte.

Parte 1: Los datos	Parte 2: Las razones	Parte 3: El trabajo	Parte 4: Las historietas

👥 **5** Con un(a) compañero(a), contesten las siguientes preguntas sobre la lectura.

1. Sara Slapak cree que la razón por la cual muchos argentinos se interesan por la psicología tiene que ver *(has to do)* con su historia como país de inmigrantes. ¿A qué parte de la experiencia del inmigrante se refiere ella? ¿Están de acuerdo con ella?

2. Otra teoría se relaciona con una consecuencia de la Segunda Guerra Mundial *(World War II)*. ¿Cuál es? Explíquenla.

3. ¿A qué se dedican la gran mayoría de los argentinos graduados en psicología?

4. Según Alonso, ¿cuál es la razón por la que los graduados no practican otras formas de la psicología?

5. En la opinión de Alonso, ¿cuáles son dos avances en la práctica de la psicología?

6. La historieta de Maitena se enfoca en el análisis del tema humorístico de la suegra, o la madre del (de la) novio(a), un sujeto frecuente en los chistes *(jokes)* de cómicos de todo el mundo. ¿Qué piensan de la historieta de Maitena? ¿Les gusta este tipo de humor? ¿Por qué sí o no?

7. ¿Cuál es la idea principal de la historieta de Liniers? ¿Están de acuerdo o no?

👥 **6** En grupos de tres o cuatro personas, piensen en tres actividades o pasatiempos que pueden describirse como un interés u obsesión nacional en Estados Unidos. ¿Les interesan a ustedes esos pasatiempos? ¿Cuáles son sus opiniones sobre ellos? ¿Por qué?

👥 **7** Con un(a) compañero(a), miren las dos historietas otra vez. Después, hagan su propia historieta que tenga que ver *(has to do with)* con la psicología o con uno de los pasatiempos de que hablaron en la **Actividad 6**. Traten de presentarla con humor y con un punto de vista claro.

A escribir

ESTRATEGIA

Writing—Using softening language and courtesy expressions

When you are writing to someone you don't know well, it is a good idea to soften your tone and use courtesy expressions.

- The subjunctive is often used with words like **quizás, tal vez**, and **puede ser que** to make tentative suggestions. In this case, the use of the subjunctive implies that this is not a fact, but an idea that may or may not be true: **Quizás su amigo tenga un problema médico…, Puede ser que él no sepa…**

- The use of **usted** forms, rather than **tú** forms, raises the level of courtesy.

- Presenting ideas in the form of a question, rather than as a direct statement, also softens the language level: **¿No le parece posible que…?, ¿Piensa usted que…?**

- In general, direct commands are less courteous than requests made via questions (**¿Le molesta decirme…?**) or with **quisiera / me gustaría** (**Quisiera pedirle unos consejos…**).

1 Lee el siguiente mensaje de un sitio web donde se puede pedir consejos de una médica y la respuesta que ella le da a la escritora.

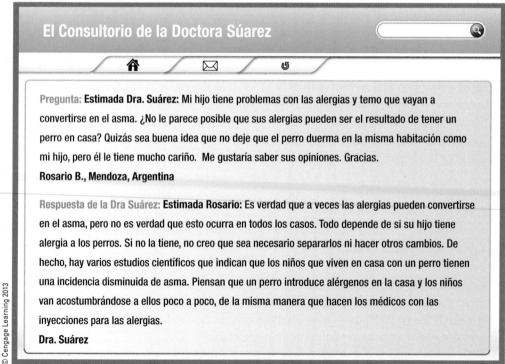

El Consultorio de la Doctora Súarez

Pregunta: Estimada Dra. Suárez: Mi hijo tiene problemas con las alergias y temo que vayan a convertirse en el asma. ¿No le parece posible que sus alergias pueden ser el resultado de tener un perro en casa? Quizás sea buena idea que no deje que el perro duerma en la misma habitación como mi hijo, pero él le tiene mucho cariño. Me gustaría saber sus opiniones. Gracias.

Rosario B., Mendoza, Argentina

Respuesta de la Dra Suárez: Estimada Rosario: Es verdad que a veces las alergias pueden convertirse en el asma, pero no es verdad que esto ocurra en todos los casos. Todo depende de si su hijo tiene alergia a los perros. Si no la tiene, no creo que sea necesario separarlos ni hacer otros cambios. De hecho, hay varios estudios científicos que indican que los niños que viven en casa con un perro tienen una incidencia disminuida de asma. Piensan que un perro introduce alérgenos en la casa y los niños van acostumbrándose a ellos poco a poco, de la misma manera que hacen los médicos con las inyecciones para las alergias.

Dra. Suárez

>> Composición

2 Vas a escribir un mensaje con una pregunta para la Dra. Suárez. Piensa en una condición médica o psicológica u otra consulta que te gustaría hacer sobre la dieta, el ejercicio, el estrés, etc. Escribe tu mensaje, usando el modelo de la **Actividad 1** y algunas de las estructuras y expresiones de la Estrategia.

3 Intercambia mensajes con un(a) compañero(a) y lee la pregunta que escribió él o ella. Ustedes deben tomar el papel *(role)* de la Dra. Suárez y escribir un mensaje que conteste la pregunta de la otra persona. (Si no saben cómo contestarla, deben inventar una respuesta o pedir perdón por no saber la respuesta exacta).

StockLite/Shutterstock

>> Después de escribir

4 Ahora, mira la pregunta y la respuesta que escribiste. Usa la siguiente lista para revisarlas.

- ¿Incluyen palabras y expresiones de cortesía?
- ¿Usaste las formas del subjuntivo para expresar duda, emoción y deseos, y para sugerir ideas de una manera cortés?
- ¿Usaste las formas correctas de todos los verbos?
- ¿Hay errores de puntuación o de ortografía?

5 Dale tu respuesta a tu compañero(a) y lee la respuesta que él o ella te escribió. Luego, comenten los problemas y soluciones que ofrecieron. ¿Están de acuerdo *(Do you agree)*?

Vocabulario

El cuerpo *The body*

la boca *mouth*	**la garganta** *throat*	**el pie** *foot*
el brazo *arm*	**el hombro** *shoulder*	**la pierna** *leg*
la cabeza *head*	**la lengua** *tongue*	**el pulmón (los pulmones)** *lung(s)*
el codo *elbow*	**la mano** *hand*	**la rodilla** *knee*
el corazón *heart*	**la nariz** *nose*	**la sangre** *blood*
el cuello *neck*	**el oído** *inner ear*	**el tobillo...** *ankle*
el dedo *finger, toe*	**el ojo** *eye*	**... quebrado / roto** *broken*
la espalda *back*	**la oreja** *ear*	**... torcido** *twisted*
el estómago *stomach*	**el pecho** *chest*	

Los síntomas *Symptoms*

la alergia *allergy*	**la tos** *cough*
el catarro / el resfriado *cold*	**cortarse** *to cut oneself*
el dolor... *pain, ache*	**desmayarse** *to faint*
... de cabeza *headache*	**dolerle (ue) (a uno)** *to hurt*
... de estómago *stomachache*	**estar congestionado(a)** *to be congested*
... de garganta *sore throat*	**estar mareado(a)** *to feel dizzy*
la enfermedad *sickness, illness*	**estornudar** *to sneeze*
la fiebre *fever*	**lastimarse** *to hurt, injure oneself*
la fractura *fracture*	**palpitar** *to palpitate*
la gripe *flu*	**resfriarse** *to get chilled; to catch cold*
la herida *injury, wound*	**toser** *to cough*
la infección *infection*	**vomitar** *to throw up*
las náuseas *nausea*	

En el consultorio del médico *In the doctor's office*

el chequeo médico *physical, checkup*	**la sala de emergencias** *emergency room*
la cita *appointment*	**la sala de espera** *waiting room*
la clínica *clinic*	**la salud** *health*

Instrucciones y preguntas

Lo (La) voy a examinar. *I'm going to examine you.*
¿Qué le duele? *What hurts?*
¿Qué síntomas tiene? *What are your symptoms?*
Abra la boca. *Open your mouth.*
Respire hondo. *Breathe deeply.*
Saque la lengua. *Stick out your tongue.*
Trague. *Swallow.*

Le voy a... *I'm going to . . .*

   ... hacer un análisis de sangre / orina. *. . . give you a blood / urine test.*

   ... poner una inyección. *. . . give you an injection.*

   ... poner una vacuna. *. . . vaccinate you.*

   ... recetar una medicina. *. . . prescribe a medicine.*

   ... tomar la presión. *. . . take your blood pressure.*

   ... tomar la temperatura. *. . . take your temperature.*

   ... tomar / hacer una radiografía. *. . . take an X-ray.*

Consejos *Advice*

Le aconsejo que... *I advise you to . . .*

   ... coma alimentos nutritivos. *. . . eat healthy foods.*

   ... duerma más. *. . . sleep more.*

   ... guarde cama. *. . . stay in bed.*

   ... haga ejercicio regularmente. *. . . exercise regularly.*

   ... lleve una vida sana. *. . . lead a healthy life.*

¡Ojalá se mejore pronto! *I hope you'll get better soon!*

En la farmacia *At the pharmacy*

el antibiótico *antibiotic*

la aspirina *aspirin*

la crema *cream*

la curita / la tirita *(small) bandage*

las gotas *drops*

las hierbas *herbs*

el jarabe (para la tos) *(cough) syrup*

las muletas *crutches*

la pastilla *tablet*

la píldora *pill*

la receta *prescription*

la venda de gasa *gauze bandage*

la vitamina *vitamin*

el yeso *cast*

Conjunciones adverbiales

Con el subjuntivo

a menos que *unless*

antes (de) que *before*

con tal (de) que *so that, provided that*

en caso de que *in case*

para que *so that*

sin que *without*

Con el subjuntivo o el indicativo

aunque *although, even though*

cuando *when*

después (de) que *after*

en cuanto *as soon as*

hasta que *until*

tan pronto como *as soon as*

Repaso y preparación

Complete these activities to check your understanding of the new grammar points in **Chapter 13** before you move on to **Chapter 14**.

The answers to the activities in this section can be found in **Appendix B**.

The subjunctive and indicative with conjunctions (p. 78)

1 Completa cada oración con la información indicada y reescríbela.

1. Te voy a dar algunos consejos con tal de que tú... (escucharme bien)
2. Siempre le pido consejos a la enfermera aunque ella... (no ser médica)
3. Voy a ir a la clínica cuando la recepcionista... (llamarme)
4. Siempre hablo con el médico después de que él... (examinarme)
5. Voy al gimnasio tan pronto como yo... (terminar la tarea)
6. Siempre como comida nutritiva a menos que yo... (salir con mis amigos)
7. Voy a acostarme en cuanto... (llegar a la habitación)

Choosing between the subjunctive and indicative moods (p. 82)

2 Completa la narración con el indicativo, el subjuntivo o un infinitivo.

When you have a percentage, use the third-person singular: **Sólo un 11% de estudiantes duerme lo suficiente.**

Leí un artículo reciente que dice que para mantener la salud es muy importante 1. _____ (dormir) lo suficiente todas las noches. Según el artículo, un 35% de adultos 2. _____ (tener) por lo menos un síntoma de insomnio todas las noches. Es increíble que tantas personas 3. _____ (sufrir) de una falta de sueño *(sleep)* y ¡me alegro de que yo no 4. _____ (ser) una de ellas!

El artículo ofrece varios consejos para 5. _____ (evitar —*to avoid*) el insomnio. Por ejemplo, sugiere que los insomnes 6. _____ (acostarse) a la misma hora todas las noches. También dice que es importante que ellos no 7. _____ (tomar) una siesta durante el día, ni tampoco 8. _____ (comer) cerca de la hora de acostarse.

Creo que 9. _____ (ser) interesante que tantas personas 10. _____ (tener) este problema. Yo conozco a tres personas que 11. _____ (decir) que el insomnio es un problema grande para ellos, aunque 12. _____ (seguir) todos los consejos de los expertos.

Y tú, ¿conoces a alguien que 13. _____ (querer) dormir más? ¿Qué les recomiendas 14. _____ (hacer)?

The future tense (p. 85)

3 Escribe oraciones para decir qué hará cada persona el año que viene.

1. tú / dormir más
2. David y Rebeca / hacer más ejercicio
3. el señor Robles / llevar una vida más sana
4. yo / ir al médico para un examen anual
5. nosotros / comer alimentos nutritivos
6. usted / estudiar para ser médico

Preparación para el Capítulo 14

Complete these activities to review some previously learned grammatical structures that will be helpful when you learn the new grammar in **Chapter 14**.

Adjectives with **ser** and **estar** (Chapter 2)

4 Escribe oraciones completas según el modelo, usando adjetivos de la lista con **ser** o **estar**.

Adjetivos: aburrido, cansado, divertido, enojado, extrovertido, introvertido, ocupado, preocupado

MODELO   Marta está viendo una película que no le interesa para nada.
Marta está aburrida.

1. Leo llega a casa después de trabajar doce horas en el hospital. Tiene ganas de dormir.
2. Sandra siempre dice cosas interesantes y cómicas.
3. A Martín no le gusta hablar con personas que no conoce.
4. Laura tiene muchísimas cosas que hacer hoy. ¡No tiene tiempo para nada!
5. Diego tiene examen y no tuvo tiempo para estudiar. Dice que va a sacar una mala nota.
6. A Susana le encanta conocer gente nueva. Es muy habladora también.

Hay, había, and haya (Chapters 1, 9, and 12)

5 Completa las siguientes oraciones con **hay**, **había** o **haya**.

1. _____ tres personas en la sala de emergencias cuando llegué allí.
2. Espero que _____ más de un médico en la clínica hoy.
3. Es importante que _____ unos enfermeros que sepan hablar español.
4. No _____ una excusa buena para no comer alimentos nutritivos.
5. Sabía que no _____ una clínica médica en ese pueblito.
6. _____ muchas hierbas que ayudan con los problemas médicos.

Present progressive tense (Chapter 5)

6 Di que están haciendo las personas de los dibujos. Usa los siguientes verbos y otras palabras según sea necesario.

Verbos: comer, consultar, dormir, estornudar, hacer, toser

1.
tú

2.
yo

3.
Mónica y Carlos

4.
nosotros

5.
la señora Trujillo

6.
yo

▣▪ Cortometraje

Un juego absurdo

Un cortometraje de Gastón Rothschild

Premio Cóndor de Plata al mejor cortometraje por la Asociación de Cronistas Cinematográficos de la Argentina y Ganador de V festival Internacional de Cortos de Olavarría. Mención Especial al Mejor Guión de UNCIPAR 2010

dice image: Michaela Begsteiger/Photolibrary

DIRECCIÓN: **GASTÓN ROTHSCHILD** GUIÓN: **JAVIER ZEVALLOS** PRODUCCIÓN EJECUTIVA: **DIEGO CORSINI** JEFE DE PRODUCCIÓN: **ALEXIS TRIGO** ASISTENTE DE DIRECCIÓN: **JULIETA LEDESMA** FOTOGRAFÍA: **GERMÁN DREXLER** DIRECCIÓN DE ARTE: **LETICIA NANOIA** VESTUARIO: **LUCÍA SCIANNAMEA** MONTAJE: **DANIEL PRINK, LEONARDO MARTÍNEZ** MÚSICA: **BACCARAT** SONIDO: **GERARDO KALMAR** ASISTENTE DE PRODUCCIÓN: **JULIA FRANCUCCI** ACTORES PRINCIPALES: **ELIANA GONZÁLEZ EN EL PAPEL DE "ELLA" Y MARTÍN PIROYANSKY EN EL PAPEL DE "ÉL"**

▶ >> Un juego absurdo (Argentina)

El amor es un tema universal —no hay nadie en el mundo que no haya sentido en algún momento las emociones que angustian al protagonista del cortometraje argentino *Un juego absurdo.* El deseo enorme de acercarse a su querida en una fiesta le presenta una serie de obstáculos que trata de superar *(overcome)* uno por uno. Atormentado por la incertidumbre y la falta de confianza en sí mismo, el protagonista lucha con el monólogo dentro de su cabeza. Hasta aparecen su madre y su padre para darle consejos sobre el amor. El conflicto entre sus

Un juego absurdo, Instituto Nacional de Cine y Artes Audiovisuales

pensamientos y el deseo de hablar con ella resultan en unos momentos inesperados y cómicos. ¿Cómo se resuelve la situación del joven enloquecido por el amor? Mira *Un juego absurdo* y te darás cuenta.

Sustantivos
el asunto primordial *essential, fundamental matter*
las cosquillas *tickling sensations*
el escote *lowcut neckline*
el límite autoimpuesto *self-imposed limit*
el llanto *crying, weeping*
el roce *brush, touch (as in: the brush of her skin)*
el sudor *sweat*

Verbos y frases verbales
acabarse: se acabó *it's done, finished*
apestar: apesta *it stinks*
apretarse: me aprieta *it's tight on me*
frenar *to put on the brakes*
mirarse el ombligo *to navel gaze*

Adjetivos
boludo(a) *jerk; stupid*
nulo(a) *non-existent, nil*

Frases útiles
al revés *backwards*
capaz de *capable of*
en voz alta *out loud*

---

1 **Vocabulario nuevo** Completa las oraciones de *Un juego absurdo* con el vocabulario nuevo. Después de ver el cortometraje, vuelve a las oraciones para asegurar que las completaste bien.

1. La distancia es el _____.
   a. llanto
   b. asunto primordial
   c. sudor

2. ...porque yo soy un joven sensible _____ emocionarse hasta el llanto con un buen libro, ...
   a. al revés
   b. capaz de
   c. en voz alta

3. Aunque mi experiencia en el tema es poca. Es decir, es _____. Es decir, nada.
   a. mucha
   b. sin igual
   c. nula

4. Sabe que le miro el _____.
   a. asunto primordial
   b. escote
   c. roce

5. El _____ con tu deliciosa piel, como cosquillas, como mil conejos *(rabbits)*.
   a. roce
   b. escote
   c. llanto

6. ¿Eso se lo dije a ella _____?
   a. se acabó
   b. capaz de
   c. en voz alta

7. Mirá, vos a mí me gustás, pero no te puedo hablar porque me pongo _____.
   a. nulo
   b. boludo
   c. al revés

8. ¡Y esta música _____!
   a. mirarse el ombligo
   b. apesta
   c. me aprieta

Go to page 76 of **Chapter 13** and review the strategy in the **Estrategia** box. The film uses many cognates which will help you understand the action.

2 El voseo Primero lee la nota al lado sobre **el voseo**. Luego, lee las siguientes líneas del cortometraje *Un juego absurdo*. Subraya los verbos en **el voseo** y conviértelos a la forma de **tú**.

1. Vos sos hermoso, hijito. No sos flacucho, sos vigoroso como tu papá.
2. Vos, ¡pará con eso! ¡Y vos también!
3. Papá, ¿qué hacés acá?
4. ¿Sabés por qué me pongo este chaleco?
5. Mirá, vos a mí me gustás, pero no te puedo hablar porque me pongo boludo.
6. ¿En serio pensás que soy una boluda?
7. Si pero sos tan linda.

3 Ver Ve *Un juego absurdo* por lo menos dos veces. La primera vez, no trates de entender todas las líneas. Sólo déjate llevar por las imágenes y el cuento visual. La segunda vez, esfuérzate para entender la narración y el diálogo.

Un juego absurdo, Instituto Nacional de Cine y Artes Audiovisuales

4 ¿Qué pasó? Subraya la frase entre paréntesis que complete la oración correctamente.

1. El protagonista está en (una fiesta / una clase de matemáticas).
2. Él (quiere / no quiere) hablar con una chica en especial.
3. La madre trata de (animarlo a / disuadirlo de) hablar con su querida.
4. Cree que la chica que le gusta lo está mirando a él, pero en realidad está mirando a (su padre / otro invitado).
5. Él baila con otra chica (pero no la quiere / que quiere mucho).
6. El padre usa (un dibujo / un corolario matemático) para explicar el amor.
7. El protagonista (tiene / no tiene) mucha experiencia con el amor.
8. (Le gusta / No le gusta) la música que están tocando.
9. Él insulta a la chica cuando dice que la música apesta, porque ella fue quien trajo (el disco / los músicos).
10. Él cree que la chica es (antipática / linda).

5 Comprensión Contesta las siguientes preguntas.

1. ¿Qué quiere el protagonista?
2. ¿Cómo se siente al principio? ¿Cómo sabes?
3. ¿Qué le dice su mamá para animarlo a que hable con la chica?
4. ¿Qué pasa cuando cree que la chica lo está mirando a él?
5. ¿Cómo le explica a su papá su atracción hacia la chica?
6. ¿Qué pasa cuando por fin habla con ella?
7. ¿Qué malentendido *(misunderstanding)* ocurre cuando comenta el suéter de la chica?

In Argentina, **el voseo** is used universally between people of all classes and levels of education. **El voseo** is the use of the pronoun **vos** instead of **tú** and it requires different verb forms than those used with **tú**. Generally, in the present tense, for **-ar** verbs, add the ending **-ás**, for **-er** verbs, add **-és**, and for **-ir** verbs, add **-ís**. Since the accent falls on the last syllable, the stem change that occurs in the **tú** form of stem-changing verbs does not occur with the **vos** form. For example, **tener** becomes **tenés** and **poder** becomes **podés**. One of the most common irregular forms is **sos** for the verb **ser**. For example, **"Vos sos mi amigo"** is the same as saying **"Tú eres mi amigo"**.

8. El protagonista y luego su padre explican un corolario matemático que dice que "la intensidad de la pulsión es proporcional a la distancia a la que se encuentra el objeto deseado". ¿Qué tiene que ver ese corolario con la situación del protagonista?
9. ¿De veras cree el protagonista que la chica es boluda?
10. ¿Qué pasa cuando revela sus sentimientos verdaderos a la chica?
11. ¿Es un final feliz para el protagonista?
12. ¿Cuál es el juego absurdo del título? ¿Estás de acuerdo con el cantante cuando dice que el juego sería aburrido si fuera más fácil?

6 Los cinco elementos Después de ver el cortometraje por primera vez, piensa en los cinco elementos de una película a continuación. Después de ver la película por segunda vez, empareja cada acción con el elemento correcto.

1. el primer evento importante que pone la trama *(plot)* en marcha
2. las complicaciones
3. la crisis
4. el punto culminante *(climax)*
5. la resolución

a. Otra chica viene a bailar con él. Ella baila con otro invitado.
b. Trata de hablar con ella, pero dice varias cosas absurdas.
c. Empiezan a bailar juntos.
d. Él cree que ella lo está mirando.
e. Se enoja con el juego absurdo del amor y empieza a decirle a la chica toda la verdad.

7 Reseña En grupos de tres, van a escribir una reseña de la película. En su reseña, incluyan lo siguiente:

- tres cosas que (no) les gustaron
- tres cosas que los hizo reír
- tres cosas que no entendieron
- su reacción a la película. ¿Les gustó? ¿No les gustó?

Un juego absurdo, Instituto Nacional de Cine y Artes Audiovisuales

NOTA CULTURAL

El voseo no se debe confundir con el **vosotros** de España que se usa para dirigirse a más de una persona en el sentido familiar. También se usa el voseo en partes de otros países como Chile y Uruguay y hasta Paraguay, Venezuela, Colombia, Ecuador, Perú, Nicaragua, Guatemala, El Salvador, Honduras y Costa Rica. Pero **¡OJO!**, el uso del voseo varía mucho de región a región y de país a país. El voseo puede traer consigo *(with it)* cuestiones de etiqueta que el extranjero *(foreigner)* debe asimilar antes de tratar de usarlo con los hablantes nativos.

capítulo 14

¿Cuál es tu trabajo ideal?

LA VIDA PROFESIONAL

Muchas personas se definen por su profesión o trabajo. Para otras el trabajo no es una parte de su identidad personal.

¿Y tú? ¿Vives para trabajar o trabajas para vivir? ¿O prefieres una mezcla de las dos filosofías sobre el trabajo?

Communication

By the end of this chapter you will be able to

- talk about current events
- interview for a job and talk about your skills and experience
- talk about things you have done and had done in the past
- express doubt, emotion, uncertainty, and opinions about recent events and actions

Javier Larrea/age fotostock

Un viaje por Chile

Chile es un país estrecho *(narrow)* con una extensión muy larga. Es tan largo que se divide en quince regiones y muchas de las regiones tienen su propia geografía y clima. Los Andes pasan por mucho del país como una espina. Tiene una larga costa pacífica y muchas islas en el sur, en la región de Patagonia.

País / Área	Tamaño y fronteras	Sitios de interés
Chile 748.800 km²	casi dos veces el área de Montana; fronteras con Perú, Bolivia y Argentina	los Andes, el desierto de Atacama, el Parque Nacional Torres del Paine en Patagonia, Valparaíso, la isla de Chiloé

¿Qué sabes? Di si las siguientes oraciones son **ciertas (C)** o **falsas (F)**.

1. Chile es un país montañoso sin mucha costa.
2. Chile es más pequeño que Montana.
3. Hay mucha diversidad en la geografía y en el clima de Chile.
4. Los Andes pasan por la parte sur de Chile, pero no por la parte norte.

Lo que sé y lo que quiero aprender Completa la tabla del **Apéndice A**. Escribe algunos datos que **ya sabes** sobre este país en la columna **Lo que sé**. Después, añade algunos temas que **quieres aprender** a la columna **Lo que quiero aprender**. Guarda la tabla para usarla otra vez en la sección **¡Explora y exprésate!** en la página 127.

Cultures

By the end of this chapter you will have explored

- facts about Chile
- the most dramatic rescue of miners ever witnessed by the entire world
- web translators
- students and summer jobs in Chile

¡Imagínate!

SERGIO: Podríamos hablar de las noticias **del día**, si quieres.

ANILÚ: No, gracias. ¿De qué vamos a hablar? ¿Del **crimen**, de la **política** o de la **economía**? Me pongo hasta más nerviosa.

SERGIO: Tienes razón. No había pensado en eso.

>> **Las noticias del día**

la campaña *campaign*
el (la) ciudadano(a) *citizen*
el crimen *crime*
el desastre natural *natural disaster*
la (des)igualdad *(in)equality*
la discriminación *discrimination*
la economía *economy*
las fuerzas armadas *armed forces*
la globalización *globalization*
el gobierno *government*
la guerra *war*
el huracán *hurricane*
el (la) líder *leader*
la paz mundial *world peace*
la política *politics*
el proceso electoral *election process*
el terremoto *earthquake*
el terrorismo *terrorism*
la violencia *violence*

iniciar *to initiate*
luchar contra *to fight against*
participar en *to participate in*
sobrevivir *to survive, overcome*
sufrir (las consecuencias) *to suffer (the consequences)*
tomar medidas *to take steps or measures*
votar *to vote*

Use **discriminar a** to say *discriminate against* and **discriminado por** to say *discriminated against*: **Eduardo no *discrimina a* nadie, pero se siente *discriminado por* sus colegas.**

la contaminación (del aire)

la inundación

el ejército

las elecciones

la huelga

la manifestación

ACTIVIDADES

1 **¿En qué te hace pensar?** Escribe una o dos oraciones sobre cada tema. Trata de incluir un ejemplo reciente de ese fenómeno.

MODELO   un desastre natural

Un desastre natural que no olvidaremos pronto es el terremoto que devastó Japón en 2011.

1. la contaminación (del aire, del agua, de la radiación)
2. las elecciones (locales, nacionales)
3. un desastre (natural, causado por el hombre)
4. la economía (local, nacional, global)
5. una huelga (de hambre, de estudiantes, de activistas verdes)
6. el crimen (violento, empresarial, electrónico)
7. una manifestación (pacífica, violenta)
8. la guerra (fría, mundial, civil)

> Other natural disasters are: **el tornado, la erupción volcánica,** and **el incendio forestal** *(forest fire).*

2 **Las noticias de hoy** En parejas, pongan en orden del 1 al 6 los siguientes temas, desde el problema más serio (#1) hasta al problema menos serio (#6), según su opinión. Luego, den ejemplos de las noticias del día sobre cada tema que justifique su clasificación.

_____ el terrorismo	_____ la violencia (doméstica / en la televisión)
_____ el crimen	
_____ la discriminación (contra…)	_____ la guerra (contra las drogas, en…)
_____ la economía	

SERGIO: Pues, desde mi punto de vista, no tienes nada de qué preocuparte. Tienes muy **buena presencia**, **te llevas bien con la gente** y me imagino que eres muy **responsable**.

ANILÚ: Oye, ¿quién eres? ¿Te pagó alguien para animarme?

SERGIO: No, no, no seas tan desconfiada. Sólo quería ayudarte.

ANILÚ: No, de veras. ¿No me digas que estás **solicitando el mismo puesto**?

SERGIO: No, no, y aunque fueras mi competencia, te ayudaría. ¿Trajiste tu **currículum vitae**?

ANILÚ: Sí, lo tengo en **el maletín**.

SERGIO: Perfecto. Ahora, en una **entrevista**, la cosa más importante es cómo **tus habilidades satisfacen** plenamente **los requisitos del puesto**.

>> **Para solicitar empleo**

La entrevista

For **el currículum vitae**, you might also encounter **el curriculum** (without the accent mark), **el currículo, el historial personal**, and **la hoja de vida**.

>> **El (La) candidato(a)**

detallista *detail-oriented*	**tener...** *to have . . .*
disponible *available*	... **algunos conocimientos de...**
emprendedor(a) *enterprising*	. . . *some knowledge of . . .*
llevarse bien con la gente	... **buena presencia**
to get along with people	. . . *a good presence*
puntual *punctual*	... **(mucha) experiencia en...**
responsable *responsible*	. . . *(a lot of) experience in . . .*
	... **las habilidades necesarias**
	. . . *the necessary skills*

>> **El puesto**

el ascenso *promotion*
el aumento de sueldo
  salary increase, raise
los beneficios *benefits*
el contrato *contract*
la (des)ventaja *(dis)advantage*
el (la) empleado(a) *employee*
el requisito *requirement*
el seguro médico *medical
  insurance*

averiguar *to look into,
  investigate*
contratar *to hire*
despedir (i, i) *to fire*
dirigir *to direct*
emplear *to employ*
ganar *to earn*
hacer informes
  to write reports

jubilarse *to retire*
requerir (ie, i) *to require*
satisfacer *to satisfy*
supervisar *to supervise*
trabajar a tiempo completo
  to work full-time
trabajar a tiempo parcial
  to work part-time

ACTIVIDADES

3 **El candidato ideal** Escribe una o dos oraciones que describan al (a la) candidato(a) ideal para los siguientes puestos. Debes incluir vocabulario del **Vocabulario útil 2,** pero también puedes usar vocabulario que ya sabes.

MODELO secretario(a)
  *El secretario ideal es puntual, responsable y se lleva bien con la gente.
  También es inteligente y sabe resolver problemas fácilmente.*

1. dependiente de un almacén
2. gerente de una oficina
3. detective
4. periodista
5. actor (actriz)
6. espía
7. médico forense
8. ¿…?

4 **La entrevista** Con un(a) compañero(a), representen una entrevista para uno de los puestos en los anuncios en línea que siguen. El (La) entrevistador(a) debe tener una lista de preguntas que quiere hacerle al (a la) candidato(a). El (La) candidato(a) debe tener una lista de sus habilidades y razones por las cuales sería *(would be)* el (la) empleado(a) perfecto(a) para ese puesto.

MODELO Candidato(a): *Hola. Yo soy… y estoy aquí para solicitar el puesto de…*
  Entrevistador(a): Mucho gusto, señor / señora / señorita…

Auto Venta

SE BUSCA VENDEDOR(A) DE CARROS

Solicitamos persona responsable, con buena presencia, que se lleve muy bien con la gente. Experiencia en ventas y algunos conocimientos de contabilidad. Trabajo a tiempo completo. Beneficios incluyen sueldo generoso más comisión, seguro médico y vacaciones pagadas. Para solicitar una entrevista, envíe e-mail con su resumen.

Teletrabajos

SE SOLICITA TELEMARKETER

Se solicita persona detallista, puntual, responsable, de buena presencia y amable por teléfono. Disponible los fines de semana. Trabajo a tiempo parcial. Experiencia no necesaria. Sueldo según experiencia. Ascenso garantizado para la persona emprendedora. Enviar su currículum vía e-mail.

© Cengage Learning 2013

Vocabulario útil 3

*Entra el gerente de **la compañía multinacional.***

GERENTE: Ana Luisa, ¿no le importa que hable un momento con mi hijo antes de que empecemos la entrevista?

ANILÚ: No, señor, claro que no.

GERENTE: Con permiso.

SERGIO: ¡Nos vemos, Anilú!

ANILÚ: El hijo del gerente. ¡Por Dios! ¿Qué habré hecho?

>> **Los negocios**

la bolsa (de valores) *stock market*
la compañía multinacional *multinational corporation*
los costos *costs*
el desarrollo *development*
el (la) empresario(a) *businessman / woman*
la fábrica *factory*
las ganancias y las pérdidas *profits and losses*
la industria *industry*
el (la) jefe(a) *boss*
el presupuesto *budget*
las telecomunicaciones *telecommunications*

ACTIVIDADES

5 **Los negocios** Contesta las siguientes preguntas con oraciones completas.

MODELO ¿Te gustaría trabajar para una compañía multinacional?
Sí, me gustaría trabajar para una compañía multinacional. Me imagino que los sueldos y los beneficios son buenos y es posible que tenga la oportunidad de viajar.

1. ¿Te gustaría trabajar para una compañía multinacional? ¿Por qué sí o por qué no?
2. ¿Es más importante para ti tener un buen sueldo, un buen seguro médico, un(a) buen(a) jefe(a) o muchas vacaciones? Explícate.
3. ¿Cuáles son los factores que se deben considerar en el ascenso de un(a) empleado(a)?
4. ¿Cómo debe ser una persona que supervisa a otras? ¿Por qué crees eso?
5. Describe detalladamente tu puesto ideal.

¡Fíjate! Servicios de traducción en Internet

Si piensas solicitar empleo en un país hispanohablante y necesitas escribir una carta o e-mail de presentación, ten cuidado con los servicios de traducción en Internet. Estos servicios que abundan en la red son una tentación para muchas personas que no saben el español muy bien o no quieren aprenderlo. A pesar de que estos servicios son útiles *(useful)* hasta cierto punto, la calidad de las traducciones que producen varía mucho y todavía no alcanza el nivel *(doesn't achieve the level)* de una persona que estudia y aprende el idioma. Muchas veces los servicios gratis ofrecen traducciones muy malas y los más caros ni siquiera toman en cuenta *(take into account)* los factores culturales y lingüísticos que afectan la calidad de una traducción buena.

Mira los e-mails a la derecha. El primero es el original, escrito en inglés. El segundo es una versión española escrita por un servicio de traducción. El tercer e-mail es el mismo mensaje escrito por una persona que habla el español muy bien.

Práctica Contesten las siguientes preguntas en grupos.

1. ¿Qué diferencias se notan entre las dos versiones en español?

2. ¿Cuál de los dos mensajes en español les parece más formal o cortés? ¿Por qué? Comparen las dos versiones otra vez. ¿Pueden encontrar algunos errors en la traducción del servicio?

3. ¿Creen que es una buena idea usar servicios de traducción cibernéticos en las siguientes situaciones?
   - para solicitar empleo en un país de habla española
   - para escribir una carta a un amigo chileno que sabe un poco de inglés, pero que prefiere comunicarse en español
   - para traducir un documento de la red

4. Escriban un mensaje en inglés de dos o tres oraciones. Luego, busquen unos servicios gratis de traducción en Internet. Usen los enlaces sugeridos en el sitio web de *Cuadros* para ir a algunos posibles sitios web. Cada persona del grupo debe ir a un servicio diferente para buscar una traducción. Luego, comparen sus traducciones. ¿Son muy similares o muy diferentes? ¿Pueden decidir cuál es la mejor?

Fecha: 15 de mayo, 2010
Para: Tráfico Gráfico, S.A. <recursos@tgsa.com>
De: Michael McDonald <mmcdonald@att.net>
Re: Web designer job

Dear Sir or Madam:

I am writing in order to apply for the position of web designer that you advertised in the local paper this Sunday. I am attaching my résumé. I look forward to hearing from you soon.

All the best,

Michael McDonald

Fecha: 15 de mayo, 2010
Para: Tráfico Gráfico, S.A. <recursos@tgsa.com>
De: Michael McDonald <mmcdonald@att.net>
Re: Diseñador de telaraña

Estimado Señor o la Señora:

Escribo para aplicar para la posición de diseñador de telaraña que usted anunció en el papel local este domingo. Conecto mi résumé. Espero con ansia oír de usted pronto.

Todo mejor,

Michael McDonald

Fecha: 15 de mayo, 2010
Para: Tráfico Gráfico, S.A. <recursos@tgsa.com>
De: Michael McDonald <mmcdonald@att.net>
Re: Diseñador de sitios web

Muy estimados señores:

Me dirijo a ustedes con el propósito de solicitar empleo como diseñador de sitios web, puesto que anunciaron en el periódico local del domingo previo. Adjunto encontrarán mi currículum vitae.

Sin más por el momento y a la espera de su respuesta, los saluda atentamente,

Michael McDonald

ESTRATEGIA

Watching for transitions and listening for words that signal a change in the conversation

In this chapter's video segment, Sergio repeatedly wants to change the topic or stalls for time. In conversation, both these activities can be done with actions or words. As you view the video segment, watch for the actions and words Sergio uses to stall and change topics.

Antes de ver Las entrevistas de trabajo, sean en EEUU o en el mundo hispanohablante, son similares. Con un(a) compañero(a) de clase, hagan una lista de por lo menos tres cosas que uno debe hacer para prepararse para una entrevista de trabajo. Busquen palabras y expresiones del vocabulario si necesitan ideas.

Ver Mira el episodio del **Capítulo 14.** No te olvides de enfocarte en las acciones y palabras que usa Sergio para cambiar de tema y ganarse más tiempo para contestar.

Después de ver 1 Trabaja con un(a) compañero(a) de clase para contestar las siguientes preguntas sobre el video.

1. ¿En qué ocasiones cambia Sergio de tema cuando habla con Anilú?
2. Al final, sabemos por qué cambia de tema. ¿Cuál es la razón?
3. ¿Por qué está tan nerviosa Anilú?
4. ¿Cómo trata Sergio a Anilú, con mucha o poca simpatía? ¿Cómo saben cuál es su actitud?
5. ¿Por qué no quiere Anilú hablar de las noticias del día?
6. ¿Cómo es Anilú, según Sergio?
7. Vuelve a su lista de **Antes de ver** de las cosas que un(a) candidato(a) debe hacer para prepararse para una entrevista de trabajo. ¿Cuántas de las cosas de su lista hizo Anilú? ¿Hay otras cosas que hizo que no están en su lista?
8. En su opinión, ¿cómo va a ser la entrevista entre Anilú y el jefe, buena o mala?

Después de ver 2 Con un(a) compañero(a), representen una de las siguientes escenas.

1. la conversación entre Sergio y su padre
2. la entrevista entre Anilú y el padre de Sergio.

▶ >> Voces del mundo hispano

© Cengage Learning 2013

En el video para este capítulo Constanza y Cristián hablan de las profesiones y sus planes para el futuro. Lee las siguientes oraciones. Después mira el video una o más veces para decir si las oraciones son ciertas (C) o falsas (F).

1. Cuando Cristián hizo un internado en Kimberly Clark en Chile trabajó en administración de empresas.

2. En el futuro, Constanza quiere ser dueña de un restaurante.

3. A Cristián le gustaría ser profesor y trabajar como consultor a tiempo parcial.

4. El papá de Constanza es chef y el padre de Cristián es ingeniero.

5. Uno de los hermanos de Cristián trabaja en una compañía de celulares.

6. Según el hermano de Cristián, no es muy divertido trabajar en el aeropuerto porque ocurren muchas cosas tristes.

◀)) >> Voces de Estados Unidos

Track 11

Sebastián Edwards: economista, escritor, novelista

Courtesy of Sebastian Edwards

❝Soy muy autocrítico. Como consecuencia, reviso mis textos una y otra vez. […] Además, soy muy receptivo a las sugerencias. No me siento atacado, ni criticado cuando alguien me da un consejo❞.

Uno de los economistas más influyentes del mundo es también un aclamado novelista. El chileno Sebastián Edwards tiene la prestigiosa cátedra *(chair)* Henry Ford II Professor of International Business Economics en la Universidad de California en Los Ángeles (UCLA). Un prolífico escritor de asuntos de economía con unos 20 libros y cientos de artículos académicos y columnas periodísticas a su crédito, Edwards recientemente expandió su repertorio como escritor con la publicación de dos novelas. La primera, *El misterio de las Tania* (Alfaguara, 2008) es una novela de espionaje sobre un grupo de mujeres reclutadas *(recruited)* por el servicio secreto cubano para infiltrar la alta sociedad latinoamericana. La segunda, *Un día perfecto* (Editorial Norma, 2011) presenta dos historias paralelas que ocurren durante un solo día. Las dos novelas han tenido gran éxito comercial, ambas *(both)* en las listas de los libros más vendidos por muchas semanas.

¿Te gusta la idea de tener dos profesiones muy diferentes? ¿Conoces a otras personas que trabajen en dos carreras que no están relacionadas?

>> ## Gramática útil 1

Talking about what has occurred: The present perfect tense

This cartoon by Chilean cartoonist "MICO" (Luis Henríquez) makes a hopeful comment about the state of the world. How would you translate its caption (with its present perfect form) into English?

HA LLEGADO CARTA

Luis Henríquez "MICO"/Diario "la Nación" (CHILE)

Cómo usarlo

LO BÁSICO

- A *past participle* is a verb form that expresses an action that has been completed. In the sentence *I have **walked** to the office every day this week,* walked is the past participle, used with the auxiliary verb *to have.*

- An *auxiliary verb* is a verb that is used with another verb. **Estar** is one example of a Spanish auxiliary verb you have already learned. You used it to form the present progressive with the present participle: **Estoy trabajando ahora.**

1. The present perfect tense is used to talk about actions that have already been completed at the time of speaking. It is used similarly to the preterite, but the present perfect usually gives a greater sense of immediacy to the completion of the action and usually focuses on its relation to the present. Compare the following two sentences.

He hablado con el jefe.　　　　*I have spoken* with the boss.
Hablé con el jefe.　　　　　　　*I spoke* with the boss.

The first sentence implies a more recent conversation and, because it relates to the present, hints that there may be more information still to come. In the second sentence, the action is viewed as completed and done with.

2. Spanish speakers' use of the present perfect tense, as compared to the preterite, varies from country to country. For example, in Spain, the present perfect is used more frequently to talk about past actions than it is in many Latin American countries. In Latin America the present perfect is used much as it is in English.

> Compare the two usages. Spain: **¿Qué has hecho esta mañana? / He tenido una entrevista para un puesto.** Latin America: **¿Qué hiciste esta mañana? / Tuve una entrevista para un puesto.**

Cómo formarlo

1. The present perfect tense is formed using a present-tense form of the auxiliary verb **haber** and the past participle of a second verb.

- The past participle is formed by removing the **-ar, -er**, or **-ir** ending from the verb and adding the following endings. Notice that the same endings are used for both **-er** and **-ir** verbs.

-ar verb: **trabajar**	**-er** verb: **conocer**	**-ir** verb: **compartir**
-ado: trabajado	**-ido: conocido**	**-ido: compartido**

- Conjugated forms of **haber** are used with the past participle.

Present perfect tense		
yo	**he**	
tú	**has**	
Ud. / él / ella	**ha**	
nosotros(as)	**hemos**	+ trabajado / conocido / compartido, etc.
vosotros(as)	**habéis**	
Uds. / ellos / ellas	**han**	

> **Haber** means *to have,* as does the verb **tener,** but the difference is that **haber** is almost always used with another verb, as an auxiliary verb, while **tener** is used alone. The invariable forms **hay** *(there is, there are)* and **había** *(there was, there were)* also come from **haber.**

2. A number of verbs have irregular past participles.

abrir: **abierto**	morir: **muerto**	satisfacer: **satisfecho**
decir: **dicho**	poner: **puesto**	ver: **visto**
escribir: **escrito**	romper: **roto**	volver: **vuelto**
hacer: **hecho**		

> Verbs that end in **-rir** follow the same pattern as **abrir: descubrir → descubierto.** Verbs that end in **-ver** (except **ver**), use the **-uelto** ending: **resolver → resuelto.** Sometimes the same verb can have two different past participles, depending upon local usage; for example: **imprimir: imprimido / impreso, freír: frito** (more common), **freído.**

3. When an **a, e,** or **o** precedes the **i** in **-ido,** place an accent on the **i** to maintain the correct pronunciation: **leído, traído, oído.** No accent is used, however, when the **i** of **-ido** is preceded by **u: construido, destruido.**

4. When using a form of **haber** and the past participle to form the present perfect tense, the form of **haber** changes to agree with the subject. The present participle does not change.

Elena ha tenido tres entrevistas con esa compañía.	***Elena has** had three interviews with that company.*
Yo sólo **he** tenido una entrevista con ellos.	***I have** only had one interview with them.*

5. The past participle may also be used as an adjective, frequently with the verb **estar**. When it is used this way, it changes its form to reflect number and gender, as do all adjectives.

Han escrito los informes hoy.	(past participle used in present perfect)
Los informes ya **están escritos**.	(past participle used as an adjective)
El jefe tiene todos los informes **escritos**.	(past participle used as an adjective)

6. When the past participle of reflexive verbs is formed, the reflexive pronoun goes *before* the auxiliary verb. The same is true with direct and indirect object pronouns.

Ya **me he preparado** para la reunión.	***I have** already **prepared myself** for the meeting.*
¿El informe? Sí, **lo he escrito**.	*The report? Yes, **I have written it**.*

Note that, unlike in English, an adverb cannot separate the auxiliary verb from the past participle; the two components making up the Spanish present perfect tense are never split by another word: *I have <u>already</u> applied for the job,* but **ya he solicitado el puesto.**

ACTIVIDADES

🔊 **1 Antes de la entrevista** Es el día antes de la entrevista de Anilú y su
Track 12 mamá quiere saber si Anilú se ha preparado bien. Escucha la conversación entre Anilú y su madre. Marca con una X las cosas que Anilú sí ha hecho para prepararse para la entrevista. Luego, escribe una oración para cada cosa que sí ha hecho y una oración para cada cosa que no ha hecho.

MODELO *Anilú ha preparado su currículum vitae.*

_____ preparar su currículum vitae

_____ revisar su currículum vitae varias veces

_____ completar la solicitud que le mandaron

_____ hacer una lista de sus habilidades

_____ averiguar cuáles son los requisitos del puesto

_____ practicar su presentación frente al espejo

_____ escoger lo que se va a poner

_____ confirmar la hora de la entrevista

2 ¿Qué hemos hecho? Todos queremos mejorar el mundo. ¿Qué han hecho tus compañeros, tu familia, tu gobierno y tú para combatir los problemas de hoy? Haz seis oraciones usando elementos de las tres columnas. Asegúrate que el verbo esté en el presente perfecto.

MODELO   *El gobierno ha tomado medidas para combatir el terrorismo.*
Mi amigo Geraldo ha participado en una manifestación contra la desigualdad.

él (mi amigo…)	participar en	la discriminación
ella (mi amiga…)	votar en	la paz mundial
nosotros	criticar	la economía global
ustedes	escribir	la desigualdad
el gobierno	luchar por / contra	el terrorismo
el (la) profesor(a) de…	estudiar	las elecciones
mi (miembro de familia)	¿…?	presidenciales
¿…?		una manifestación contra…
		artículos sobre…
		¿…?

3 Alguna vez Trata de informarte más sobre tu compañero(a) y las cosas que ha hecho y no ha hecho en su vida. Hazle preguntas sobre su pasado usando el presente perfecto, luego que él o ella te haga preguntas sobre el tuyo. Puedes usar las ideas en los dibujos o puedes inventar tus propias preguntas.

visitar la Isla de Pascua

MODELO   visitar la Isla de Pascua
Tú: *¿Alguna vez has visitado la Isla de Pascua?*
Compañero(a): *No, nunca he visitado la Isla de Pascua, pero algún día me gustaría hacerlo.*

1. esquiar en los Andes   **2.** probar un vino chileno   **3.** viajar a Viña del Mar   **4.** ver los glaciares de Tierra del Fuego   **5.** conocer a un pescador chileno

4 Las metas que he logrado y no he logrado Escribe cinco actividades o metas (*goals*) que son importantes para ti. Di si hasta este momento las has logrado (*have achieved*) o no. Luego, en grupos de cuatro o cinco, comparen sus metas y escriban conclusiones sobre las metas que tienen en común.

MODELO   Meta: *completar el curso de español*
Yo: No he completado el curso de español.
Grupo: *En el grupo, nadie ha completado el curso de español.*

© Cengage Learning 2013

>> Gramática útil 2

Es que **había solicitado** otro puesto y acabo de recibir la mala noticia que no me lo dieron.

Talking about events that took place prior to other events: The past perfect tense

Cómo usarlo

1. The past perfect tense, like the present perfect tense, uses forms of **haber** with the past participle. It describes past actions that occurred *before* other past actions.

   Ya **había escrito** el informe cuando la jefa me lo pidió.

   *I **had** already **written** the report when the boss asked me for it.*

2. The past perfect tense is frequently used in the same sentence with the preterite to describe a past action (past perfect) that occurred *before* another past action (preterite).

   Ya me **habían llamado** cuando **llegué** a la oficina.

   *They **had** already **called** me when **I arrived** at the office.*

> **Ya** *(Already)* is frequently used with the past perfect, due to its use in specifying the order of past events.

Cómo formarlo

1. The past perfect tense also uses past participles (just like the present perfect). But it uses the *imperfect* (instead of the *present*) forms of **haber** with the past participle.

Past perfect tense		
yo	**había**	
tú	**habías**	
Ud. / él / ella	**había**	
nosotros(as)	**habíamos**	+ trabajado / conocido / compartido, etc.
vosotros(as)	**habíais**	
Uds. / ellos / ellas	**habían**	

2. Apart from changing the tense of **haber** to the imperfect, the formation of the past perfect is the same as the present perfect.

   ■ **Haber** changes to agree with the subject but the past participle does not change its form: <u>**Los gerentes habían** escrito dos cartas adicionales.</u>

   ■ All reflexive and object pronouns precede the form of **haber** and the past participle: **La jefa me pidió el informe, pero ya <u>se lo había dado</u> a su secretario para copiar.**

> Remember that when you use the past participle as an adjective it changes to agree with the noun it modifies: **una presentación escrita, unos informes preparados.**

© Cengage Learning 2013

5 **Mi historia profesional** Luis habla de su primer trabajo profesional. Lee su resumen e identifica las formas del presente perfecto y del pasado perfecto que usa.

> Antes de conseguir el puesto que ahora tengo, ya había tenido varios trabajos a tiempo parcial. Siempre me ha gustado estar ocupado y por eso he trabajado durante casi todas las vacaciones de verano. Actualmente trabajo de asistente en una oficina de ingenieros. Ellos ya habían hablado con muchos candidatos antes de entrevistarme a mí. Y yo ya había hecho una investigación de la empresa en Internet. Por eso podía hablar de sus proyectos con mucha confianza. ¡Conseguí el puesto! Los ingenieros me han ofrecido muchas oportunidades para aprender nuevas tecnologías y la experiencia ha sido muy buena.

6 **Ya** Usa el pasado perfecto para decir que las siguientes personas ya habían hecho lo que se menciona en las oraciones. Sigue el modelo.

MODELO   La profesora Delgado ha vendido su negocio de telecomunicaciones.
> *La profesora Delgado ya había vendido su negocio de telecomunicaciones.*

1. Yo he trabajado para una compañía multinacional.
2. El profesor Muñoz ha escrito varios libros sobre los negocios.
3. Nosotros hemos visto varios presupuestos para el negocio.
4. Tú has ido a la entrevista por la mañana.
5. Ustedes han recibido un aumento de sueldo.
6. Él ha dirigido el desarrollo de la fábrica.

7 **La clase de ciencias políticas** Antes de llegar a la universidad, Soledad no había participado en la política. La clase de ciencias políticas le despertó la conciencia y por eso ella y varios amigos hicieron muchas cosas que nunca habían hecho antes. Escucha a Soledad mientras describe su primer año en la U. Escribe una oración que describa lo que ella y sus amigos nunca habían hecho antes. Primero, estudia el modelo.

Track 13

MODELO   (ella) votar en...
> *Nunca había votado en elecciones nacionales.*

1. (ellas) contribuir con dinero y tiempo a la campaña de...
2. (ella) interesarse en la política y...
3. (ella) participar en...
4. (ellos) trabajar...
5. (ella) escribir ensayos *(essays)* para...
6. (ellos) abrir los ojos sobre...

8 **¡Pobrecito!** ¡Pobre señor Malapata! Necesita encontrar trabajo, pero cada vez que hace algo para conseguirlo, nada le resulta bien. Estudia el modelo y combina las dos oraciones para describir su situación en una oración nueva. Pon atención al uso del presente perfecto en la oración.

MODELO Buscó el periódico para leer los anuncios clasificados.
Su hijo lo puso en la basura.
Cuando buscó el periódico para leer los anuncios clasificados, su hijo ya lo había puesto en la basura.

1. Solicitó el puesto de gerente. Le ofrecieron el puesto a otro candidato.
2. Decidió solicitar el puesto de supervisor. Otros tres candidatos lo solicitaron.
3. El día de la entrevista, fue a buscar el carro. Su esposa se llevó el carro.
4. Bajó a la plataforma del metro. El tren salió.
5. Llegó a la entrevista. El jefe se fue.
6. Lo llamaron para ofrecerle el puesto. Aceptó otro puesto menos lucrativo.

9 **¿Qué ya habían hecho?** Con un(a) compañero(a), túrnense para mencionar por lo menos una cosa que ya habían hecho en cada situación. Sigan el modelo.

MODELO cumplir ocho años
Tú: *¿Qué ya habías hecho antes de cumplir ocho años?*
Compañero(a): *Ya había aprendido a leer.*

1. cumplir ocho años
2. cumplir trece años
3. cumplir dieciséis años
4. cumplir dieciocho años
5. empezar a trabajar en...
6. viajar a...

10 **Antes de entrar a la universidad** Quieres informarte más sobre las cosas que tu compañero(a) había hecho o no había hecho antes de llegar a la universidad. Hazle seis preguntas sobre su pasado; luego él o ella te hará seis preguntas. Puedes usar las ideas de la lista o puedes inventar otras.

MODELO Tú: *¿Tomaste (Has tomado) clases de español antes?*
Compañero(a): *No, antes de entrar a la universidad, nunca había tomado una clase de español.*
O: *Sí, lo había estudiado un año en la escuela secundaria.*

Ideas
trabajar fuera de casa
viajar al extranjero
vivir fuera de casa
entrevistarse para un puesto
tener tu propio carro
compartir tu habitación
¿...?

Gramática útil 3

Expressing doubt, emotion, and will: The present perfect subjunctive

Es posible que **haya buscado** trabajo en alguna otra ocasión?

Cómo usarlo

1. In **Chapters 11–13,** you learned to use the subjunctive mood to express a variety of reactions and emotions.

2. The present perfect subjunctive is used in the same contexts as the present subjunctive. The difference is that you are using the present perfect subjunctive in a *past-tense context*, rather than a present-tense context. The present perfect subjunctive, like the present perfect indicative, describes actions that recently occurred or have a bearing on the present.

¡Me alegro de que hayas conseguido el puesto!	*I'm happy that you have gotten the position!*
Dudo que hayan terminado el proyecto.	*I doubt that they have finished the project.*
Es bueno que él haya estudiado los informes antes de la reunión.	*It's good that he has studied the reports before the meeting.*
Ojalá que hayamos hecho todo antes de las siete.	*I hope that we have done everything before 7:00.*
No hay nadie en la oficina **que haya cumplido el curso de XML**.	*There is no one in the office who has completed the XML course.*
Cuando hayas leído los reportes, debes hablar con la directora.	*When you have read the reports, you should talk to the director.*
Tráeme el contrato **tan pronto como lo haya firmado el jefe,** por favor.	*Bring me the contract as soon as the boss has signed it, please.*

Cómo formarlo

The present perfect subjunctive uses the same past participles you have already learned, and follows the same rules as the present perfect tense. The only difference is that it uses the present subjunctive forms of the verb **haber,** rather than its present indicative forms.

Present perfect subjunctive		
yo	**haya**	
tú	**hayas**	
Ud. / él / ella	**haya**	+ **trabajado / conocido / imprimido,** etc.
nosotros(as)	**hayamos**	
vosotros(as)	**hayáis**	
Uds. / ellos / ellas	**hayan**	

11 **El siglo veintiuno** Usa el presente perfecto del subjuntivo para completar los siguientes comentarios, empezando con una expresión de emoción apropiada. Si no estás de acuerdo con el comentario, escribe su opuesto.

MODELO Es bueno que el gobierno (haber hacer) algo para estimular la economía.
Es bueno que el gobierno haya hecho algo para estimular la economía.
Es malo que el gobierno haya hecho algo para estimular la economía.

1. Es una pena que (haber aumentar) la contaminación del aire en las ciudades grandes.
2. Siento que (haber ocurrir) tantos desastres naturales recientemente.
3. Temo que el terrorismo (haber aumentar) drásticamente en todo el mundo en las últimas décadas.
4. Es una pena que los gobiernos (no haber hacer) suficiente contra las drogas hasta ahora.
5. Espero que nosotros (haber conseguir) la paz mundial dentro de veinte años.
6. Es bueno que (haber acabarse) la discriminación en muchas áreas del mundo.

12 **Mi opinión** Imagínate que los siguientes sucesos han ocurrido. Da tu opinión sobre cada noticia. Sigue el modelo.

Use expressions such as **Lamento que, Siento que, Me alegro de que, Estoy muy contento(a) de que, Es una lástima que,** etc., to express the emotions of the people involved.

MODELO Tuvieron un huracán devastador en Centroamérica.
Es una pena que hayan tenido un huracán devastador en Centroamérica.

1. Tuvieron una serie de tornados en el sur de Estados Unidos. Varias personas murieron. Pero muchas familias fueron salvadas por los bomberos y la policía.
2. Ya terminaron las elecciones presidenciales en Chile. Se condujeron de una manera democrática. La mayoría de la población votó.
3. La tasa de desempleo bajó en Chile. La tasa de inflación también bajó. La economía está muy fuerte.
4. La guerra fría terminó. Los líderes internacionales declararon la paz mundial. Los gobiernos están de acuerdo sobre el futuro de sus relaciones.

13 **Esta clase** Con un(a) compañero(a), hagan una lista de seis cosas que creen que nadie en su clase haya hecho hasta ahora.

MODELO *No hay nadie en esta clase que haya escalado los Andes.*
No hay nadie en esta clase que haya visto las estatuas de Rapa Nui.

Sonrisas

👤👤👤 **Expresión** En grupos de tres o cuatro estudiantes, imagínense la siguiente situación: Horacio ha conseguido un nuevo puesto. Hay mucho trabajo que hacer y el jefe quiere saber qué ha hecho Horacio mientras él (el jefe) estaba de vacaciones. Escriban una conversación entre Horacio, el nuevo jefe y otras personas de la oficina (si quieren incluir a otras personas). Luego, representen la escena enfrente de la clase.

Chile

Axiom Photographic/Glow Images

Información general ▶

Nombre oficial: República de Chile

Población: 16.746.491

Capital: Santiago (f. 1541) (6.400.000 hab.)

Otras ciudades importantes: Valparaíso (350.000 hab.), Viña del Mar (325.000 hab.), Concepción (300.000 hab.)

Moneda: peso (chileno)

Idiomas: español (oficial), mapuche, alemán, inglés

Mapa de Chile: Apéndice D

Vale saber...

- Aunque Bernardo O'Higgins proclama la independencia de España en 1810, cuatro años más tarde, Chile vuelve a quedar bajo dominio español. En 1817 O'Higgins vence a los españoles de nuevo y en 1822, promulga *(enacts)* la primera constitución.

- El presidente Salvador Allende muere en 1973 cuando las fuerzas armadas de Augusto Pinochet toman el poder. Durante la dictadura de Pinochet, cuatro mil personas "desaparecen" y miles de intelectuales y artistas salen del país. La democracia vuelve a Chile en 1990 con la elección democrática de Patricio Aylwin.

- Una de las industrias mejor conocidas de Chile es la vinicultura, o la producción de vinos. La industria pesquera chilena también sobresale *(stands out)* como una de las más importantes del mundo.

Chile: trabajadores héroes

Alex Ibanez/Reuters /Landov

Chile tiene una larga tradición de minería desde el siglo XX, cuando se establece como el productor de cobre *(copper)* más importante del mundo. Los mineros de cobre chilenos son de los mejor remunerados *(well-paid)* en Sudamérica por el peligro que se presenta al trabajar a esas profundidades bajo tierra.

El 5 de agosto de 2010, 33 mineros chilenos van al trabajo como siempre en la mina San José en el desierto de Atacama. Pero un derrumbe *(cave-in)* los deja atrapados 2.300 pies debajo de la tierra.

Captados por el drama real que se desarrolla via televisión e Internet, personas por todo el mundo vigilan mientras los atrapados hacen todo lo posible para mantenerse sanos y los expertos usan todas sus habilidades y recursos para devisar un modo eficiente de rescatarlos. En fin, todo el mundo celebra mientras observa la salida de cada minero, uno por uno, en el rescate *(rescue)* más dramático y más exitoso de la historia mundial de la minería.

Los trabajadores, tanto aquéllos dentro de la mina como los de afuera, se transforman en héroes y logran entregarle un final feliz al mundo y un triunfo global a Chile.

>> En resumen

La información general

1. ¿Cuántas veces reclama Chile la independencia de España antes de ganarla?
2. ¿Con quién se asocia la independencia chilena?
3. ¿Qué presidente muere cuando Augusto Pinochet toma el poder?
4. En 1990, ¿con la elección de qué presidente vuelve la democracia a Chile?
5. ¿Cuál es una de las industrias mejor conocidas de Chile y qué produce?
6. ¿Qué otra industria chilena es conocida internacionalmente?

El tema del trabajo

1. ¿De qué mineral es Chile el productor más importante del mundo?
2. ¿Por qué los mineros chilenos son de los mejores pagados en el mundo?
3. ¿Qué causa que los mineros queden atrapados en la mina?
4. ¿Quiénes son los trabajadores héroes de la historia?

⊕ ¿QUIERES SABER MÁS?

Revisa y rellena la tabla que empezaste al principio del capítulo. Luego, escoge un tema para investigar en línea y prepárate para compartir la información con la clase.

También puedes escoger de las palabras clave a continuación o en **www.cengagebrain.com**.

Palabras clave: los mapuches, Salvador Allende, Augusto Pinochet, Pablo Neruda, Gabriela Mistral, Isabel Allende, Michelle Bachelet, Violeta Parra, Valparaíso, Viña del Mar

⊕ **Tú en el mundo hispano** Para explorar oportunidades de usar el español para estudiar o hacer trabajos voluntarios o aprendizajes en Chile, sigue los enlaces en **www.cengagebrain.com**.

🎧 **Ritmos del mundo hispano** Sigue los enlaces en **www.cengagebrain.com** para escuchar música de Chile.

A leer

ESTRATEGIA

There is no right or wrong way to cluster words; the goal is just to break up long sentences into smaller chunks that are meaningful to you as a reader.

Clustering words and phrases

When you read, it helps to cluster words and phrases with similar ideas, especially when there are complex sentences. In addition to the meaning of the words, punctuation and parentheses can signal the beginning or end of clusters.

Look at this sentence from the reading on summer jobs. The circles indicate one way you can group phrases into more manageable clusters.

(Muchos jóvenes disfrutan de)(unas merecidas vacaciones)(luego de un intenso año académico,)(sin embargo,)(algunos dejaron libros y cuadernos)(no por un pasaje a algún balneario,)(sino que prefirieron trabajar durante el verano.)

1 Con un(a) compañero(a) de clase, analicen estas oraciones de la lectura. Hagan círculos que indiquen los grupos de palabras dentro de la oración.

1. En una mirada más global sobre las faenas juveniles en período de vacaciones, el economista de la Universidad de Santiago (USACh), Francisco Castañeda, explicó que si bien "no existe una estimación formal del beneficio para la economía, en términos cualitativos es claramente importante para los jóvenes".

2. Eso sí, el economista explica que en Europa todos los trabajos de verano —sean estos relacionados a su área de estudio o no— son cotizados por las empresas, situación que no ocurre en el país, por eso "algunos esconden en su currículum actividades disímiles con su carrera, contrario a lo ocurrido en, por ejemplo, Inglaterra".

2 Con un(a) compañero(a), hagan una correspondencia entre estas palabras y expresiones de la lectura y sus equivalentes en inglés.

1. generar ingresos
2. mesera, cajera
3. están buenas las propinas
4. es un aliciente para seguir
5. desempeñarse en un área afín
6. a menos que se tenga 'pituto'
7. desarrollan habilidades y destrezas
8. son cotizados por las empresas
9. aprender en terreno lo enseñado en las aulas
10. engrosar las filas estables

a. *is an incentive to continue*
b. *unless one has connections*
c. *to generate income*
d. *they develop abilities and skills*
e. *they are valued by businesses*
f. *waitress, cashier*
g. *the tips are good*
h. *to learn on the ground what is taught in the classroom*
i. *to fill or swell the steady ranks*
j. *to perform well in a related area*

LECTURA

Trabajos veraniegos para jóvenes en Chile

Hernán Vargas Santander

Felipe Dupouy/Getty Images

> Los expertos coinciden en que acumular experiencia laboral durante el período de vacaciones es positivo para afrontar el mundo del trabajo en el futuro.

Muchos jóvenes disfrutan de unas merecidas[1] vacaciones luego de un intenso año académico; sin embargo[2], algunos dejaron libros y cuadernos no por un pasaje a algún balneario[3], sino que prefirieron trabajar durante el verano.

La oportunidad de generar ingresos y, además, de obtener experiencia decide a algunos estudiantes entrar al mundo laboral, aunque sólo sea por el período estival[4].

Esa decisión tomó Romina Abarca, estudiante de arquitectura, quien a sus 22 años registra varios trabajos temporales. "Hago de todo en el verano: mesera, cajera o cualquier otra actividad que aparezca[5]", sostiene la joven.

Un empleo estacional ofrece nuevas experiencias

En la actualidad, Romina oficia de camarera en un pub del barrio Bellavista. "Me gusta este trabajo, si bien es sacrificado[6], puedo ganar harta plata si están buenas las propinas, ese un aliciente para seguir y, de esa forma, salir a vacacionar en marzo".

Consultada por si preferiría desempeñarse en un área afín a la carrera que estudia, la futura arquitecto indicó que "sería lo ideal, pero es muy difícil de conseguir a menos que se tenga 'pituto'. Por eso, no me quejo, trato de disfrutar mi trabajo y aprender otras cosas que como arquitecto no viviré".

A su vez, la universitaria llamó a los jóvenes a que se decidan por buscar un empleo estacional. "Es una súper buena medida, se aprenden cosas anexas a tu carrera, conoces gente y ganas plata. Creo que, al menos, valdría[7] 'sacrificar' un mes de estar 'guata al sol'[8]", sentenció.

[1]*deserved, well-earned* [2]*nevertheless* [3]*beach resort* [4]*summer* [5]*appears* [6]*self-sacrificing* [7]*it would be worth*
[8]**'guata:...:** literally, *belly to the sun;* i.e., *lounging in the sun*

Harta plata means *a lot of money*. **Plata** *(Silver)* is a term for money that is used Latin America.

Preferiría and **sería** are examples of the conditional tense, which translates as *would* in English: *would prefer, would be.* You will learn it in **Chapter 15**.

Economía y los beneficios de los trabajos de verano para jóvenes en Chile

En una mirada más global sobre las faenas[9] juveniles en período de vacaciones, el economista de la Universidad de Santiago (USACh), Francisco Castañeda, explicó que si bien "no existe una estimación formal del beneficio para la economía, en términos cualitativos es claramente importante para los jóvenes".

Castañeda agrega[10] que los estudiantes "desarrollan habilidades y destrezas diferentes a las que la teoría académica enseña. Deben relacionarse con público, hacer trabajos rutinarios, quehaceres distintos a lo que se estudió previamente, todo lo cual ayuda a incrementar la flexibilidad laboral en el futuro, y por supuesto a aumentar la resiliencia en momentos de adversidad".

Mayor capacidad para aprender

Además, el especialista apuntó a que en Chile es valorado por los empleadores quien en su vida estudiantil desempeñó tareas ligadas a la carrera elegida[11]. "Este individuo es altamente estimado[12] por los empleadores porque se requeriría menos tiempo y esfuerzo en explicarles el contexto, y además se asumiría que conocen las ventajas y desventajas de la posición actual que buscan".

Eso sí, el economista explica que en Europa todos los trabajos de verano —sean estos relacionados a su área de estudio o no— son cotizados por las empresas, situación que no ocurre en el país; por eso "algunos esconden[13] en su currículum actividades disímiles con su carrera, contrario a lo ocurrido en, por ejemplo, Inglaterra".

Oportunidades de prácticas profesionales en Chile

El comienzo de las vacaciones no es sólo sinónimo de arena, playa[14] y sol, sino que también es el período de las prácticas profesionales. Muchos empleados de empresas salen de vacaciones y, por ellos, entran estudiantes que necesitan aprender en terreno lo enseñado en las aulas.

Y, de acuerdo a estudios, es una buena posibilidad de trabajo inmediato. Se estima que de cada cinco alumnos en práctica, dos quedan contratados[15] en la empresa.

Sin embargo, para quienes no fueron elegidos[16] en su práctica para engrosar las filas estables de la institución, esta primera mirada al mundo laboral es importante para futuras ofertas de trabajo.

[9]*tasks, jobs* [10]*adds* [11]**ligadas...:** *tied to the chosen degree course* [12]**altamente...:** *highly esteemed* [13]*hide* [14]**arena...:** *sand, beach* [15]**quedan...:** *remain hired* [16]*chosen*

>> Después de leer

ii **3** Con un(a) compañero(a) de clase, decidan si los siguientes comentarios sobre la lectura son ciertos o falsos. Si una oración es falsa, corríjanla.

1. Dos de los beneficios de los trabajos veraniegos son la oportunidad de ganar dinero y la posibilidad de obtener experiencia laboral.
2. Romina Abarca trabaja como cajera en un pub.
3. A Romina le gusta su trabajo y dice que es posible ganar mucho dinero allí.
4. Según ella, es fácil encontrar un trabajo veraniego que esté relacionado a su carrera.
5. Para Romina, el "sacrificio" de trabajar durante el verano no vale la pena *(is not worth it)*.

6. El economista Francisco Castañeda dice que los trabajos veraniegos ayudan a los estudiantes a desarrollar habilidades diferentes a las que les enseña la teoría académica.

7. En Chile los empleadores valoran la experiencia de los estudiantes que trabajan en áreas no relacionadas a su carrera preferida.

8. En Europa los empleadores no valoran la experiencia si no está relacionada a la carrera.

9. En Chile, el verano es una temporada buena para buscar una práctica profesional.

10. De cada cinco estudiantes que hacen una práctica profesional en Chile, dos quedan contratados en la empresa.

4 Con un(a) compañero(a), contesten las siguientes preguntas sobre el tema de la lectura.

1. En su opinión, ¿es mejor buscar un trabajo veraniego o prefieren descansar durante las vacaciones?

2. ¿Creen que las cosas que se aprenden durante un trabajo veraniego realmente pueden ser útiles en el futuro?

3. Romina habla de los beneficios de aprender, conocer gente y ganar dinero. Para ustedes, ¿son razones convincentes para buscar un trabajo veraniego? ¿Por qué sí o no?

4. ¿Creen que los empleadores estadounidenses valoran la experiencia que se obtiene en un trabajo veraniego cuando no está relacionado a la carrera profesional? ¿Por qué sí o no? Den ejemplos para apoyar *(to support)* su opinión.

5. ¿Les interesa buscar una práctica profesional? ¿Por qué sí o no? Si contestan que sí, ¿qué tipo de práctica quieren obtener?

5 En grupo de tres o cuatro estudiantes, hablen de los trabajos veraniegos que han tenido *(have had)* en el pasado.

Si has tenido un trabajo veraniego...
1. ¿Qué tipo de trabajo era? Descríbelo.
2. ¿Adquiriste *(Did you get or acquire)* habilidades y destrezas útiles? ¿Por qué sí o no? ¿Cuáles eran?
3. ¿Conociste a personas interesantes o influyentes?
4. ¿Ganaste mucho o poco dinero?

Si nunca tuviste un trabajo veraniego...
1. Habla del trabajo veraniego perfecto para ti y explica por qué es tu trabajo ideal.
2. Compara tu trabajo veraniego perfecto con el de compañeros de tu grupo o de otros grupos. ¿En qué son similares? ¿En qué son diferentes?

A escribir

ESTRATEGIA

Writing—Writing from charts and diagrams

When you are writing something that includes a lot of information, it is often helpful to group the information into categories before you begin writing. These categories then serve as the different paragraphs of your written piece, while the facts within the categories serve as supporting details.

1 Vas a escribir una carta o e-mail de presentación para el trabajo que se describe en el siguiente anuncio de trabajo. Completa la siguiente tabla con tus datos personales en preparación para escribir tu carta o e-mail de presentación.

Datos personales
Estudios y títulos
Experiencia profesional
Otros conocimientos o habilidades

SE BUSCAN JÓVENES

Buena imagen, dinámicos y con afán de superación, incorporación inmediata

Categoría:	Área comercial, verano
Subcategoría:	Comercial/Vendedor, verano
Lugar de trabajo:	
Número de vacantes:	20

Se requiere

- Estudios de colegio, título universitario no es necesario
- Formación continuada a cargo de la empresa
- Experiencia laboral no es necesaria

Se recomienda

- Conocimiento de español
- Conocimiento de programas de software

Otros datos

• Licencia de conducir:	No
• Vehículo propio:	No
• Disponibilidad para viajar:	Sí
• Disponibilidad de cambio de residencia:	Sí

Se ofrece

Remuneración de 3.700 pesos/hora, con comisión, trabajo completo, costos de traslado remunerados por la empresa

Interesados enviar C.V. por e-mail: solicitudes@trabajonet.net

© Cengage Learning 2013

afán... *desire to succeed* **formación...** *ongoing training by the company*

2 Trabaja con un(a) compañero(a) de clase. Van a escribir una carta o e-mail de presentación para un trabajo. Necesitan incluir toda la información necesaria, pero deben tratar de que su carta no sea demasiado larga. Van a escribir una carta o e-mail de cuatro párrafos. Miren los datos que anotaron en la tabla de la **Actividad 1** y decidan cuáles son los más importantes. Luego, pongan esta información en el siguiente orden.

Párrafo 1: Preséntate y menciona el empleo que solicitas.

Párrafo 2: Describe brevemente tu preparación profesional y personal.

Párrafo 3: Habla de otros conocimientos o habilidades que tienes que pueden ser útiles para el puesto.

Párrafo 4: Despídete e incluye los datos personales necesarios para que se pongan en contacto contigo.

>> Composición

3 Ahora escribe el borrador de tu carta o e-mail. Usa el modelo como ejemplo. También puedes usar expresiones y palabras de la siguiente lista.

Introducción
Me dirijo a ustedes para / en relación con…

Estudios / Experiencia / Otros conocimientos
Permítanme destacar *(to point out)*…
Quisiera señalar *(to point out)*…
Me gustaría añadir…
Además de…
Estoy dispuesto(a) a hacer una entrevista con ustedes si consideran adecuado mi currículum.

> \<fecha\>
>
> \<dirección de la compañía\>
>
> Estimados señores:
>
> \<párrafo 1: introducción\>
>
> \<párrafo 2: estudios y experiencia\>
>
> \<párrafo 3: otros conocimientos\>
>
> En espera de su respuesta, los saluda atentamente,
>
> \<firma, si es una carta\>
> \<tu nombre, dirección, teléfono, e-mail\>

© Cengage Learning 2013

>> Después de escribir

4 Intercambia tu borrador con otro(a) estudiante. Usen la siguiente lista como guía al corregir el borrador de la otra persona. Después de hacer todas las correcciones necesarias, cada persona debe escribir la versión final de su carta.

- ¿Incluye la carta toda la información necesaria sin ser demasiado larga?
- ¿Describe la carta claramente los estudios, la experiencia y los conocimientos de tu compañero(a)?
- ¿Se usaron las formas correctas de todos los verbos?
- ¿Se usó bien el subjuntivo con los verbos y expresiones negativas, de duda y de emoción?
- ¿Hay concordancia entre los artículos, los sustantivos y los adjetivos?
- ¿Hay errores de puntuación o de ortografía?

Vocabulario

Las noticias del día   *Current events*

la campaña *campaign*
el (la) ciudadano(a) *citizen*
la contaminación (del aire) *(air) pollution*
el crimen *crime*
el desastre natural *natural disaster*
la (des)igualdad *(in)equality*
la discriminación *discrimination*
la economía *economy*
el ejército *the army*
las elecciones *elections*
las fuerzas armadas *armed forces*
la globalización *globalization*
el gobierno *government*
la guerra *war*
la huelga *strike*
el huracán *hurricane*

la inundación *flood*
el (la) líder *leader*
la manifestación *demonstration*
la paz mundial *world peace*
la política *politics*
el proceso electoral *election process*
el terremoto *earthquake*
el terrorismo *terrorism*
la violencia *violence*

iniciar *to initiate*
luchar contra *to fight against*
participar en *to participate in*
sobrevivir *to survive, overcome*
sufrir (las consecuencias) *to suffer (the consequences)*
tomar medidas *to take steps or measures*

Para solicitar empleo   *Applying for a job*

La entrevista   *The interview*
el currículum vitae *curriculum vitae, résumé*
darse la mano *to shake hands*
el formulario *form*
el maletín *briefcase*
la solicitud *application*
la tarjeta *business card*

El (La) candidato(a)   *The candidate*
detallista *detail-oriented*
disponible *available*
emprendedor(a) *enterprising*
llevarse bien con la gente *to get along with people*
puntual *punctual*
responsable *responsible*
tener... *to have . . .*
   ... **algunos conocimientos de...** *. . . some knowledge of . . .*
   ... **buena presencia** *. . . a good presence*
   ... **(mucha) experiencia en...** *. . . (a lot of) experience in . . .*
   ... **las habilidades necesarias** *. . . the necessary skills*

El puesto *The job, position*

el ascenso *promotion*
el aumento de sueldo *salary increase, raise*
los beneficios *benefits*
el contrato *contract*
la (des)ventaja *(dis)advantage*
el (la) empleado(a) *employee*
el requisito *requirement*
el seguro médico *medical insurance*

averiguar *to look into, investigate*
contratar *to hire*
despedir (i, i) *to fire*

dirigir *to direct*
emplear *to employ*
ganar *to earn*
hacer informes *to write reports*
jubilarse *to retire*
requerir (ie, i) *to require*
satisfacer (like **hacer**) *to satisfy*
supervisar *to supervise*
trabajar a tiempo completo *to work full-time*
trabajar a tiempo parcial *to work part-time*

Los negocios *Business*

la bolsa (de valores) *stock market*
la compañía multinacional *multinational corporation*
los costos *costs*
el desarrollo *development*
el (la) empresario(a) *businessman / woman*
la fábrica *factory*
las ganancias y las pérdidas *profits and losses*
la industria *industry*
el (la) jefe(a) *boss*
el presupuesto *budget*
las telecomunicaciones *telecommunications*

Participios pasados irregulares

abierto *open*
dicho *said*
escrito *written*
hecho *done*
muerto *dead*
puesto *placed*
roto *broken*
satisfecho *satisfied*
visto *seen*
vuelto *returned*

Repaso y preparación

Complete these activities to check your understanding of the new grammar points in **Chapter 14** before you move on to **Chapter 15**.

The answers to the activities in this section can be found in **Appendix B**.

The present perfect tense (p. 116)

1 Haz oraciones completas con las palabras indicadas para hablar de las experiencias profesionales que **han tenido** las personas indicadas.

1. la señora Ramírez / recibir un aumento de sueldo
2. yo / hacer un informe sobre los beneficios de la compañía
3. los nuevos empleados / analizar el plan de seguro médico
4. tú / dirigir un proyecto muy importante
5. nosotros / contratar a tres empleados nuevos
6. el señor Valle / jubilarse a los sesenta años
7. yo / supervisar a cinco empleados

The past perfect tense (p. 120)

2 Daniel acaba de conseguir un nuevo empleo. Completa las siguientes oraciones con formas del pasado perfecto para decir lo que ya había hecho Daniel y otras personas antes de conseguir el empleo. Después, pon las oraciones en el orden correcto.

___ Sus padres le _____ (ayudar) con su currículum vitae.
___ Nosotros lo _____ (llevar) en auto a la entrevista.
___ Los amigos de Daniel _____ (ver) el anuncio del trabajo en Internet.
___ El secretario de la directora le _____ (llamar) para arreglar una entrevista.
___ Daniel _____ (mandar) su currículum y carta de presentación por correo electrónico.
___ Tú le _____ (prestar) un traje para la entrevista.

The present perfect subjunctive (p. 123)

3 Completa las siguientes oraciones con formas del presente perfecto del subjuntivo.

1. Es una lástima que la violencia _____ (aumentar) recientemente.
2. Dudo que los huracanes _____ (hacer) mucho daño en esa área.
3. Es importante que nosotros ya _____ (informarse) sobre los candidatos antes de votar en las elecciones.
4. Queremos líderes que _____ (luchar) contra la contaminación del aire y del agua.
5. Los ciudadanos no creen que el estado de la economía _____ (cambiar).
6. Es mejor que tú _____ (mirar) el debate antes de votar por un candidato.
7. No creo que el director _____ (ver) los efectos de la discriminación.
8. Es bueno que tú _____ (iniciar) un proyecto para promover la paz mundial.

Complete these activities to review some previously learned grammatical structures that will be helpful when you learn the new grammar in **Chapter 15**.

The future tense (Chapter 13)

4 Haz oraciones completas para decir qué pasará con las personas indicadas en el futuro.

1. tú / recibir un ascenso
2. ustedes / jubilarse
3. el jefe / salir de la compañía
4. los ciudadanos / votar en las elecciones
5. yo / preparar el currículum vitae
6. nosotros / trabajar en una fábrica
7. tú / hacer un viaje a Chile
8. tú y yo / tener un empleo interesante

The preterite tense of regular verbs, irregular verbs and stem-changing verbs (Chapters 7 and 8)

5 Completa los artículos del sitio web con formas del pretérito.

http://www.eldi.cl

EL DIARIO DE CHILE
www.eldi.cl

| Noticias | Economía | Opinión / Blogs | Deportes | Empleos | Clasificados |

Buscar

Inundaciones desplazan a 10.000 personas

Lluvias fuertes 1. _____ (pasar) por la región sud-central del país y 2. _____ (resultar) en la destrucción de casi 8.000 casas durante la semana pasada. El gobierno 3. _____ (decir) que las personas evacuadas 4. _____ (sobrevivir) las inundaciones porque 5. _____ (dejar) sus casas y 6. _____ (ir) directamente a los refugios temporales de varios locales. Algunos científicos 7. _____ (sugerir) que El Niño 8. _____ (jugar) un papel importante en la cantidad de lluvia que 9. _____ (recibir) la región. Más.

Marcelo Rojas/Reuters/Landov

Reunión económica en la capital

Líderes de tres ciudades chilenas 10. _____ (reunirse) ayer para participar en una discusión económica en la ciudad capital.
Los ciudadanos que 11. _____ (asistir) a la reunión 12. _____ (pedir) más control sobre las fluctuaciones de la bolsa de valores y 13. _____ (poner) énfasis en la importancia de mantener una alta tasa de empleo (*employment rate*). Los líderes 14. _____ (hacer) varias concesiones y 15. _____ (tomar) medidas para responder a los pedidos de sus electores. Más.

Manifestación contra la construcción

Ayer casi 100 residentes de la isla de Chiloé 16. _____ (protestar) la construcción de un complejo de casas veraniegas en la región. Una residente anónima que 17. _____ (participar) en la protesta 18. _____ (comentar), "Mis vecinos y yo 19. _____ (aprender) del proyecto la semana pasada. 20. El año pasado yo _____ (ver) los problemas que 21. _____ (causar) un proyecto similar en otra región y 22. _____ (tener) que juntarme a la protesta". Más.

Ocean/Corbis

COMUNIDAD GLOBAL

Un refrán español dice que "El mundo es un pañuelo *(handkerchief)*". Es verdad: hoy es posible viajar en poco tiempo a los lugares más remotos del mundo y comunicarse instantáneamente con personas que están al otro lado del planeta.

¿Adónde quieres viajar? ¿Conoces a o te comunicas con personas que viven allí?

Communication

By the end of this chapter you will be able to

- talk about travel and make travel plans
- talk about nature and geography
- hypothesize and speculate
- express doubt, emotion, and reactions about past events

Un viaje por Andorra, Belice, Filipinas, Guinea Ecuatorial y Marruecos

Estos cinco países tienen comunidades grandes de hispanohablantes. En Guinea Ecuatorial, el español es el idioma oficial. Aunque el español no es la lengua oficial de los otros, juega un papel importante en sus culturas.

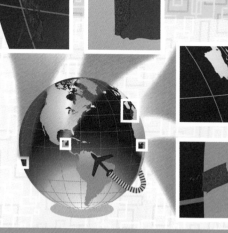

País / Área	Tamaño y fronteras	Sitios de interés
Andorra 468 km²	2,5 veces el área de Washington, D.C.; fronteras con España y Francia	Andorra la Vella, las montañas de los Pirineos, el Parque Natural Comunal Valls del Comapedrosa
Belice 22.806 km²	un poco más pequeño que Massachusetts; fronteras con México y Guatemala	los arrecifes *(reefs)* de coral, los cayos *(keys)* y sus playas, las ruinas mayas
Filipinas 298.170 km²	un poco más grande que Arizona	las iglesias barrocas, el Parque Nacional Marino Arrecife de Tubbataha, las terrazas de arroz de Banaue
Guinea Ecuatorial 28.051 km²	un poco más pequeño que Maryland; fronteras con Camerún y Gabón	la arquitectura colonial, el volcán Pico Malabo, las playas de arena blanca
Marruecos 446.300 km²	un poco más grande que California; fronteras con Ceuta, Melilla, Argelia y Mauritania	el desierto del Sahara Occidental, las montañas Alto Atlas, los souks *(mercados)*

¿Qué sabes? Di si las siguientes oraciones son **ciertas (C)** o **falsas (F)**.

1. Hay desiertos en Marruecos y en Guinea Ecuatorial.
2. Hay arrecifes en Filipinas y en Belice.
3. Hay montañas en Andorra y en Guinea Ecuatorial.

Lo que sé y lo que quiero aprender Completa la tabla del **Apéndice A**. Escribe algunos datos que **ya sabes** sobre estos países en la columna **Lo que sé**. Después, añade algunos temas que **quieres aprender** a la columna **Lo que quiero aprender**. Guarda la tabla para usarla otra vez en la sección **¡Explora y exprésate!** en la página 163.

Cultures

By the end of this chapter you will have explored

- facts about Andorra, Belize, the Philippines, Equatorial Guinea, and Morocco
- countries with large Spanish-speaking communities
- indigenous languages from all over the Spanish-speaking world

Globe Art: Adapted from Shutterstock/rtguest

¡Imagínate!

JAVIER: ¡Qué suerte!, ¿verdad? Bueno, si resulta que es una oferta legítima. Ojalá que sí. Sí, un fin de semana en las playas de Flamingo, ¡gratis! Necesito unas vacaciones, ¿sabes? Un viaje a la costa me vendría bien… Sí, sí, dice que incluye **el boleto de ida y vuelta**, ¡por **avión**!

La guía turística is a tourist guidebook; however, **el / la guía** can also be used to mean a male or female *tour guide*.

>> **Para viajar**

la agencia de viajes *travel agency*
la guía turística *tourist guidebook*
el itinerario *itinerary*

cambiar dinero *to exchange money*
hacer una reservación *to make a reservation*
hacer un tour *to take a tour*
viajar al extranjero *to travel abroad*

>> **En el aeropuerto**

En el aeropuerto y dentro del avión

el asiento de ventanilla

el pasajero de clase turista

la pasajera de primera clase

la tarjeta de embarque

la puerta (de embarque)

el asiento de pasillo

© Cengage Learning 2013

el (la) asistente de vuelo *flight attendant*
el boleto / el billete *ticket*
    ... de ida *... one-way*
    ... de ida y vuelta *... round-trip*
con destino a... *(headed) to / for ...*
la lista de espera *waiting list*
la llegada *arrival*
el pasaje *ticket, fare*
el retraso / la demora *delay*

la salida *departure*
el vuelo *flight*

abordar *to board*
aterrizar *to land*
desembarcar *to disembark, get off (the plane)*
despegar *to take off*
hacer escala en... *to make a stopover in ...*

¿Listo(a) para abordar? Si viajas por avión ¡no te olvides de estas reglas!

1. Poner todos los líquidos con una capacidad individual máxima de 100 ml en una bolsa transparente de plástico con autocierre *(self-sealing)*.
2. Presentar todos los líquidos dentro de la bolsa plástica en una bandeja *(tray)* separada del equipaje de mano.
3. Colocar *(place)* la chaqueta, el abrigo y los zapatos en la bandeja. Sacar tu computadora portátil y cualquier otro aparato electrónico de sus fundas *(cases)* y colocarlos en una bandeja.
5. Pasar las bandejas por la máquina de rayos X.
6. Poner llaves, monedas, cinturones con hebillas *(buckles)*, joyería y otros metales en una bandeja pequeña.
7. Pasar por los arcos detectores.

James Steidl/Shutterstock

ACTIVIDADES

1 **En el aeropuerto** ¿Qué tienes que hacer en el aeropuerto en las siguientes situaciones? Escoge la mejor opción de la segunda columna. **¡OJO!** Una de las opciones se puede usar en dos de las situaciones.

1. _____ Quieres facturar el equipaje.
2. _____ Es hora de abordar el vuelo a Andorra la Vella.
3. _____ Acabas de llegar a tu destino y quieres recoger la maleta.
4. _____ Quieres cambiar tu asiento de ventanilla por un asiento de pasillo.
5. _____ El vuelo está lleno pero quieres esperar para ver si al final queda un asiento vacío.
6. _____ Tomas un vuelo internacional y tienes que enseñar el pasaporte.
7. _____ Tienes el boleto y estás en la puerta, pero no te dejan abordar.

a. Tienes que ir al mostrador de la línea aérea.
b. Tienes que mostrar el boleto para conseguir una tarjeta de embarque.
c. Tienes que poner tu nombre en la lista de espera.
d. Tienes que ir a la puerta de embarque.
e. Tienes que pasar por la aduana.
f. Tienes que ir a la sala de equipajes.

2 **Los planes** Di si necesitas usar los servicios o hacer las siguientes cosas para hacer planes para tu viaje al extranjero. Si no, di por qué.

MODELO   la agencia de viajes
         No voy a usar una agencia de viajes para hacer mis planes.
         Voy a buscar en línea por pasajes y hoteles baratos.

1. la guía turística
2. cambiar dinero
3. hacer una reservación
4. hacer un tour

3 **Vamos de viaje** Vas a viajar a Belmopán, Belice con un(a) amigo(a). Llamas a la agencia Buen Viaje para hacer las reservaciones de avión. Tu compañero(a) hace el papel del (de la) agente y te hace preguntas sobre tus planes. Contesta sus preguntas.

Agente: Tienes que averiguar adónde quiere viajar, cuándo quiere viajar, cuántos pasajes necesita, si quiere boletos de ida y vuelta, qué clase de boletos quiere… Al final, pide el número de teléfono del (de la) pasajero(a) para llamarlo(la) después con toda la información necesaria.

Pasajero(a): Vas a viajar a Belmopán, Belice con un(a) amigo(a). Anota las fechas de tu viaje antes de llamar y prepárate para contestar las preguntas del (de la) agente.

¡Fíjate! Las lenguas del mundo hispanohablante

Lenguas indígenas De todas las naciones de Latinoamérica, México es la más plurilingüe, con más de 280 lenguas indígenas. Otras naciones con un gran número de lenguas nativas son: Perú (90), Colombia (76), Guatemala (52) y Venezuela (39). Como sabes, Perú, Bolivia y Paraguay son países oficialmente plurilingües —español / quechua (Perú), español / quechua / aimara (Bolivia) y español / guaraní (Paraguay). También en algunos pueblos costeros de Nicaragua hay varios idiomas indígenas, juntos con el inglés, que tienen estado *(status)* oficial.

Además, de los cinco países con poblaciones hispanohablantes que estudiamos en este capítulo, tres tienen lenguas indígenas importantes. En Filipinas, el tagalog, que es uno de los idiomas oficiales, tiene más de 4.000 palabras prestadas *(borrowed)* del español. Aquí también se habla el chabacano, que es una forma del español criollo, y que también tiene palabras en común con el español y el tagalog. En Belice, además del inglés y español, se habla el criollo, el garífuna y varios dialectos mayas. En Guinea Ecuatorial el fang y el bubi son las lenguas indígenas más importantes.

Otras comunidades hispanohablantes Al otro extremo están países como Japón, Israel y Brasil, donde en varias comunidades se habla el español como idioma minoritario. Los nikkeis en Japón son personas de ascendencia japonesa que se han criado *(were raised)* en un país hispanohablante pero ahora residen en Japón, donde hablan el español y el japonés. Hay muchos hispanohablantes nativos de ascendencia judaica que ahora viven en Israel y hablan el español, el hebreo y, a veces, el inglés. En Brasil hay un gran número de hispanohablantes que viven cerca de las fronteras *(borders)* con Venezuela, Colombia, Perú, Bolivia, Paraguay, Uruguay y Argentina. Recientemente el gobierno brasileño aprobó una ley *(approved a law)* por la cual la enseñanza del español es obligatoria, junto con cursos de inglés.

Práctica Con un(a) compañero(a) de clase, contesten las siguientes preguntas.

1. En su opinión, ¿es importante preservar las lenguas indígenas de Latinoamérica? ¿Por qué sí o no?
2. ¿Pueden nombrar algunas de las lenguas indígenas que se hablan en EEUU y Canadá?
3. ¿Hay otros idiomas que se hablan en EEUU y Canadá, además de las lenguas indígenas y el inglés? ¿Cuáles son algunos de ellos?

JAVIER: Sí, **el hotel** también, **habitación doble, aire acondicionado, desayuno incluido, piscina**... ¡un verdadero paraíso! Bueno, me tengo que ir. Tengo que estar en la Agencia de Viajes Futura a las dos para recoger el paquete.

It is much more common to hear **la huésped** rather than **la huéspeda** in everyday speech.

When you arrive at a hotel, you may want to inquire: **¿Hay wifi? ¿Es gratuito el wifi o hay un costo adicional?** (Do you have wifi? Is it free or is there an additional cost?)

>> **El hotel**

el ascensor *elevator*
la conexión a Internet *Internet connection*
el conserje *concierge*
el desayuno incluido *breakfast included*
la estampilla, el sello *postage stamp*
la habitación doble *double room*
... con / sin baño / ducha
   . . . with / without bath / shower

... de fumar / de no fumar
   . . . smoking / non-smoking
el (la) huésped(a) *hotel guest*
el lavado en seco *dry cleaning*
la recepción *reception desk*
registrarse *to register*
el servicio a la habitación
   room service
el servicio despertador *wake-up call*
la tarjeta postal *postcard*

>> **La habitación sencilla**

el aire acondicionado
con baño y ducha
el botones
el secador de pelo
NO FUMAR
la televisión por cable
la llave

4 **El huésped** El señor García viaja a Belmopán, Belice para completar unos negocios de su compañía. Él expresa varias opiniones y necesidades. Según su comentario, indica qué cosa, servicio o persona va a necesitar. Escoge de la segunda columna.

1. _____ c _____ Hace mucho calor afuera. No puedo soportar (to stand, tolerate) el calor.

2. _____ f _____ Tengo que poder comunicarme con la oficina por correo electrónico todos los días.

3. _____ i _____ No soporto un cuarto que huele a humo (smells like smoke) de cigarrillo.

4. _____ a _____ Tengo que secarme el pelo antes de ir a la reunión.

5. _____ k _____ Tengo que despertarme temprano y no traje mi despertador.

6. _____ e _____ Como voy a tener varias reuniones con clientes de mi compañía, voy a tener que usar el mismo traje varias veces.

7. _____ b _____ Tengo muchas maletas y no puedo con ellas solo.

8. _____ l _____ Tengo que llevar a mis clientes a cenar y quiero llevarlos a los mejores restaurantes. No conozco los restaurantes de Belmopán.

9. _____ j _____ Escribí varias tarjetas postales para mi familia y quisiera enviárselas.

a. el secador de pelo
b. el botones
c. el aire acondicionado
d. la televisión por cable
e. la llave
f. la conexión a Internet
g. el lavado en seco
h. la recepción
i. una habitación de no fumar
j. unas estampillas
k. el servicio despertador
l. el conserje

5 **¡No hay aire acondicionado!** Con un(a) compañero(a), representen la siguiente situación: uno de ustedes es recepcionista en el Hotel Colonial y el otro es huésped(a). El (La) huésped(a) tiene muchas preguntas y quiere muchos servicios. El hotel es un poco antiguo y no tiene todas las comodidades modernas. Túrnense para hacer el papel de recepcionista y huésped(a). Si eres el (la) huésped(a), decide si te quieres quedar en este hotel o si prefieres buscar otro.

Servicios que <u>no</u> ofrece el Hotel Colonial

aire acondicionado
servicio despertador
conexión a Internet
desayuno incluido
habitación de no fumar

secador de pelo
televisión por cable
ascensor
baño en la habitación
estacionamiento gratis

MODELO   Compañero(a): *Quiero una habitación, por favor.*
Tú: *Muy bien, señor(a). ¿Sencilla o doble?*
Compañero(a): *Sencilla, por favor, pero tiene que tener aire acondicionado…*

Vocabulario útil 3

JAVIER: Ya sabía que no podía ser. Yo nunca me gano nada.

CHELA: Yo tampoco. Y ¡tenía unas ganas de ir a **la playa**!

JAVIER: ¡Yo ya casi podía oler **el mar**!

CHELA: Ay, sí, ¿verdad? El sol contra tu cara, **la arena** debajo de los pies… He tenido tanto trabajo… me parecía un sueño poder tomar un descanso.

JAVIER: Y salir de la ciudad. Estoy tan cansado de tanto estudiar. Si tuviera el dinero, me iría inmediatamente.

La geografía
La isla

6 **La naturaleza** ¿Qué es y dónde se encuentra? Di qué es cada lugar nombrado y en qué país se encuentra. Si no sabes, busca en Internet o en algún atlas geográfico.

MODELO   Punta Gorda
   Punta Gorda es una playa en Belice.

1. Sahara Occidental
2. Bioko
3. Xuanantunich
4. Pico Basilé
5. Tristaina
6. Santa Cruz

7 **Me encanta la naturaleza** Con un(a) compañero(a), túrnense para hablar de su viaje ideal. ¿Adónde les gustaría viajar? ¿Por qué? ¿Qué pueden hacer allí?

MODELO   Tú: *Me encantaría viajar a Belice en el mar Caribe. Para mí,*
   el viaje ideal siempre incluye una playa.
   Compañero(a): *¿Sabes lo que me interesa? La selva tropical.*
   Hay muchas especies de plantas y pájaros que me encantaría ver.

8 **¡Odio la naturaleza!** Con un(a) compañero(a), túrnense para hablar del viaje que no les gustaría hacer jamás. ¿Por qué?

MODELO   Tú: *No tengo ningún interés en ir al desierto. Odio el calor y*
   la arena.
   Compañero(a): *Dicen que los volcanes son impresionantes,*
   pero no quiero acercarme mucho.

9 **El viaje al extranjero** Vas a viajar con un(a) compañero(a) a un país extanjero. Túrnense para hablar de todos sus planes y asegurar que tienen todo lo que necesitan. En su conversación, incluyan detalles sobre sus vuelos, su itinerario, sus hoteles y su destino. Usen las categorías a continuación. ¡Inventen el viaje de su vida!

El destino (playa / montañas / ciudad, etc.)
La temporada (invierno / primavera / verano / otoño)
El transporte
Los documentos
Los gastos
Para la maleta

A ver

ESTRATEGIA

Integrating your viewing strategies

You have learned a variety of video-viewing strategies. Take a moment to review them and mark the ones you've found most helpful.

_____ viewing a segment several times

_____ using questions as an advance organizer

_____ watching body language to aid in comprehension

_____ watching without sound

_____ listening for the main idea

_____ watching facial expressions

_____ listening for details

_____ using background knowledge to anticipate content

_____ using visuals to aid comprehension

_____ listening to tone of voice

_____ using a diagram to track content

_____ listening for sequencing words

_____ listening for cognates and keywords

_____ watching for transitions

Antes de ver En el video para este capítulo Javier y Chela por fin se conocen. Con un(a) compañero(a) de clase, hagan unas predicciones. ¿Qué va a pasar cuando se conozcan? ¿Van a llevarse bien *(get along well)* o mal? ¿Qué más?

Ver Mira el episodio para el **Capítulo 15.** No olvides usar algunas de las estrategias de arriba.

Después de ver Con un(a) compañero(a), contesten las preguntas sobre el video.

1. ¿Qué tiene Chela y qué cree que ha ganado?
2. ¿Adónde tiene que ir ella para recoger *(to pick up)* el boleto y el itinerario?
3. ¿Qué cree Javier que ha ganado?
4. Cuando Chela y Javier van al sitio indicado, ¿qué encuentran?
5. ¿Qué pasa al final del episodio?
6. Expliquen la reacción de Sergio, Beto, Anilú y Dulce.

© Cengage Learning 2013

○ >> Voces del mundo hispano

En el video para este capítulo Verónica, Sergio, Paola, Juan Carlos, Nicole, Ana, Cristián, Juan Pedro y Alex hablan de los viajes y los beneficios de viajar y saber otras lenguas. Lee las siguientes oraciones. Después mira el video una o más veces para decir si las oraciones son ciertas (**C**) o falsas (**F**).

1. Verónica y Paola han visitado Argentina y Perú.

2. En el futuro, a Nicole y Ana les gustaría ir a Portugal.

3. Cristián quiere ir a Colombia porque tiene un ritmo tropical y una comida riquísima.

4. Para Juan Carlos y Nicole, un beneficio importante de viajar es la oportunidad de conocer gente.

5. Según Ana, cuando se viaja se aprende la tolerancia.

6. Alex dice que cuando se habla otra lengua se aprende a usar otra parte del cerebro *(brain)*.

© Cengage Learning 2013

◀)) >> Voces literarias

Track 14

Donato Ndongo-Bidyogo, autor ecuatoguineano

Donato Ndongo-Bidyogo

❝Yo describo la realidad y quiero que esta realidad sea analizada y estudiada por la sociedad para encontrar una semilla *(seed)* que pueda cambiar nuestras vidas, nuestra mentalidad.❞

Profesor, escritor y periodista, Donato Ndongo-Bidyogo es una de las voces de habla española más eminentes del continente africano. Originalmente de Guinea Ecuatorial, Donato se vio forzado a abandonar su tierra natal en 1994 por su oposición al gobierno y se estableció en España. De 2004 a 2008, residió en Estados Unidos, donde fue profesor en la Universidad de Missouri-Columbia. Su última novela *El metro* relata el sufrimiento de un inmigrante africano que busca el sueño europeo y ofrece una crítica severa de los dictadores africanos que oprimen a *(oppress)* sus pueblos y de los líderes europeos que permiten esta opresión.

¿Y tú? ¿Qué derechos y obligaciones crees que deben tener los gobiernos con respecto a la expresión personal? ¿Hay situaciones donde el gobierno debe prohibir la publicación de opiniones que critican las acciones de los políticos?

¡Prepárate!

Expressing doubt, emotion, volition, and nonexistence in the past: The imperfect subjunctive

Cómo usarlo

1. When you use verbs that express doubt, emotion, volition, and nonexistence within a past-tense or hypothetical context, the imperfect subjunctive— instead of the present subjunctive—is used in the dependent clause.

Los niños **querían** que sus padres **compraran** un auto nuevo para el viaje.	*The children **wanted** their parents **to buy** a new car for the trip.*
Era necesario que **estudiaras** los mapas antes del viaje.	*It **was** necessary that **you study** the maps before the trip.*
No **había** nadie que **supiera** tanto de la región como tú.	*There **was** no one who **knew** as much about the region as you.*

2. The imperfect subjunctive is used in the following situations.

main clause verb is in the *imperfect, preterite,* or *past perfect* →	dependent clause verb is in the *imperfect subjunctive*
Los turistas nos **pedían** que... *The tourists **asked** (us) that . . .*	... los **lleváramos** a las montañas. *. . . we take them to the mountains.*
Los turistas **se alegraron** de que... *The tourists **were happy** that . . .*	... los **pudiéramos** llevar. *. . . we could take them.*
Yo **había dudado** que... *I **had doubted** that . . .*	... **tuviéramos** tiempo para el viaje. *. . . we had time for the trip.*

3. The imperfect subjunctive forms of **poder** and **querer** are often used in present-tense situations to express requests more courteously.

Quisiera hacerle una pregunta. ¿**Pudiera** ayudarme con el itinerario?	*I **would like** to ask you a question. **Could you (please)** help me with the itinerary?*

4. Note that when the main clause uses **decir** in the preterite or the imperfect, the verb used in the dependent clause varies, depending upon what is meant.

Marta **dijo** que el viaje **fue** fenomenal.	*Marta **said** that the trip **was** phenomenal.*
Marta **dijo** que **nos quedáramos** en su casa.	*Marta **told** us **to stay** in her house.*

In the first example, you are merely reporting what Marta said. This is known as indirect discourse and is often used in newspaper accounts to quote someone's speech. In the second example, Marta is expressing a wish or desire, which means that the subjunctive is required because it says what she wants us to do. Look carefully at past-tense sentences with **decir** to see which meaning is being expressed.

Cómo formarlo

1. To form the imperfect subjunctive, take the **ustedes / ellos / ellas** form of the preterite tense. Remove the **-on** ending and add the new endings shown in the following chart. Notice that this formula is the same for **-ar, -er**, and **-ir** verbs.

regular -ar verb: **viajar**		regular -er verb: **ver**		regular -ir verb: **salir**	
viajaron → viajar-		**vieron → vier-**		**salieron → salier-**	
viaj**ara**	viaj**áramos**	vi**era**	vi**éramos**	sali**era**	sali**éramos**
viaj**aras**	viaj**arais**	vi**eras**	vi**erais**	sali**eras**	sali**erais**
viaj**ara**	viaj**aran**	vi**era**	vi**eran**	sali**era**	sali**eran**

irregular verb: **ir**		stem-change verb: **pedir**	
fueron → fuer-		**pidieron → pidier-**	
fu**era**	fu**éramos**	pidi**era**	pidi**éramos**
fu**eras**	fu**erais**	pidi**eras**	pidi**erais**
fu**era**	fu**eran**	pidi**era**	pidi**eran**

> Notice that you must put an accent on the **nosotros** form in order to maintain the correct pronunciation.

> You may want to review irregular preterite and preterite stem-changing verbs in **Chapters 7** and **8** in order to refresh your memory on these conjugations.

2. Because you are forming the imperfect subjunctive from an already conjugated preterite form, this form already reflects any irregularities of the verb in the preterite, as well as any spelling or stem changes.

ACTIVIDADES

1 **Diario de viaje** Lee la siguiente entrada del diario de viaje de Federico y haz una lista de las formas del imperfecto de subjuntivo que ves.

> miércoles, 12 de abril
>
> Hoy llegamos a Andorra. Era importante que llegáramos temprano por la mañana porque va a nevar mucho esta noche. Mis amigos me recomendaron que me quedara en Andorra la Vella la primera noche. Estoy muy contento de que me lo sugirieran—es una ciudad bien interesante. Me gustó mucho el pasaje desde España a Andorra. Fuimos en autobús y a veces dudaba que pudiéramos pasar por algunos de los caminos en las montañas. Los Pirineos son increíbles. El guía recomendó que trajéramos las cámaras en el autobús y me alegré de que tuviera la mía conmigo.

2 Los primos Tus primos vinieron a visitarte y tenían ciertas expectativas del viaje. ¿Qué esperaban?

Esperaban que...

1. ...sus maletas _____ (llegar) con ellos.
2. ...el avión no _____ (hacer) escala.
3. ...el retraso no _____ (ser) tan largo.
4. ...tú los _____ (ayudar) con el equipaje.
5. ...nosotros los _____ (llevar) al hotel.
6. ...el hotel _____ (tener) wifi gratis.

3 Óscar ¡A tu amigo Óscar le gusta quejarse de todo! Después de hacer un viaje con él le explicas a otro amigo de qué dudaba Óscar. Sigue el modelo.

MODELO Óscar: ¡El agente no nos va a poner en la lista de espera!
Tú: *Dudaba que el agente nos pusiera en la lista de espera.*

1. ¡El vuelo no va a salir a tiempo!
2. ¡No nos van a servir el almuerzo en el vuelo!
3. ¡No vamos a desembarcar a tiempo!
4. ¡No vamos a encontrar las maletas!
5. ¡El hotel no va a tener televisión por cable!
6. ¡El secador de pelo en el baño no va a funcionar!

4 Las recomendaciones Quieres viajar a Belice. Hablas con una agente de viajes de la Agencia Paraíso. Escucha sus recomendaciones y escribe una oración que explique qué te recomendó. Sigue el modelo.

Track 15

MODELO comprar
Me recomendó que comprara un boleto de ida y vuelta.

1. llegar
2. no llevar
3. facturar
4. quedarse
5. reservar
6. registrarse

5 Los consejos La gente siempre nos dan muchos consejos. Con un(a) compañero(a), túrnense para hablar de algunos de sus consejos recientes. Usen palabras de las dos columnas.

MODELO *Mis amigos querían que fuera a Filipinas con ellos.*
Decidí ir con ellos y nos divertimos mucho.

A	B
mis padres	me pidió / pidieron que...
mi(s) hermano/a(s)	me aconsejó / aconsejaron que...
mi(s) amigo/a(s)	me sugirió / sugirieron que...
el (la) profesor(a)	quería que...
mi(s) compañero(a) de cuarto	me recomendó / recomendaron que...

Gramática útil 2

Saying what might happen or could occur: The conditional

Can you find the conditional form in this survey? What is its English equivalent?

Cuándo compras un boleto de avión, ¿pagarías más para sentarte en una sección donde están prohibidos los niños?

Sí	22%
No	47%
Depende del precio del boleto	22%
Es una mala idea	9%

Photo: craftvision/iStockphoto; Text: © Cengage Learning 2013

Cómo usarlo

LO BÁSICO

So far you have learned a number of *tenses* (the present, the present progressive, the present perfect, the past perfect, the preterite, the imperfect, and the future) and three *moods* (the indicative, imperative, and subjunctive moods). As you recall, *tenses* are associated with *time*, while *moods* reflect *how the speaker views the event* he or she is describing.

1. Both English and Spanish speakers use a mood called the *conditional* to talk about *events that might or could happen* in the future. The conditional is used because the speaker is saying *what could or might occur, under certain conditions.*

Ojalá que me toque la lotería. **Usaría** el dinero para viajar por todo el mundo. Primero **iría** a Sudamérica y luego **viajaría** por África.	*I hope I win the lottery. **I would use** the money to travel all over the world. First **I would go** to South America and later **I would travel** through Africa.*

2. The conditional is used to soften requests or make suggestions in a more courteous way. Verbs frequently used in this way are **poder** and **querer,** similar to the use in the imperfect subjunctive that you learned on page 151.

¿Podría decirme cuándo sale el autobús para la playa?	*Could you (please) tell me when the bus for the beach leaves?*
¿Querría usted cambiar de asiento?	*Would you like to change seats?*

3. The conditional may also be used to speculate about events that have already occurred, similar to the way that the future tense is used to speculate about current events. It is often used this way with expressions such as **tal vez** and **quizás** *(perhaps).*

No sé por qué llegó tan tarde el tren. **Tal vez habría** nieve.	*I don't know why the train arrived so late.* ***Perhaps there was*** *snow.*

Cómo formarlo

1. The formation of the conditional is very similar to the formation of the future tense, which you learned in **Chapter 13.** As with the future, you add a set of endings to the full *infinitive*, not the *stem*, of regular **-ar, -er,** and **-ir** verbs. Here are the conditional endings.

yo	-ía	viajaría	nosotros (as)	-íamos	viajaríamos
tú	-ías	viajarías	vosotros (as)	-íais	viajaríais
Ud. / él / ella	-ía	viajaría	Uds. / ellos / ellas	-ían	viajarían

2. The following verbs are irregular in the conditional. They attach the regular conditional endings to the irregular stems shown, not the infinitive.

irregular, no pattern except the addition of **r**:		
decir	**dir-**	diría, dirías, diría, diríamos, diríais, dirían
hacer	**har-**	haría, harías, haría, haríamos, haríais, harían
e is dropped from infinitive:		
poder	**podr-**	podría, podrías, podría, podríamos, podríais, podrían
querer	**querr-**	querría, querrías, querría, querríamos, querríais, querrían
saber	**sabr-**	sabría, sabrías, sabría, sabríamos, sabríais, sabrían
d replaces the final vowel:		
poner	**pondr-**	pondría, pondrías, pondría, pondríamos, pondríais, pondrían
salir	**saldr-**	saldría, saldrías, saldría, saldríamos, saldríais, saldrían
tener	**tendr-**	tendría, tendrías, tendría, tendríamos, tendríais, tendrían
venir	**vendr-**	vendría, vendrías, vendría, vendríamos, vendríais, vendrían

3. The conditional form of **hay** is **habría.**

Habría un problema.	***There must have been*** *a problem.*

6 **Las situaciones** Escucha las siguientes situaciones y decide cuál de las explicaciones de la segunda columna es la más lógica para cada situación.

Track 16

1. _____   a. Perdería el número de teléfono de la casa.
2. _____   b. Su vuelo se demoraría.
3. _____   c. Tendría una emergencia en el hospital.
4. _____   d. Estaría enfermo.
5. _____   e. Cambiarían de hotel.
6. _____   f. Se les olvidaría.

7 **Tánger** Imagínate que vives en Tánger, Marruecos. ¿Qué harías?

MODELO   vivir en el barrio de La Medina
Viviría en el barrio de La Medina.

1. ir a ver un espectáculo en el Gran Teatro de Cervantes
2. comprar una alfombra pequeña
3. buscar La Cueva de Hércules en las afueras de la ciudad
4. comer mechoui y bisteeya en uno de los restaurantes famosos
5. salir de compras en el mercado Gran Socco
6. visitar la playa de Achakar con mis amigos
7. pasar las tardes en la Plaza de Francia

8 **En esa situación…** En grupos de tres o cuatro, lean las siguientes situaciones. Luego cada persona en el grupo tiene que hacer por lo menos una sugerencia para la persona en la situación.

1. Acabas de llegar a Manila. En el hotel, al buscar tu tarjeta de crédito, te das cuenta de que te han robado. Sólo tienes un poco de dinero en efectivo. ¿Qué harías?
2. Un amigo tuyo va a graduarse. Le han ofrecido un trabajo muy bueno en Detroit, pero su novia va a estar en Nueva York. Además, quieren casarse pronto. No sabe si aceptar el puesto o pedirle a su novia que renuncie a su trabajo y se vaya con él. ¿Qué debería hacer tu amigo?
3. Tienes unos amigos a quienes les interesa la cinematografía. Quieren hacer un documental sobre los mayas. Saben un poco de español, pero no mucho. Tienen que ir a Belice para hacer las entrevistas para el documental. ¿Qué necesitarían hacer?
4. ¿…? (Inventen otra situación dentro del grupo.)

Gramática útil 3

Expressing the likelihood that an event will occur: Si clauses with the subjunctive and the indicative

Si tuviera el dinero,
me iría inmediatamente.

> Note that the two clauses can go in either order: **Si compro un auto, iré a Florida. / Iré a Florida si compro un auto.**

Cómo usarlo

1. The conditional is often used with **si** *(if)* and the imperfect subjunctive to talk about situations that are contrary to fact or very unlikely to occur (at least in the speaker's opinion). The **si** clause is the dependent clause that expresses the unlikely hypothesis, while the main clause expresses what would occur in the contrary-to-fact situation.

Si me dieran el trabajo, **viajaría** por todo el mundo.	*If they give me (were to give me) the job, I would travel throughout the world.*
Si tuviéramos el dinero y el tiempo, **haríamos** un viaje de seis meses después de graduarnos de la universidad.	*If we had (were to have) the money and the time, we would make a six-month trip after graduating from the university.*

2. In situations where you think an outcome is *likely* to occur, use the present indicative in the **si** clause and the future or **ir** + **a** + infinitive in the main clause.

Si tengo tiempo, **haré / voy a hacer** las reservaciones hoy.	*If I have time (and I think I will), I will make / am going to make the reservation today.*
Si estás mejor mañana, **vendrás / vas a venir** en el tren con nosotros.	*If you are better tomorrow (and you probably will be), you will come / are going to come on the train with us.*

3. To summarize:

> Note that you do not use the present subjunctive with **si**. You either use the present indicative (**Si tengo el tiempo…**) if you are fairly certain that the event will occur, or the imperfect subjunctive (**Si tuviera el tiempo…**) if you consider it unlikely.

Si clause to express unlikely outcome	Si clause to express likely outcome
Si + *imperfect subjunctive* is used with the *conditional*.	**Si** + *present indicative* is used with the *future* or *ir* + *a* + *infinitive*.
Si tuviera el dinero, **haría** un viaje. *If (in the unlikely situation that) I were to have the money, I would take a trip.*	**Si tengo** el dinero, **haré / voy a hacer** un viaje. *If I have the money—and I think I will—I will take / am going to take a trip.*

9 **¿Probable o improbable?** Examina los tiempos de los verbos en las cláusulas con **si** y decide si cada oración es probable o improbable.

1. Si no tuviera exámenes esta semana, saldría con ustedes el jueves.
2. Si mis padres me prestan el auto, haré un viaje largo después de graduarme.
3. Si tengo trabajo a tiempo parcial, voy a ganar mucho dinero este verano.
4. Si pudiera quedarme en un hotel de lujo *(luxury)*, haría una reservación ahora mismo.

10 **Estoy seguro(a)** Completa las oraciones con **el presente del indicativo** en la primera parte de la oración y **el futuro** o **ir** + **a** + **infinitivo** en la segunda parte para señalar que estás seguro(a) de que vas a hacer las cosas indicadas. Luego, escribe por lo menos una oración similar, usando tu propia imaginación.

MODELO   Si yo _____ (viajar) al extranjero, _____ (ir) a Andorra.
　　　　　Si yo viajo al extranjero, iré / voy a ir a Andorra.

1. Si _____ (tener) el tiempo, _____ (pasar) unos días en Marruecos.
2. Si _____ (viajar) al mar Caribe, _____ (hacer) una excursión a la selva tropical de Belice.
3. Si _____ (estar) en Andorra, _____ (ir) a esquiar en los Pirineos.
4. Si _____ (tener) el dinero, _____ (visitar) las terrazas de arroz de Banaue.
5. Si _____ (ir) a Guinea Ecuatorial, _____ (viajar) a la isla de Bioko.
6. Si _____ ¿…?, _____ ¿…?

11 **¡No sé!** Ahora completa las mismas oraciones de la **Actividad 10** con **el imperfecto del indicativo** en la primera parte de la oración y **el condicional** en la segunda parte para señalar que dudas de que puedas hacer las cosas indicadas. Luego, escribe por lo menos una oración similar, usando tu propia imaginación.

MODELO   Si yo _____ (viajar) al extranjero, _____ (ir) a Andorra.
　　　　　Si yo viajara al extranjero, iría a Andorra.

1. Si _____ (tener) el tiempo, _____ (pasar) unos días en Marruecos.
2. Si _____ (viajar) al mar Caribe, _____ (hacer) una excursión a la selva tropical de Belice.
3. Si _____ (estar) en Andorra, _____ (ir) a esquiar en los Pirineos.
4. Si _____ (tener) el dinero, _____ (visitar) las terrazas de arroz de Banaue.
5. Si _____ (ir) a Guinea Ecuatorial, _____ (viajar) a la isla de Bioko.
6. Si _____ ¿…?, _____ ¿…?

12 **Planes para la semana próxima** Trabaja con un(a) compañero(a). Primero, llenen un calendario como el siguiente con por lo menos cinco actividades que estás seguro(a) que harás si tienes tiempo. Después, usen sus calendarios y túrnense para hacer y contestar preguntas sobre sus planes, según el modelo.

MODELO Tú: *Sí tienes tiempo, ¿qué harás el lunes?*
Compañero(a): *Si tengo tiempo, iré al gimnasio el lunes. /*
No tengo planes para el lunes. ¿Y tú?

lunes	martes	miércoles	jueves	viernes	sábado	domingo

13 **¿Qué harías?** Túrnense para hacerle preguntas a su compañero(a) sobre lo que haría en diferentes situaciones. Pueden usar las ideas de la lista o pueden inventar otras.

MODELO Compañero(a): *Si ganaras la lotería, ¿qué harías?*
Tú: *Me compraría una casa de veinte habitaciones.*

Si...
ganar la lotería
poder ir a cualquier lugar
vivir en Marruecos
ser millonario(a)
trabajar para una línea aérea
viajar al extranjero
tener el tiempo
conocer al (a la) presidente(a) de
    Filipinas
tener cinco hijos
poder conocer a cualquier persona
¿...?

¿Qué harías?
comprar una casa de veinte
    habitaciones
viajar por todo el mundo hispano
participar en una organización de
    beneficencia *(a charity)*
escribir un libro sobre...
dar clases de...
¿...?

14 **Mis planes para el futuro** Con un(a) compañero(a), hablen sobre sus planes para el futuro. Algunas cosas saben con certitud que las van a hacer, otras les gustarían hacer y otras son sueños. Cada uno(a) debe mencionar por lo menos cuatro cosas que piensa hacer.

MODELO Tú: *Si ahorro suficiente dinero, voy a visitar a una amiga en París.*
Compañero(a): *Si pudiera, yo pasaría tres meses en Belice visitando*
las áreas ecoturísticas.

Sonrisas

††† Expresión En grupos de tres o cuatro estudiantes, hagan lo siguiente.

1. Pongan las ideas de la estudiante en orden de importancia: 1 es para la idea más importante y 4 es para la idea menos importante.
2. Añadan dos ideas más a la lista.
3. Luego, hagan una lista de cinco cosas egoístas o superficiales que harían.
4. Al final, pongan las ideas de la segunda lista en orden de importancia.
5. Comparen sus listas con las de otro grupo. ¿Están de acuerdo? ¿Qué diferencias hay?

¡Explora y exprésate!

Información general ▶

Nombre oficial: Principat d'Andorra (catalán)

Población: 82.627

Capital: Andorra la Vella (f. 1278) (22.390 hab.)

Otras ciudades importantes: Les Escaldes (16.078 hab.), Encamp (8.181 hab.), Sant Julià de Lòria (7.855 hab.)

Moneda: euro, peseta andorrana (oficial)

Idiomas: catalán (oficial), francés, castellano, portugués

Mapa de Andorra: Apéndice D

Información general ▶

Nombre oficial: Belice

Población: 314.522

Capital: Belmopán (f. 1970) (12.300 hab.)

Otras ciudades importantes: Ciudad de Belice (70.800 hab.)

Moneda: dólar beliceño

Idiomas: inglés (oficial), español, criollo, garífuna, maya, alemán

Mapa de Belice: Apéndice D

Información general ▶

Nombre oficial: República de Filipinas

Población: 99.900.177

Ciudad capital: Manila (f. 1571) (1.660.714 hab.)

Otras ciudades importantes: Ciudad Quezón (2.679.450 hab.), Caloocan (1.378.856 hab.), Davao (1.363.337 hab.)

Moneda: peso filipino (PHP)

Idiomas: tagalo, inglés (oficiales), español

Mapa de República de Filipinas: Apéndice D

Información general ▶

Nombre oficial: República de Guinea Ecuatorial

Población: 650.702

Ciudad capital: Malabo (f. 1827) (157.000 hab.)

Otras ciudades importantes: Bata (175.000 hab.), Ebebiyín (26.000 hab.)

Moneda: franco CFA

Idiomas: español y francés (oficiales), lenguas antúes (fang, bubi)

Mapa de República de Guinea Ecuatorial: Apéndice D

Tim Laman/Getty Images

Información general ▶

Nombre oficial: Reino de Marruecos

Población: 31.627.428

Ciudad capital: Rabat (f. siglo III a.de.C) (1.622.860 hab.)

Otras ciudades importantes: Casablanca (3.299.428 hab.), Marrakech (1.070.838 hab.), Tánger (700.000 hab.)

Moneda: dirham marroquí (MAD)

Idiomas: árabe, francés (oficiales), lenguas bereberes, español

Mapa de Reino de Marruecos: Apéndice D

Patrice Hauser/Getty Images

Vale saber…

Andorra

- El idioma oficial es el catalán, que también se habla en la provincia española de Cataluña.

- Los turistas vienen aquí para esquiar y caminar en la cordillera montañosa de los Pirineos. El gran pirineo, un tipo de perro muy especial, se originó en este país. Los gran pirineos trabajan en las montañas para guardar los rebaños de ovejas (*flocks of sheep*).

Belice

- Aproximadamente la mitad de los beliceños hablan español como lengua materna.

- Una mayoría de arqueólogos y antropólogos ahora creen que el centro de la civilización maya estaba situado en este país. Muchas de las ruinas mayas de este lugar todavía no se han explorado.

Filipinas

- El español fue la primera lengua oficial de Filipinas.

- Las terrazas de arroz de Banaue tienen más de 2.000 años y se les llama "la octava maravilla del mundo".

JJ Morales/Shutterstock

Guinea Ecuatorial

- El país entero incluye un territorio continental y también cinco islas. La isla de Bioko, con la ciudad capital, es la más grande.

- Debido a las reservas de petróleo, el país tiene el tercer ingreso per cápita más grande del mundo, después de Luxemburgo y Bermudas.

Marruecos

- Agadir y Essaouria son dos sitios muy populares entre los windsurfistas del mundo entero.

- Ceuta y Melilla, ubicadas en el norte de Marruecos, son municipios especiales de España.

>> En resumen

La información general

1. ¿En qué país se encuentran dos ciudades de España? ¿Cómo se llaman?
2. ¿De qué país es el español la lengua materna de la mitad de la población? ¿Cuál es su idioma oficial?
3. ¿De qué país fue el español la primera lengua oficial? ¿Cuáles son sus lenguas oficiales hoy día?
4. ¿En que país se originó un perro conocido por ser perro guardián (guard dog)? ¿Cómo se llama el perro y de dónde viene su nombre?
5. ¿Qué país tiene su ciudad capital en una isla? ¿Cómo se llama la isla?
6. ¿Qué país tiene grandes reservas de petróleo?
7. ¿En qué país es el idioma oficial igual al de una de las provincias de España? ¿Cuál es la provincia española y cuál es el idioma?
8. ¿En qué país dejó ruinas una gran civilización antigua? ¿Qué civilización?

🌐 ¿QUIERES SABER MÁS?

Revisa y rellena la tabla que empezaste al principio del capítulo. Luego, escoge un tema para investigar en línea y prepárate para compartir la información con la clase.

También puedes escoger de las palabras clave a continuación o en **www.cengagebrain.com**.

Palabras clave: el buceo y otros deportes acuáticos en Belice, Filipinas o Marruecos; el esquí en Andorra y Marruecos; las culturas indígenas de Guinea Ecuatorial, Filipinas y Belice; las industrias principales de Guinea Ecuatorial y Filipinas

---

🌐 **Tú en el mundo hispano** Para explorar oportunidades de usar el español para estudiar o hacer trabajos voluntarios o aprendizajes en Andorra, Belice, Filipinas, Guinea Ecuatorial y Marruecos, sigue los enlaces en el sitio web de **www.cengagebrain.com**.

🎦 **Ritmos del mundo hispano** Sigue los enlaces en **www.cengagebrain.com** para escuchar música de Andorra, Belice, Filipinas, Guinea Ecuatorial y Marruecos.

A leer

ESTRATEGIA

Understanding an author's point of view

When you read a piece of writing, try to understand why the author wrote it. Recognizing the author's point of view is an important reading strategy. You are about to read part of a short story by an Equatorial Guinean author. What might be an author's purpose for writing a short story? To share emotions and experiences? To entertain? To enlighten? Keep these ideas in mind when you begin reading.

1 El español guineano deriva del español de España. Por eso, el cuento que vas a leer contiene varias formas de **vosotros**. Antes de leer el cuento, empareja las formas de **vosotros** con sus formas equivalentes en inglés para comprenderlas mejor.

1. _____ sois
2. _____ vuestro
3. _____ ¿Habéis visto…?
4. _____ creedme
5. _____ sabéis
6. _____ daos cuenta
7. _____ os

a. *believe me* (command)
b. *you* (object prounoun)
c. *realize* (command)
d. *Have you seen . . . ?*
e. *you are*
f. *your*
g. *you know*

2 El extracto del cuento "El reencuentro" que vas a leer trata las cuestiones de identidad nacional que existen entre los ciudadanos *(citizens)* de Guinea Ecuatorial. El país ganó su independencia de España en 1968 después de 190 años de dominio español. Después de la independencia, el nuevo gobierno puso mucho énfasis en la idea de ser ciudadano guineano, en vez de identificarse con las diversas tribus que existen en ese pequeño país. Las dos tribus más importantes son los fang y los bôhôbes (también conocidos como los bubis). Mientras leas la lectura, piensa en cómo los temas de la identidad nacional y la identidad personal se presentan en el cuento.

Traditionally, many Equatorial Guineans go to Spain to complete their educations. During the time this story was written, a number of Equatorial Guineans were also living in exile in Spain, due to the political turmoil that rocked the country during its transition from Spanish control to independence.

3 Ahora lee el extracto del cuento "El reencuentro", por el autor Juan Balboa Boneke. En esta parte del cuento, Juan, el protagonista, regresa después de pasar varios años en España y habla con unos jóvenes que le han pedido la oportunidad de hacerle preguntas sobre sus experiencias en España y también sobre el futuro de Guinea Ecuatorial. El extracto empieza en medio de *(in the middle of)* su conversación.

LECTURA

El reencuentro

Juan Balboa Boneke

—Entonces, decir que somos bôhôbes, ¿no es separatismo? —preguntó Pablo, interviniendo por primera vez.

—No, mi amigo, no lo es… […] Tras una breve pausa continué.

—Sois bôhôbes y sois guineanos. El amor a vuestro origen y, por tanto, a vuestro pueblo, no impide el amor hacia vuestro país. Guinea, amigos míos, es una[1], pero es diversa.

—¿Qué significa esto de que es diversa? Yo no lo entiendo— dijo Santi levantando la mano.

—Esto significa que nuestro país no está constituido por una sola tribu. Son varias tribus en un mismo país. Vamos a ver, ¿habéis visto algún jardín? Pues nuestro país es el jardín.

—¿Cómo un jardín? ¿Por qué?

—Porque en el jardín hay una gran variedad de flores[2] y de plantas, ¿verdad?

—Así es.

—Las distintas plantas y flores dan belleza, colorido y alegría al lugar. El jardín es uno, pero las plantas y flores son diversas. Cada planta constituye su propia vida dentro del conjunto[3]. Todas en su conjunto, bien tratadas, respetando la realidad de cada una, forman una bella franja[4] de paz y de sosiego[5]. Creedme, así debería ser nuestro país: cada etnia es una flor. El gran problema es que nosotros lo sepamos comprender y reconocer. Y, como tal, con la debida delicadeza, tratarlo.

—Todo esto nunca lo había escuchado, intervino de nuevo Pablo. ¿Estas cosas las ha aprendido en España?

—En España se estudian muchas cosas. Pero no sólo en este país se puede aprender cosas. Aquí mismo se puede estudiar y profundizar en los conocimientos.

[…]

[Antes] …nos faltó el diálogo. El diálogo entre todos nosotros. Entre las distintas tribus de nuestro país. Sabéis que fuimos colonizados por España, que la colonización duró casi doscientos años; pues en ese tiempo no hubo un intercambio cultural entre nuestros respectivos pueblos. Apenas nos conocemos. Somos unos extraños[6] tribu a tribu.

[…]

—Amigos míos, debéis saber que el diálogo exige voluntad[7] por parte de todos. Exige esfuerzo solidario. Tolerancia y generosidad. No siempre es fácil, pero su dificultad no nos tiene que llevar al convencimiento de que esto es imposible. Quizás la incapacidad se registra también por parte nuestra. Daos cuenta que en nuestros respectivos pueblos existen personas intratables, intransigentes, intolerantes y totalmente ciegas[8] a la luz de la verdad; el que existan esos pocos no nos tiene que llevar al error de juzgar[9] a todo un pueblo que sabe de sensibilidad y ternura[10]. Me comprendéis, ¿verdad?

—Sí, le comprendo —intervino Roberto.

—¿Vuelves otra vez a España?

—Sí, dentro de tres semanas.

—¿Por qué no te quedas? ¿Por qué os marcháis[11] todos?

—Tienes razón, Agustín, poco a poco iremos reincorporándonos al país. Desde luego yo sí lo haré muy pronto.

[…]

—Os lo aseguro, amigos míos, volveré pronto. Quizás mi vuelta demore[12] un poco porque tengo que resolver algunas cositas en España; pero seguro que pronto me tendréis aquí. ¿Queréis que nos hagamos una promesa?

—¿Cuál? —preguntó Agustín.

—A mi vuelta nos tenemos que reunir de nuevo debajo de este mismo árbol para celebrarlo. ¿Vale[13]?

Todos al unísono contestaron:

—Sí, vale.

[1]*one (united)* [2]*flowers* [3]*grupo* [4]*border* [5]*peace, serenity* [6]*strangers* [7]**exige…:** *demands willpower* [8]*blind* [9]*to judge* [10]*tenderness* [11]**os…:** *do you all leave* [12]*will be delayed* [13]*OK?*

From Juan Balboa Boneke, "El reencuentro," in *Literatura de Guinea Ecuatorial*/(Antología) Donato Ndongo-Bidyogo y Mbare Ngom (eds.), Casa de África, SIAL ediciones, Madrid 2000, pp. 322–325.

4 Contesta las siguientes preguntas sobre la lectura.

1. ¿Cuáles son las dos ideas que Pablo trata de conciliar *(reconcile)* al principio de la lectura?
2. ¿Con qué compara Juan, el narrador, al país y a sus tribus?
3. Según Juan, ¿qué es cada etnia?
4. Según Juan, ¿qué les faltó en el pasado?
5. En la opinión de Juan, ¿cuáles son cuatro cosas que exige el diálogo?
6. ¿Qué promesa hacen Juan y los jóvenes al final del extracto?
7. ¿Cuál es el punto de vista del autor? ¿Cómo lo expresa en este cuento?

5 En un grupo de tres o cuatro estudiantes, contesten las siguientes preguntas sobre la identidad étnica y la identidad nacional.

1. En sus opiniones, ¿pueden ser compatibles el orgullo *(pride)* regional y el patriotismo nacional? Piensen en algunos ejemplos para apoyar *(to support)* su punto de vista.
2. ¿Con qué se identifican más —con su identidad étnica, su pueblo o ciudad, su estado o provincia o su país? ¿Hay otras identidades que les son importantes también? ¿Cuáles son?
3. ¿Cómo se define el patriotismo? ¿Cuáles son los elementos más importantes del orgullo nacional?

6 Con un(a) compañero(a) de clase, hablen de una de estas ideas del cuento sobre la diversidad y aplíquenla a la situación en EEUU. ¿Están de acuerdo o no con las ideas que expresan? Luego, cada persona debe escoger una de los comentarios y escribir un párrafo corto en el que resuman sus opiniones sobre esa idea.

1. La diversidad étnica y/o religiosa puede existir dentro de un país unificado.
2. Es imposible que los distintos grupos y etnias realmente se entiendan.

>> **Antes de escribir**

ESTRATEGIA

Revising—Editing your work

Revision is an important part of the writing process. Every time you complete a first draft, you should go back through it and examine it carefully. Normally, at least two rounds of revision are most helpful: one to check content, organization, and sentence structure and to rewrite as necessary, and a second read-through to look for spelling, grammatical, and punctuation errors in the final wording.

When you revise, it helps to know your strengths and weaknesses as a writer. Have you previously had problems writing topic sentences? Do you often forget to add transitions between your paragraphs? Are you good with detail? Good with narration? Too wordy? The better you understand your work as a writer, the more effective your final product will be.

1 Ya has aprendido mucho sobre el proceso de escribir. Repasa las siguientes estrategias de escribir que ya aprendiste. ¿Cuáles te han sido las más útiles? Escoge unas para usar cuando escribes la composición para este capítulo.

- Prewriting—Identifying your target audience
- Prewriting—Looking up English words in a bilingual dictionary
- Prewriting—Brainstorming ideas
- Prewriting—Narrowing your topic
- Writing—Creating a topic sentence
- Writing—Adding supporting detail
- Writing—Freewriting
- Revising—Editing your freewriting
- Writing—Writing a paragraph
- Writing—Adding transitions between paragraphs
- Writing—Adding interest through word choice and sentence structure
- Prewriting—Creating an outline
- Writing—Using softening language and courtesy expressions
- Writing—Writing from charts and diagrams

2 Vas a escribir una composición sobre una experiencia que tuviste en el pasado que se relacione con el tema de viajar. ¿Adónde fuiste? ¿Qué hiciste? ¿Qué te recomendaron tus amigos, tus familiares y otros que hicieras? ¿Hiciste esas cosas? ¿Por qué sí o por qué no? ¿Resultó bien el viaje? Haz una lista de tus ideas en un diagrama como el siguiente.

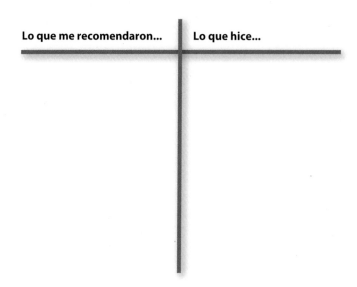

Lo que me recomendaron...	Lo que hice...

>> Composición

3 Usa la información de la **Actividad 2** para escribir una composición de tres párrafos en la que describes las cosas que te recomendaron otras personas, lo que hiciste y cómo te gustó el viaje. Presta atención al uso de los tiempos pasados: el pretérito, el imperfecto, el imperfecto del subjuntivo, el presente perfecto y el pasado perfecto.

>> Después de escribir

4 Lee tu composición por primera vez y trata de identificar problemas de organización, contenido *(content)* y la estructura de las oraciones. Después, reescríbela para eliminar estos problemas.

5 Ahora, vuelve a la composición que reescribiste y busca problemas de ortografía, gramática y puntuación.

1. ¿Usaste bien formas del imperfecto de subjuntivo?
2. ¿Usaste bien las formas del pasado —el pretérito, el imperfecto y los tiempos perfectos?
3. ¿Hay concordancia entre los artículos, los sustantivos y los adjetivos?
4. ¿Hay errores de puntuación o de ortografía?

Para viajar *Travel*

la agencia de viajes *travel agency*
la guía turística *tourist guidebook*
el itinerario *itinerary*
cambiar dinero *to exchange money*
hacer una reservación *to make a reservation*
hacer un tour *to take a tour*
viajar al extranjero *to travel abroad*

En el aeropuerto y dentro del avión
At the airport and in the plane

abordar *to board*
aterrizar *to land*
desembarcar *to disembark, get off (the plane)*
despegar *to take off*
facturar el equipaje *to check one's baggage*
hacer escala en... *to make a stopover in . . .*
la aduana *customs*
el asiento *seat*
  ... de pasillo . . . *aisle*
  ... de ventanilla . . . *window*
el (la) asistente de vuelo *flight attendant*
el boleto / el billete *ticket*
  ... de ida . . . *one-way*
  ... de ida y vuelta . . . *round-trip*
con destino a... *(headed) to / for . . .*
la línea aérea *airline*
la lista de espera *waiting list*
la llegada *arrival*
la maleta *suitcase*
el mostrador *counter; check-in desk*
el pasaje *ticket, fare*
el (la) pasajero(a) *passenger*
  ... de clase turista . . . *coach*

... de primera clase . . . *first class*
el pasaporte *passport*
la puerta (de embarque) *(departure) gate*
el retraso / la demora *delay*
la sala de equipajes *baggage claim*
la salida *departure*
la tarjeta de embarque *boarding pass*
el vuelo *flight*

El hotel *The hotel*

el aire acondicionado *air conditioning*
el ascensor *elevator*
el botones *bellhop*
la conexión a Internet *Internet connection*
el conserje *concierge*
el desayuno incluido *breakfast included*
la estampilla, el sello *postage stamp*
la habitación sencilla / doble *single / double room*
  ... con / sin baño / ducha . . . *with / without bath / shower*
  ... de fumar / de no fumar . . . *smoking / non-smoking*
el (la) huésped(a) *hotel guest*
el lavado en seco *dry cleaning*
la llave *key*
la recepción *reception desk*
registrarse *to register*
el secador de pelo *hairdryer*
el servicio a la habitación *room service*
el servicio despertador *wake-up call*
la tarjeta postal *postcard*
la televisión por cable *cable TV*

La geografía *Geography*

este *east*
oeste *west*
norte *north*
sur *south*
la arena *sand*
el bosque *forest*
el cañón *canyon*
el cielo *sky*
el desierto *desert*

la isla *island*
el lago *lake*
el mar *sea*
el océano *ocean*
la playa *beach*
el río *river*
las ruinas *ruins*
la selva tropical *tropical jungle*
el volcán *volcano*

Repaso y preparación

>> ## Repaso del Capítulo 15

Complete these activities to check your understanding of the new grammar points in **Chapter 15** before you move on to **Chapter 16**.

The answers to the activities in this section can be found in **Appendix B**.

The imperfect subjunctive (p. 150)

1 Completa las oraciones con formas correctas del imperfecto de subjuntivo.

1. Mis amigos me sugieron que no _____ (llevar) más de una maleta.
2. El guía insistió en que todos _____ (llegar) al aeropuerto temprano.
3. El botones te recomendó que _____ (dejar) tu llave en la recepción al salir del hotel.
4. Mis amigos querían que yo les _____ (enviar) muchas tarjetas postales.
5. ¡Era increíble que nosotros _____ (tener) tantas maletas!
6. Yo dudaba que tú _____ (poder) encontrar un hotel barato con conexión a Internet.

The conditional (p. 153)

2 Imagina que las personas indicadas van a Andorra de vacaciones. Completa las oraciones con formas del condicional para decir qué harían allí.

1. Manuel _____ (esquiar) todos los días.
2. Tú y yo _____ (ir) de compras.
3. Ustedes _____ (hacer) una excursión al campo.
4. Los niños _____ (jugar) con los perros gran pirineos.
5. Yo _____ (salir) a escuchar flamenco y música local.
6. Tú _____ (asistir) a las celebraciones de la Festa del Poble.
7. La señora Irrutia _____ (visitar) los pueblitos cercanos.
8. Nosotros _____ (comer) trinxat, un plato regional.

Si clauses with the subjunctive and the indicative (p. 156)

3 Haz oraciones completas con cláusulas con **si** según el modelo.

MODELO (probable) yo ganar la lotería: comprar...
   Si yo gano la lotería, compraré una computadora nueva.
   (improbable) tú tener el tiempo: ir a...
   Si tú tuvieras el tiempo, irías a Filipinas y Japón.

1. (probable) ellos tener el dinero: viajar a...
2. (probable) usted conseguir el trabajo: vivir en...
3. (improbable) yo trabajar este verano: ganar...
4. (improbable) nosotros comer en un restaurante muy caro: pedir...
5. (probable) tú salir con tus amigos hoy: vestirse con...
6. (improbable) mis amigos ganan la lotería: comprar...

Preparación para el Capítulo 16

Ser and **estar** (Chapter 4)

Complete these activities to review some previously learned grammatical structures that will be helpful when you learn the new grammar in **Chapter 16**.

4 Completa las oraciones con formas del presente de indicativo de **ser** o **estar**.

1. Mi mamá _____ agente de viajes y su oficina _____ en el centro.
2. Yo _____ muy enojado porque son mis vacaciones y _____ enfermo.
3. El botones dice que ese huésped _____ muy divertido. ¡Dice que también _____ muy generoso!
4. Nosotros _____ ecuatoguineanos, pero _____ de visita en España por un mes.
5. Hoy _____ miércoles, el día 16 de marzo. _____ las tres de la tarde. ¿Adónde vamos?

Verbs like **gustar** (Chapters 2 and 4)

5 Completa las oraciones con las formas correctas de los verbos indicados.

1. Nos _____ las maletas sin ruedas (*wheels*).
2. Te _____ las habitaciones con wifi y la televisión por cable.
3. A ella le _____ viajar al extranjero.
4. No me _____ esa guía turística. Es muy vieja.
5. A ellos les _____ hacer un tour cuando visitan un sitio nuevo.
6. A usted no le _____ los asientos de pasillo.

Por and **para** (Chapter 10)

6 Completa las oraciones con **por** o **para**, según la situación.

1. _____ hacer un viaje de 200 millas, ¿prefieres ir _____ avión o _____ tren?
2. El autobús _____ Andorra la Vella sale muy temprano _____ la mañana.
3. Esta guía turística es _____ ti. _____ mí, es la mejor guía sobre Marruecos.
4. Vamos a caminar _____ el centro de la ciudad _____ dos horas antes de cenar.
5. ¡_____ fin llegamos! Y no tenemos nada que hacer _____ mañana. ¡Qué bien!
6. Sólo pagamos cien dólares _____ esos boletos. Pero _____ eso tenemos asientos del medio. ¡Qué pena!

Cortometraje

Barcelona Venecia

Un cortometraje de David Muñoz Palomares

Premio al mejor cortometraje de ficción del Festival de Cine Fantástico de Bilbao

GUIÓN, DIRECCIÓN Y PRODUCCIÓN: DAVID MUÑOZ PALOMARES   MÚSICA: JORDI PORTAZ   SONIDO: ALBERT COLLADO   ACTORES PRINCIPALES: MIQUEL BORDOY, NELLO NEBOT, ENG TAP Y RAMSÉS MORALEDA

Dallas and John Heaton/Photolibrary

▶ >> Barcelona Venecia

Un pobre hombre está en una situación muy rara: va caminando por Barcelona y en un abrir y cerrar de los ojos, se encuentra en Venecia. *Barcelona Venecia* es la historia de su introducción a la teoría de los agujeros de gusano *(wormholes)*. ¿Quién está detrás su viaje inesperado? ¿Cómo va a regresar a su ciudad española? ¿Habrá una conspiración contra los hombres de negocios de Barcelona? Ve *Barcelona Venecia* y verás que las leyes de la física son un gran misterio que pueden meter al más inocente en líos desconcertantes.

Barcelona Venecia, directed and produced by David Muñoz Palomares

Vocabulario del cortometraje

Sustantivos
500 del ala *500 cash*
los agujeros de gusano *wormholes*
la bolsa *stock market*
el elenco de posibilidades *list of possibilities*
los matones *thugs*
las pérdidas *losses*
un sablazo *ripoff*
las ventas cortas *short sales*

Verbos y frases verbales
acostumbrarse: te acostumbras *you get used to it*
apurarse: no se apure *don't worry; don't hurry*
atravesarlo *to cross it; to go through it*
deshacerse de *to get rid of*
enloquecer: enloquecen *drive you crazy*
proceder con cautela *to proceed with caution*

Adjetivos
cuantioso(a) *substantial, considerable*
geoestacionario(a) *geopositional*
inaudito(a) *unprecedented, outrageous*
sospechoso(a) *suspicious*

Adverbios
impunemente *with impunity*

Frases útiles
al otro extremo *to the other side*
estar vigilado(a) *to be guarded, under surveillance*
No les hace *They don't think ninguna gracia. it's funny at all.*
por el camino *on the way*
¡Qué demonios! *What the heck!*

---

1 Vocabulario nuevo Completa las oraciones de ***Barcelona Venecia*** con el vocabulario nuevo. Usa el contexto y la definición para adivinar lo mejor que puedas. Después de que veas el cortometraje, vuelve a las oraciones para asegurarte que las completaste bien.

1. ¿Pero cómo es posible? ¡Esto es _____!
   a. las pérdidas   b. la bolsa   c. inaudito

2. Verá, si usted cruza ese espacio, ese error dimensional, haciendo la postura exacta en que todas las moléculas de su cuerpo sean capaces de _____, llega automáticamente al otro extremo.
   a. atravesarlo   b. estar vigilado   c. por el camino

3. ¿Conoce la Teoría de los _____?
   a. elencos de posibilidades   b. agujeros de gusano   c. 500 del ala

4. Son unidireccionales, pero _____, tengo un mapa que señala las diferentes zonas de viaje...
   a. ¡qué demonios!   b. por el camino   c. no se apure

5. Bien, las salidas suelen estar _____, sobre todo en Italia.
   a. vigiladas   b. geoestacionarias   c. inauditas

6. Hay todo un _____ de posibilidades.
   a. sablazo   b. matón   c. elenco

7. Si llega a saberse a grande escala tendrían unas pérdidas _____.
   a. impunemente   b. geoestacionarias   c. cuantiosas

8. ¡Ha sido un _____!
   a. agujero   b. sablazo   c. elenco

Go to page 114 of **Chapter 14** and review the strategy in the **Estrategia** box. Watching for transitions and listening for words that signal a change in the conversation will help you follow the storyline more easily.

Barcelona Venecia, directed and produced by David Muñoz Palomares

2 **Palabras de la física** En *Barcelona Venecia* hay muchas palabras de la física que son cognados. Escribe la palabra equivalente en inglés. Si puedes, busca un diccionario en línea que pronuncia las palabras en voz alta para que te acostumbres a su pronunciación.

1. universo
2. error dimensional
3. planeta
4. espacio dimensional
5. dimensiones subatómicas
6. moléculas
7. teoría
8. hiperespacio
9. posición geoestacionaria
10. normalidad
11. viajes interdimensionales
12. unidireccional

3 **Ver** Ve *Barcelona Venecia* por lo menos dos veces. La primera vez, no trates de entender todas las líneas. Sólo déjate llevar por las imágenes y el cuento visual. La segunda vez, esfuérzate para entender el diálogo.

4 **¿Qué pasó?** Di si cada oración es cierta (**C**) o falsa (**F**).

1. El protagonista es un hombre de negocios español.
2. Él decide a viajar a Venecia a través de un agujero de gusano.
3. Él piensa que no hay nada raro en llegar a Venecia sin saber cómo.
4. Se encuentra con otro español que lo puede ayudar a regresar a Barcelona.
5. El español de Albacete tiene un mapa que señala las diferentes zonas de viaje y la manera de cruzarlas.
6. Según el hombre de Albacete, hay varias ventajas (*advantages*) de los viajes interdimensionales.
7. El hombre de Albacete no le tiene miedo a la seguridad aeronáutica (*air traffic security*).
8. Las compañías aéreas contratan a matones para que nadie pueda salir por los agujeros de salida.
9. Los dos españoles alcanzan a regresar juntos a Barcelona.
10. El protagonista llega a Barcelona, pero casi inmediatamente se encuentra en Venecia de nuevo.

5 **Comprensión** Contesta las siguientes preguntas.

1. ¿Qué le pasa inesperadamente al protagonista? ¿Cómo reacciona?
2. ¿Por qué se asusta el peatón cuando el protagonista se le acerca?
3. ¿A qué teoría física atribuye el cambio de ciudades el hombre que lo trata de ayudar?
4. ¿Qué tiene el hombre que pueda ayudar al protagonista?
5. ¿Qué dice el hombre que son las ventajas de los viajes interdimensionales?
6. ¿Quién está vigilando las salidas interdimensionales y por qué?
7. ¿Qué pasa cuando los dos hombres tratan de saltar (*to jump*) por la salida interdimensional?
8. ¿Quién persigue (*follows*) al protagonista? ¿Quién es y qué quiere?
9. ¿Cómo resuelve la situación el protagonista para que lo deje en paz el matón?
10. ¿Qué le pasa al protagonista cuando regresa a Barcelona? ¿Es un final feliz para él?

6 **Las comedias** Antes de ver el cortemetraje, piensa en las comedias. ¿Qué es lo que hace que una situación sea cómica? Di si estás de acuerdo o no con las siguientes oraciones.

1. Para el protagonista, la situación no es cómica, pero para los espectadores sí la es.
2. El protagonista se toma a sí mismo muy en serio, pero para los espectadores su seriedad es lo que lo hace gracioso.
3. Las comedias existen sólo para inducir risa en la audiencia. No es necesario que tengan un mensaje más profundo.
4. Las coincidencias se aceptan más en una comedia que en un drama.
5. Las reglas de la lógica no se tienen que observar en una comedia. La comedia existe en su propio universo y no tiene que mantenerse fiel a las leyes físicas del mundo ordinario.
6. Las comedias deben tener un final feliz.
7. Para tener éxito, las comedias tienen que resultar en una resolución inesperada.

7 **Los personajes** Familiarízate con los personajes principales del cortometraje. Después de ver la película la segunda vez, escribe una descripción breve sobre cada personaje.

Los personajes: el protagonista, un peatón, el hombre que lo ayuda, el matón

8 **Reseña** En grupos de tres, van a escribir una reseña de la película. En reseña, incluyan lo siguiente:

- tres cosas que (no) les gustaron
- tres cosas que los hizo reír
- tres cosas que no entendieron
- su reacción a la película. ¿Les gustó? ¿No les gustó?

Barcelona Venecia, directed and produced by David Muñoz Palomares

NOTA CULTURAL

La conexión Barcelona-Venecia

Venecia es conocida por tener canales en vez de calles, por sus góndolas y su gran historia en la arquitectura, el arte y la música sinfónica y operática. Antonio Vivaldi, unos de los grandes compositores del período barroco, nació en Venecia.

S. Borisov/Shutterstock

Barcelona, como Venecia, se conoce por su arte y arquitectura, y otro Antonio, Antonio Gaudí, es el hijo célebre de este pueblo catalán. Igual a Venecia, aunque más de 18 veces su tamaño, Barcelona es un centro importante de la cultura, las finanzas, el comercio y el turismo.

Veintiséis aerolíneas operan entre Venecia y Barcelona y casi 700.000 asientos están disponibles a diario para volar entre las ciudades. ¿Puedes imaginar una razón por la cual el escritor del cortometraje escogió estas dos ciudades para conectar via un agujero de gusano?

Denis Babenko/Shutterstock

Reference Materials

Lo que sé	Lo que quiero saber	Lo que aprendí

Capítulo 11 (pp. 32–33)

Act. 1: 1. se case 2. organicen 3. saques 4. traiga 5. aplaudan 6. regalemos

Act. 2: 1. Ella espera que su madre no se entere de su noviazgo. 2. Nosotros prohibimos que ellos salgan en una cita a ciegas. 3. Yo quiero que tú impresiones a mis padres. 4. Tú no recomiendas que yo me gradúe temprano. 5. Ustedes piden que nosotros asistamos a la reunión. 6. Ellos desean que usted disfrute de su fiesta de jubilación.

Act. 3: 1. No es bueno que tú siempre estés peleado con los otros. 2. Es malo que nosotros nos burlemos de las personas sensibles. 3. Es fantástico que usted se lleve bien con todos. 4. Es terrible que ella rompa con su novio. 5. No es necesario que yo salga con los amigos todas las noches. 6. Es interesante que ellos se acuerden tan claramente de su niñez.

Act. 4: 1. (No) Es mejor que los padres no sepan... 2. (No) Es una lástima que a veces los buenos amigos se peleen. 3. (No) Es normal que una pareja mal emparejada se separe. 4. (No) Es lógico que algunas personas teman... 5. (No) Es extraño que un viudo no quiera... 6. (No) Es necesario que nosotros nos demos cuenta...

Act. 5: 1. Lleguen 2. se esfuercen 3. Prepárense 4. Vístanse 5. siéntense 6. se pongan 7. usen 8. Sigan 9. pasen 10. tomen 11. Cámbiense 12. vengan 13. coman

Capítulo 12 (pp. 64–65)

Act. 1: 1. ir 2. puedas 3. llegar 4. quieran 5. comience 6. guste

Act. 2: *(Verb options, depending on use of **Creo / No creo**):* 1. es / sea 2. van / vayan 3. compran / compren 4. representan / representen 5. son / sean 6. ganan / ganen 7. cuestan / cuesten 8. traducen / traduzcan

Act. 3: 1. Busco la persona que tiene los boletos. 2. Busco una persona que conozca a esa actriz tan famosa. 3. Quiero ver la telecomedia que trata temas del día. 4. Quiero ver una telecomedia que sea bilingüe. 5. Necesito encontrar el cine que vende las palomitas más frescas de la ciudad. 6. Necesito encontrar un cine que venda pizza y cerveza.

Act. 4: 1. quiere, vayamos 2. esperas, empiece 3. piden, grabes 4. recomiendan, vea 5. insisto, cambien 6. deseamos, compre 7. requiere, lleguen 8. sugieres, escuche

Act. 5: 1. Es ridículo que yo tenga... 2. Es bueno que mis amigos asistan... 3. Es fantástico que ella vea... 4. Es extraño que tú prefieras... 5. Es lógico que nosotras nos vistamos... 6. Es una lástima que él siempre se duerma... 7. Es necesario que yo cambie... 8. Es interesante que tú seas...

Act. 6: 1. (Nosotros) Vamos a pintar. 2. (Tú) Vas a dibujar. 3. (Martín) Va a cantar. 4. (Carmela y Laura) Van a tocar la guitarra. 5. (Yo) Voy a cambiar el canal. 6. (Usted) Va a escuchar música.

Capítulo 13 (pp. 100–101)

Act. 1: 1. ... me escuches bien. 2. ... no es médica. 3. ... me llame. 4. ... me examina. 5. ... termine la tarea. 6. ... salga con mis amigos. 7. ... llegue a la habitación.

Act. 2: 1. dormir 2. tiene 3. sufran 4. sea 5. evitar 6. se acuesten 7. tomen 8. coman 9. es 10. tengan 11. dicen 12. siguen 13. quiera 14. hacer

Act. 3: 1. Tú dormirás más. 2. David y Rebeca harán más ejercicio. 3. El señor Robles llevará una vida más sana. 4. Yo iré al médico para un examen anual. 5. Nosotros comeremos alimentos nutritivos. 6. Usted estudiará para ser médico.

Act. 4: 1. Leo está cansado. 2. Sandra es divertida. 3. Martín es introvertido. 4. Laura está ocupada. 5. Diego está preocupado. 6. Susana es extrovertida.

Act. 5: 1. Había 2. haya 3. haya 4. hay 5. había 6. Hay

Act. 6: *Wording of answers may vary slightly, but verb forms should remain the same.* 1. Tú estás estornudando. 2. Yo estoy durmiendo. 3. Mónica y Carlos están comiendo (unas ensaladas / alimentos nutritivos). 4. Nosotros estamos haciendo ejercicio(s). 5. La señora Trujillo está consultando al médico. 6. Yo estoy tosiendo.

Capítulo 14 (pp. 136–137)

Act. 1: 1. La señora Ramírez ha recibido un aumento de sueldo. 2. Yo he hecho un informe sobre los beneficios de la compañía. 3. Los nuevos empleados han analizado el plan de seguro médico. 4. Tú has dirigido un proyecto muy importante. 5. Nosotros hemos contratado a tres empleados nuevos. 6. El señor Valle se ha jubilado a los sesenta años. 7. Yo he supervisado a cinco empleados.

Act. 2: 1. 2, habían ayudado 2. 6, habíamos llevado 3. 1, habían visto 4. 4, había llamado 5. 3, había mandado 6. 5, habías prestado

Act. 3: 1. haya aumentado 2. hayan hecho 3. nos hayamos informado 4. hayan luchado 5. haya cambiado 6. hayas mirado 7. haya visto 8. hayas iniciado

Act. 4: 1. Tú recibirás un ascenso. 2. Ustedes se jubilarán. 3. El jefe saldrá de la compañía. 4. Los ciudadanos votarán en las elecciones. 5. Yo prepararé el currículum vitae. 6. Nosotros trabajaremos en una fábrica. 7. Tú harás un viaje a Chile. 8. Tú y yo tendremos un empleo interesante.

Act. 5: 1. pasaron 2. resultaron 3. dijo 4. sobrevivieron 5. dejaron 6. fueron 7. sugirieron 8. jugó 9. recibió 10. se reunieron 11. asistieron 12. pidieron 13. pusieron 14. hicieron 15. tomaron 16. protestaron 17. participó 18. comentó 19. aprendimos 20. vi 21. causó 22. tuve

Capítulo 15 (pp. 170–171)

Act. 1: 1. llevara 2. llegaran 3. dejaras 4. enviara 5. tuviéramos 6. pudieras

Act. 2: 1. esquiaría 2. iríamos 3. harían 4. jugarían 5. saldría 6. asistiría 7. visitaría 8. comeríamos

Act. 3: 1. Si ellos tienen el dinero, viajarán a... 2. Si usted consigue el trabajo, vivirá en... 3. Si yo trabajara este verano, ganaría... 4. Si nosotros comiéramos en un restaurante muy caro, pediríamos... 5. Si tú sales con tus amigos hoy te vestirás con... 6. Si mis amigos ganaran la lotería, comprarían...

Act. 4: 1. es, está 2. estoy, estoy 3. es, es 4. somos, estamos 5. es, Son

Act. 5: 1. molestan 2. gustan 3. encanta 4. interesa 5. fascina 6. gustan

Act. 6: 1. Para, por, por 2. para, por 3. para, Para 4. por, por 5. Por, para 6. por, por

Capítulo 16 (pp. 218–219)

Act. 1: *Wording of reasons may vary.* 1. I, Es de cuero negro, *material something is made of* 2. I, ...va a ser..., *location of an event* 3. C, *to say someone is married or divorced* 4. I, ...están al día..., *idiomatic expression* 5. I, Es importante..., *impersonal expression* 6. I, ...es soltero..., *to indicate someone is single;* C, *physical features*

Act. 2: 1. para 2. para 3. para 4. Por, para 5. por 6. por 7. por 8. por

Act. 3: 1. A mí me fastidian los e-mails en cadena. 2. A ustedes les cae bien esa bloguera. 3. A ti te basta el teléfono inteligente. 4. A nosotros nos encanta ese sitio web. 5. A ella le gusta usar el programa para etiquetar fotos. 6. A ellos les importa relajarse después de las clases. 7. A mí me duelen las manos después de escribir en la computadora por muchas horas. 8. A él le falta la disciplina para aprender el programa.

Act. 4: 1. Tú estás pidiendo direcciones al sistema GPS. 2. Ellos están mandando mensajes de texto con el teléfono inteligente. 3. Nosotros estamos jugando el juego multijugador. 4. Yo estoy comprando una tableta. 5. Ella está leyendo el libro electrónico / libro-e. 6. Ustedes están mirando el televisor de alta definición.

Act. 5: 1. leía, se cayó 2. Eran, me di, funcionaba 3. estábamos, borró 4. estuve 5. querían, encontraron

Act. 6: 1. Ustedes se han entretenido..., Ustedes ya se habían entretenido con el nuevo juego cuando decidieron ver un programa de televisión 2. Tú has revisado..., Tú ya habías revisado el aviso del sitio web cuando perdiste la conexión. 3. Nosotras hemos tenido..., Nosotras ya habíamos tenido mucha suerte con ese programa cuando te lo recomendamos. 4. Ellos han guardado..., Ellos ya habían guardado sus cambios cuando cerraron el archivo. 5. Yo he cambiado..., Yo ya había cambiado la información de mi perfil personal cuando añadí la foto.

Capítulo 17 (pp. 260–261)

Act. 1: 1. ¿Cómo realizaste tus metas? 2. Adriana estaba nerviosa porque todavía no hablaba inglés bien. 3. Su hermana menor sólo tenía catorce años pero ya sabía mucho sobre la historia de la familia. 4. Llamé a mis amigos porque quería salir con ellos. 5. Hacía una semana que la familia vivía en la nueva casa. 6. Me levanté, comí el desayuno y salí para la escuela, pero no me sentía bien.

Act. 2: 1. Hay 2. se ha adaptado 3. había criado 4. Hubo 5. establecida 6. animadas 7. había 8. mantenido

Act. 3: 1. ver 2. creer 3. estábamos haciendo 4. estamos abriendo 5. aprovechar 6. dar 7. completar 8. estaba buscando 9. estamos festejando, celebrar

Act. 4: 1. Mantenga 2. se sirva 3. Coopere 4. Respeten 5. Apoyen 6. avísennos, sufran

Act. 5: 1. Aprovecha 2. dudes 3. respeta 4. pidas 5. Desarrolla 6. te aproveches 7. Apoya 8. Enfréntate 9. pierdas 10. sal 11. haz

Act. 6: 1. es 2. echen 3. respete 4. extrañen 5. encuentre 6. han 7. vamos

Capítulo 18 (pp. 302–303)

Act. 1: 1. va 2. continúe 3. amenaza 4. cambie, se descongelen 5. organicemos, incluya, producimos

Act. 2: 1. ayudas 2. Plantemos 3. pruebes 4. Venga 5. Puede 6. debes

Act. 3: 1. Ellos siempre desconectan la computadora y el televisor antes de acostarse, lo cual les ahorra mucho dinero. 2. Esta tienda, a la cual voy frecuentemente, vende productos ecológicos. 3. La selva tropical, la que está en la Amazonia, produce una variedad increíble de plantas y vida silvestre.

Act. 4: 1. se involucran 2. calentándose 3. Se lo 4. Se los 5. Se ponen 6. Se ahorra 7. Se come 8. Se firman

Act. 5: 1. hayamos participado 2. se hayan acabado 3. hayan establecido 4. haya disfrutado 5. haya puesto 6. hayas visto

Act. 6: 1. El gobierno local nos pidió que conserváramos... 2. Era necesario que todos los ciudadanos firmaran... 3. El centro de reciclaje necesitaba un voluntario que pudiera... 4. Ellos dudaban que su familia consumiera... 5. Ojalá que los científicos supieran...

Capítulo 19 (pp. 350–351)

Act. 1: 1. Se te olvidó mandar un e-mail a tu representante. 2. No se les ocurrió registrarse para votar. 3. Se me perdieron las peticiones que ellos firmaron. 4. Se nos acabaron los folletos sobre la campaña electoral. 5. Se trabaja 6. Se reparten 7. selos 8. se, las

Act. 2: 1. nos hubiéramos informado 2. hubiera trabajado 3. hubieran cancelado 4. hubiera llamado 5. hubieras podido

Act. 3: 1. tuviera 2. pueda 3. hubiera participado 4. hubieran informado 5. siga

Act. 4: 1. colaborarás 2. se encargarán 3. usaremos 4. administraré 5. se postulará 6. contribuirán

Act. 5: 1. Buscarían oportunidades de voluntariado. 2. Colaboraría con mi partido político preferido. 3. Denunciaríamos la construcción de nuevos centros comerciales. 4. Participarías en una manifestación en la capital. 5. Trabajaría como voluntario en una escuela primaria.

Act. 6: 1. participaré 2. recaudarías 3. contribuirían 4. construiré 5. pudieran 6. puedo 7. puedes 8. pudiéramos

Capítulo 20 (pp. 394–395)

Act. 1: 1. habremos explorado 2. habrán contratado 3. habrá empezado 4. te habrás puesto 5. habré organizado

Act. 2: 1. habríamos explorado 2. habrían tomado 3. habría hecho 4. habrías planeado 5. habría enseñado

Act. 3: 1. quedas 2. vamos a tener 3. denles 4. tendrías 5. hubieran metido 6. habríamos

Act. 4: 1. Si tú hablas con el director, él te ayudará con la solicitud para la beca. 2. Si nosotros visitamos a mis abuelos, (nosotros) siempre comemos bien. 3. Si ellos hubieran investigado el programa de antemano, (ellos) no habrían entrado. 4. Si yo no fuera tan despistado, (yo) no perdería las maletas con tanta frecuencia. 5. Si ustedes hubieran dado una vuelta larga antes de acostarse, (ustedes) hubieran podido dormir anoche. 6. Si él supiera cómo llegar al albergue juvenil, (él) no tendría que tomar un taxi.

Act. 5: 1. pediré, vayan 2. dudas, podamos 3. Queremos, llamen 4. Temían, hubieran perdido 5. habría pedido, ayudara 6. pidió, hablaran 7. hubiera convocado, pudieran 8. Tendremos, perdamos

Regular Verbs
Simple Tenses

Infinitive	Past participle / Present participle	Indicative					Subjunctive	
		Present	Imperfect	Preterite	Future	Conditional	Present	Imperfect*
cantar *to sing*	cantado cantando	canto	cantaba	canté	cantaré	cantaría	cante	cantara
		cantas	cantabas	cantaste	cantarás	cantarías	cantes	cantaras
		canta	cantaba	cantó	cantará	cantaría	cante	cantara
		cantamos	cantábamos	cantamos	cantaremos	cantaríamos	cantemos	cantáramos
		cantáis	cantabais	cantasteis	cantaréis	cantaríais	cantéis	cantarais
		cantan	cantaban	cantaron	cantarán	cantarían	canten	cantaran
correr *to run*	corrido corriendo	corro	corría	corrí	correré	correría	corra	corriera
		corres	corrías	corriste	correrás	correrías	corras	corrieras
		corre	corría	corrió	correrá	correría	corra	corriera
		corremos	corríamos	corrimos	correremos	correríamos	corramos	corriéramos
		corréis	corríais	corristeis	correréis	correríais	corráis	corrierais
		corren	corrían	corrieron	correrán	correrían	corran	corrieran
subir *to go up, to climb up*	subido subiendo	subo	subía	subí	subiré	subiría	suba	subiera
		subes	subías	subiste	subirás	subirías	subas	subieras
		sube	subía	subió	subirá	subiría	suba	subiera
		subimos	subíamos	subimos	subiremos	subiríamos	subamos	subiéramos
		subís	subíais	subisteis	subiréis	subiríais	subáis	subierais
		suben	subían	subieron	subirán	subirían	suban	subieran

*In addition to this form, another one is less frequently used for all regular and irregular verbs: cantase, cantases, cantase, cantásemos, cantaseis, cantasen; corriese, corrieses, corriese, corriésemos, corrieseis, corriesen; subiese, subieses, subiese, subiésemos, subieseis, subiesen.

Commands

Person	Affirmative	Negative	Affirmative	Negative	Affirmative	Negative
tú	canta	no cantes	corre	no corras	sube	no subas
usted	cante	no cante	corra	no corra	suba	no suba
nosotros	cantemos	no cantemos	corramos	no corramos	subamos	no subamos
vosotros	cantad	no cantéis	corred	no corráis	subid	no subáis
ustedes	canten	no canten	corran	no corran	suban	no suban

Stem-Changing Verbs: -ar and -er Groups

Type of change in the verb stem	Subject	Indicative Present	Subjunctive Present	Commands Affirmative	Commands Negative	Other -ar and -er stem-changing verbs
-ar verbs **e > ie** *pensar to think*	yo tú él/ella, Ud. nosotros/as vosotros/as ellos/as, Uds.	**pienso** **piensas** **piensa** pensamos pensáis **piensan**	**piense** **pienses** **piense** pensemos penséis **piensen**	— **piensa** **piense** pensemos pensad **piensen**	— no **pienses** no **piense** no pensemos no penséis no **piensen**	*atravesar to go through, to cross;* *cerrar to close; despertarse to wake up; empezar to start; negar to deny; sentarse to sit down* *Nevar to snow is only conjugated in the third-person singular.*
-ar verbs **o > ue** *contar to count, to tell*	yo tú él/ella, Ud. nosotros/as vosotros/as ellos/as, Uds.	**cuento** **cuentas** **cuenta** contamos contáis **cuentan**	**cuente** **cuentes** **cuente** contemos contéis **cuenten**	— **cuenta** **cuente** contemos contad **cuenten**	— no **cuentes** no **cuente** no contemos no contéis no **cuenten**	*acordarse to remember; acostarse to go to bed; almorzar to have lunch; colgar to hang; costar to cost; demostrar to demonstrate, to show; encontrar to find; mostrar to show; probar to prove, to taste; recordar to remember*
-er verbs **e > ie** *entender to understand*	yo tú él/ella, Ud. nosotros/as vosotros/as ellos/as, Uds.	**entiendo** **entiendes** **entiende** entendemos entendéis **entienden**	**entienda** **entiendas** **entienda** entendamos entendáis **entiendan**	— **entiende** **entienda** entendamos entended **entiendan**	— no **entiendas** no **entienda** no entendamos no entendáis no **entiendan**	*encender to light, to turn on; extender to stretch; perder to lose*
-er verbs **o > ue** *volver to return*	yo tú él/ella, Ud. nosotros/as vosotros/as ellos/as, Uds.	**vuelvo** **vuelves** **vuelve** volvemos volvéis **vuelven**	**vuelva** **vuelvas** **vuelva** volvamos volváis **vuelvan**	— **vuelve** **vuelva** volvamos volved **vuelvan**	— no **vuelvas** no **vuelva** no volvamos no volváis no **vuelvan**	*mover to move; torcer to twist* *Llover to rain is only conjugated in the third-person singular.*

Stem-Changing Verbs: *-ir* Verbs

Type of change in the verb stem	Subject	Indicative		Subjunctive		Commands	
		Present	Preterite	Present	Imperfect	Affirmative	Negative
-ir verbs e > ie or i **Infinitive:** sentir *to feel* **Present participle:** sintiendo	yo tú él/ella, Ud. nosotros/as vosotros/as ellos/as, Uds.	siento sientes siente sentimos sentís sienten	sentí sentiste sintió sentimos sentisteis sintieron	sienta sientas sienta sintamos sintáis sientan	sintiera sintieras sintiera sintiéramos sintierais sintieran	— siente sienta sintamos sentid sientan	— no sientas no sienta no sintamos no sintáis no sientan
-ir verbs o > ue or u **Infinitive:** dormir *to sleep* **Present participle:** durmiendo	yo tú él/ella, Ud. nosotros/as vosotros/as ellos/as, Uds.	duermo duermes duerme dormimos dormís duermen	dormí dormiste durmió dormimos dormisteis durmieron	duerma duermas duerma durmamos durmáis duerman	durmiera durmieras durmiera durmiéramos durmierais durmieran	— duerme duerma durmamos dormid duerman	— no duermas no duerma no durmamos no durmáis no duerman

Other similar verbs: advertir *to warn*; arrepentirse *to repent*; consentir *to consent, pamper*; convertir(se) *to turn into*; divertir(se) *to amuse (oneself)*; herir *to hurt, wound*; mentir *to lie*; morir *to die*; preferir *to prefer*; referir *to refer*; sugerir *to suggest*

Type of change in the verb stem	Subject	Indicative		Subjunctive		Commands	
		Present	Preterite	Present	Imperfect	Affirmative	Negative
-ir verbs e > i **Infinitive:** pedir *to ask for, to request* **Present participle:** pidiendo	yo tú él/ella, Ud. nosotros/as vosotros/as ellos/as, Uds.	pido pides pide pedimos pedís piden	pedí pediste pidió pedimos pedisteis pidieron	pida pidas pida pidamos pidáis pidan	pidiera pidieras pidiera pidiéramos pidierais pidieran	— pide pida pidamos pedid pidan	— no pidas no pida no pidamos no pidáis no pidan

Other similar verbs: competir *to compete*; despedir(se) *to say good-bye*; elegir *to choose*; impedir *to prevent*; perseguir *to chase*; repetir *to repeat*; seguir *to follow*; servir *to serve*; vestir(se) *to dress, to get dressed*

Verbs with Spelling Changes

Verb type	Ending	Change	Verbs with similar spelling changes
1 buscar *to look for*	-car	• Preterite: yo busqué • Present subjunctive: busque, busques, busque, busquemos, busquéis, busquen	comunicar, explicar *to explain* indicar *to indicate*, sacar, pescar
2 conocer *to know*	*vowel* + -cer or -cir	• Present indicative: conozco, conoces, conoce, and so on • Present subjunctive: conozca, conozcas, conozca, conozcamos, conozcáis, conozcan	nacer *to be born*, obedecer, ofrecer, parecer, pertenecer *to belong*, reconocer, conducir, traducir
3 vencer *to win*	*consonant* + -cer or -cir	• Present indicative: venzo, vences, vence, and so on • Present subjunctive: venza, venzas, venza, venzamos, venzáis, venzan	convencer, torcer *to twist*
4 leer *to read*	-eer	• Preterite: leyó, leyeron • Imperfect subjunctive: leyera, leyeras, leyera, leyéramos, leyerais, leyeran • Present participle: leyendo	creer, poseer *to own*
5 llegar *to arrive*	-gar	• Preterite: yo llegué • Present subjunctive: llegue, llegues, llegue, lleguemos, lleguéis, lleguen	colgar *to hang*, navegar, negar *to negate, to deny*, pagar, rogar *to beg*, jugar
6 escoger *to choose*	-ger or -gir	• Present indicative: escojo, escoges, escoge, and so on • Present subjunctive: escoja, escojas, escoja, escojamos, escojáis, escojan	proteger *to protect*, recoger *to collect, gather*, corregir *to correct*, dirigir *to direct*, elegir *to elect, choose*, exigir *to demand*
7 seguir *to follow*	-guir	• Present indicative: sigo, sigues, sigue, and so on • Present subjunctive: siga, sigas, siga, sigamos, sigáis, sigan	conseguir, distinguir, perseguir
8 huir *to flee*	-uir	• Present indicative: huyo, huyes, huye, huimos, huís, huyen • Preterite: huí, huiste, huyó, huimos, huisteis, huyeron • Present subjunctive: huya, huyas, huya, huyamos, huyáis, huyan • Imperfect subjunctive: huyera, huyeras, huyera, huyéramos, huyerais, huyeran • Present participle: huyendo • Commands: huye (tú), huya usted, huyamos (nosotros), huid (vosotros), huyan (ustedes), (negative) no huyas (tú), no huya (usted), no huyamos (nosotros), no huyáis (vosotros), no huyan (ustedes)	concluir, contribuir, construir, destruir, disminuir, distribuir, excluir, influir, instruir, restituir, substituir
9 abrazar *to embrace*	-zar	• Preterite: yo abracé • Present subjunctive: abrace, abraces, abrace, abracemos, abracéis, abracen	alcanzar *to achieve*, almorzar, comenzar, empezar, gozar *to enjoy*, rezar *to pray*

Compound Tenses

	Indicative					Subjunctive	
	Present perfect	**Past perfect**	**Preterite perfect**	**Future perfect**	**Conditional perfect**	**Present perfect**	**Past perfect**
	he	había	hube	habré	habría	haya	hubiera
	has	habías	hubiste	habrás	habrías	hayas	hubieras
	ha	había	hubo	habrá	habría	haya	hubiera
	hemos	habíamos	hubimos	habremos	habríamos	hayamos	hubiéramos
	habéis	habíais	hubisteis	habréis	habríais	hayáis	hubierais
	han	habían	hubieron	habrán	habrían	hayan	hubieran

(cantado / corrido / subido)

All verbs, both regular and irregular, follow the same formation pattern with **haber** in all compound tenses. The only thing that changes is the form of the past participle of each verb. (See the chart below for common verbs with irregular past participles.) Remember that in Spanish, no word can come between **haber** and the past participle.

Common Irregular Past Participles

Infinitive	Past participle		Infinitive	Past participle	
abrir	**abierto**	*opened*	morir	**muerto**	*died*
caer	caído	*fallen*	oír	oído	*heard*
creer	creído	*believed*	poner	**puesto**	*put, placed*
cubrir	**cubierto**	*covered*	resolver	**resuelto**	*resolved*
decir	**dicho**	*said, told*	romper	**roto**	*broken, torn*
descubrir	**descubierto**	*discovered*	(son)reír	(son)reído	*(smiled) laughed*
escribir	**escrito**	*written*	traer	traído	*brought*
hacer	**hecho**	*made, done*	ver	**visto**	*seen*
leer	leído	*read*	volver	**vuelto**	*returned*

Reflexive Verbs

Regular and Irregular Reflexive Verbs: Position of the Reflexive Pronouns in the Simple Tenses

Infinitive	Present participle	Reflexive pronouns	Indicative					Subjunctive	
			Present	**Imperfect**	**Preterite**	**Future**	**Conditional**	**Present**	**Imperfect**
lavarse	lavándome	me	lavo	lavaba	lavé	lavaré	lavaría	lave	lavara
to wash oneself	lavándote	te	lavas	lavabas	lavaste	lavarás	lavarías	laves	lavaras
	lavándose	se	lava	lavaba	lavó	lavará	lavaría	lave	lavara
	lavándonos	nos	lavamos	lavábamos	lavamos	lavaremos	lavaríamos	lavemos	laváramos
	lavándoos	os	laváis	lavabais	lavasteis	lavaréis	lavaríais	lavéis	lavarais
	lavándose	se	lavan	lavaban	lavaron	lavarán	lavarían	laven	lavaran

Regular and irregular reflexive verbs: Position of the reflexive pronouns with commands

Person	Affirmative	Negative	Affirmative	Negative	Affirmative	Negative
tú	lávate	no te laves	ponte	no te pongas	vístete	no te vistas
usted	lávese	no se lave	póngase	no se ponga	vístase	no se vista
nosotros	lavémonos	no nos lavemos	pongámonos	no nos pongamos	vistámonos	no nos vistamos
vosotros	lavaos	no os lavéis	poneos	no os pongáis	vestíos	no os vistáis
ustedes	lávense	no se laven	pónganse	no se pongan	vístanse	no se vistan

Regular and irregular reflexive verbs: Position of the reflexive pronouns in compound tenses*

	Indicative					Subjunctive	
Reflexive Pronoun	Present Perfect	Past Perfect	Preterite Perfect	Future Perfect	Conditional Perfect	Present Perfect	Past Perfect
me	he	había	hube	habré	habría	haya	hubiera
te	has	habías	hubiste	habrás	habrías	hayas	hubieras
se	ha	había	hubo	habrá	habría	haya	hubiera
nos	hemos	habíamos	hubimos	habremos	habríamos	hayamos	hubiéramos
os	habéis	habíais	hubisteis	habréis	habríais	hayáis	hubierais
se	han	habían	hubieron	habrán	habrían	hayan	hubieran

(Each of the above columns is followed by: lavado / puesto / vestido)

*The sequence of these three elements—the reflexive pronoun, the auxiliary verb **haber,** and the present perfect form—is invariable and no other words can come in between.

Regular and irregular reflexive verbs: Position of the reflexive pronouns with conjugated verb + infinitive**

	Indicative					Subjunctive	
Reflexive Pronoun	Present	Imperfect	Preterite	Future	Conditional	Present	Imperfect
me	voy a	iba a	fui a	iré a	iría a	vaya a	fuera a
te	vas a	ibas a	fuiste a	irás a	irías a	vayas a	fueras a
se	va a	iba a	fue a	irá a	iría a	vaya a	fuera a
nos	vamos a	íbamos a	fuimos a	iremos a	iríamos a	vayamos a	fuéramos a
os	vais a	ibais a	fuisteis a	iréis a	iríais a	vayáis a	fuerais a
se	van a	iban a	fueron a	irán a	irían a	vayan a	fueran a

(Each of the above columns is followed by: lavar / poner / vestir)

The reflexive pronoun can also be placed after the infinitive: voy a lavarme,** voy a poner**me,** voy a vestir**me,** and so on. Use the same structure for the present and the past progressive: **me** estoy lavando / estoy lavándo**me; me** estaba lavando / estaba lavándo**me.**

Irregular Verbs

andar, caber, caer

Infinitive	Past participle / Present participle	Indicative					Subjunctive	
		Present	Imperfect	Preterite	Future	Conditional	Present	Imperfect
andar *to walk; to go*	andado / andando	ando andas anda andamos andáis andan	andaba andabas andaba andábamos andabais andaban	anduve anduviste anduvo anduvimos anduvisteis anduvieron	andaré andarás andará andaremos andaréis andarán	andaría andarías andaría andaríamos andaríais andarían	ande andes ande andemos andéis anden	anduviera anduvieras anduviera anduviéramos anduvierais anduvieran
caber *to fit; to have enough space*	cabido / cabiendo	quepo cabes cabe cabemos cabéis caben	cabía cabías cabía cabíamos cabíais cabían	cupe cupiste cupo cupimos cupisteis cupieron	cabré cabrás cabrá cabremos cabréis cabrán	cabría cabrías cabría cabríamos cabríais cabrían	quepa quepas quepa quepamos quepáis quepan	cupiera cupieras cupiera cupiéramos cupierais cupieran
caer *to fall*	caído / cayendo	caigo caes cae caemos caéis caen	caía caías caía caíamos caíais caían	caí caíste cayó caímos caísteis cayeron	caeré caerás caerá caeremos caeréis caerán	caería caerías caería caeríamos caeríais caerían	caiga caigas caiga caigamos caigáis caigan	cayera cayeras cayera cayéramos cayerais cayeran

Commands

Person	andar Affirmative	andar Negative	caber Affirmative	caber Negative	caer Affirmative	caer Negative
tú	anda	no andes	cabe	no quepas	cae	no caigas
usted	ande	no ande	quepa	no quepa	caiga	no caiga
nosotros	andemos	no andemos	quepamos	no quepamos	caigamos	no caigamos
vosotros	andad	no andéis	cabed	no quepáis	caed	no caigáis
ustedes	anden	no anden	quepan	no quepan	caigan	no caigan

dar, decir, estar

Infinitive	Past participle / Present participle	Indicative					Subjunctive	
		Present	Imperfect	Preterite	Future	Conditional	Present	Imperfect
dar *to give*	dado / dando	doy / das / da / damos / dais / dan	daba / dabas / daba / dábamos / dabais / daban	di / diste / dio / dimos / disteis / dieron	daré / darás / dará / daremos / daréis / darán	daría / darías / daría / daríamos / daríais / darían	dé / des / dé / demos / deis / den	diera / dieras / diera / diéramos / dierais / dieran
decir *to say, to tell*	dicho / diciendo	digo / dices / dice / decimos / decís / dicen	decía / decías / decía / decíamos / decíais / decían	dije / dijiste / dijo / dijimos / dijisteis / dijeron	diré / dirás / dirá / diremos / diréis / dirán	diría / dirías / diría / diríamos / diríais / dirían	diga / digas / diga / digamos / digáis / digan	dijera / dijeras / dijera / dijéramos / dijerais / dijeran
estar *to be*	estado / estando	estoy / estás / está / estamos / estáis / están	estaba / estabas / estaba / estábamos / estabais / estaban	estuve / estuviste / estuvo / estuvimos / estuvisteis / estuvieron	estaré / estarás / estará / estaremos / estaréis / estarán	estaría / estarías / estaría / estaríamos / estaríais / estarían	esté / estés / esté / estemos / estéis / estén	estuviera / estuvieras / estuviera / estuviéramos / estuvierais / estuvieran

Commands

Person	dar Affirmative	dar Negative	decir Affirmative	decir Negative	estar Affirmative	estar Negative
tú	da	no des	di	no **digas**	está	no **estés**
usted	**dé**	no **dé**	diga	no **diga**	**esté**	no **esté**
nosotros	demos	no demos	**digamos**	no **digamos**	estemos	no estemos
vosotros	dad	no **deis**	decid	no **digáis**	estad	no estéis
ustedes	den	no den	**digan**	no **digan**	**estén**	no **estén**

haber*, hacer, ir

Infinitive	Past participle / Present participle	Indicative					Subjunctive	
		Present	Imperfect	Preterite	Future	Conditional	Present	Imperfect
haber* *to have*	habido habiendo	he has ha hemos habéis han	había habías había habíamos habíais habían	hube hubiste hubo hubimos hubisteis hubieron	habré habrás habrá habremos habréis habrán	habría habrías habría habríamos habríais habrían	haya hayas haya hayamos hayáis hayan	hubiera hubieras hubiera hubiéramos hubierais hubieran
hacer *do*	hecho haciendo	hago haces hace hacemos hacéis hacen	hacía hacías hacía hacíamos hacíais hacían	hice hiciste hizo hicimos hicisteis hicieron	haré harás hará haremos haréis harán	haría harías haría haríamos haríais harían	haga hagas haga hagamos hagáis hagan	hiciera hicieras hiciera hiciéramos hicierais hicieran
ir *to go*	ido yendo	voy vas va vamos vais van	iba ibas iba íbamos ibais iban	fui fuiste fue fuimos fuisteis fueron	iré irás irá iremos iréis irán	iría irías iría iríamos iríais irían	vaya vayas vaya vayamos vayáis vayan	fuera fueras fuera fuéramos fuerais fueran

***Haber** also has an impersonal form, **hay.** This form is used to express "There is, There are." The imperative of **haber** is not used.

Commands

Person	hacer		ir	
	Affirmative	Negative	Affirmative	Negative
tú	haz	no hagas	ve	no vayas
usted	haga	no haga	vaya	no vaya
nosotros	hagamos	no hagamos	vamos	no vayamos
vosotros	haced	no hagáis	id	no vayáis
ustedes	hagan	no hagan	vayan	no vayan

jugar, oír, oler

Infinitive	Past participle / Present participle	Indicative					Subjunctive	
		Present	Imperfect	Preterite	Future	Conditional	Present	Imperfect
jugar *to play*	jugado / jugando	**juego** / **juegas** / **juega** / jugamos / jugáis / **juegan**	jugaba / jugabas / jugaba / jugábamos / jugabais / jugaban	**jugué** / jugaste / jugó / jugamos / jugasteis / jugaron	jugaré / jugarás / jugará / jugaremos / jugaréis / jugarán	jugaría / jugarías / jugaría / jugaríamos / jugaríais / jugarían	**juegue** / **juegues** / **juegue** / **juguemos** / **juguéis** / **jueguen**	jugara / jugaras / jugara / jugáramos / jugarais / jugaran
oír *to hear, to listen*	oído / oyendo	**oigo** / **oyes** / **oye** / oímos / oís / **oyen**	oía / oías / oía / oíamos / oíais / oían	oí / oíste / **oyó** / oímos / oísteis / **oyeron**	oiré / oirás / oirá / oiremos / oiréis / oirán	oiría / oirías / oiría / oiríamos / oiríais / oirían	**oiga** / **oigas** / **oiga** / **oigamos** / **oigáis** / **oigan**	oyera / oyeras / oyera / oyéramos / oyerais / oyeran
oler *to smell*	olido / oliendo	**huelo** / **hueles** / **huele** / olemos / oléis / **huelen**	olía / olías / olía / olíamos / olíais / olían	olí / oliste / olió / olimos / olisteis / olieron	oleré / olerás / olerá / oleremos / oleréis / olerán	olería / olerías / olería / oleríamos / oleríais / olerían	**huela** / **huelas** / **huela** / olamos / oláis / **huelan**	oliera / olieras / oliera / oliéramos / olierais / olieran

Commands

Person	jugar Affirmative	jugar Negative	oír Affirmative	oír Negative	oler Affirmative	oler Negative
tú	**juega**	no **juegues**	**oye**	no **oigas**	**huele**	no **huelas**
usted	**juegue**	no **juegue**	**oiga**	no **oiga**	**huela**	no **huela**
nosotros	**juguemos**	no **juguemos**	**oigamos**	no **oigamos**	olamos	no olamos
vosotros	jugad	no **juguéis**	oíd	no **oigáis**	oled	no oláis
ustedes	**jueguen**	no **jueguen**	**oigan**	no **oigan**	**huelan**	no **huelan**

poder, poner, querer

Infinitive	Past participle / Present participle	Indicative					Subjunctive	
		Present	Imperfect	Preterite	Future	Conditional	Present	Imperfect
poder *to be able to, can*	podido / pudiendo	puedo	podía	pude	podré	podría	pueda	pudiera
		puedes	podías	pudiste	podrás	podrías	puedas	pudieras
		puede	podía	pudo	podrá	podría	pueda	pudiera
		podemos	podíamos	pudimos	podremos	podríamos	podamos	pudiéramos
		podéis	podíais	pudisteis	podréis	podríais	podáis	pudierais
		pueden	podían	pudieron	podrán	podrían	puedan	pudieran
poner* *to put*	puesto / poniendo	pongo	ponía	puse	pondré	pondría	ponga	pusiera
		pones	ponías	pusiste	pondrás	pondrías	pongas	pusieras
		pone	ponía	puso	pondrá	pondría	ponga	pusiera
		ponemos	poníamos	pusimos	pondremos	pondríamos	pongamos	pusiéramos
		ponéis	poníais	pusisteis	pondréis	pondríais	pongáis	pusierais
		ponen	ponían	pusieron	pondrán	pondrían	pongan	pusieran
querer *to want, to wish, to love*	querido / queriendo	quiero	quería	quise	querré	querría	quiera	quisiera
		quieres	querías	quisiste	querrás	querrías	quieras	quisieras
		quiere	quería	quiso	querrá	querría	quiera	quisiera
		queremos	queríamos	quisimos	querremos	querríamos	queramos	quisiéramos
		queréis	queríais	quisisteis	querréis	querríais	queráis	quisierais
		quieren	querían	quisieron	querrán	querrían	quieran	quisieran

*Similar verbs to poner: imponer, suponer.

Commands**

Person	poner		querer	
	Affirmative	Negative	Affirmative	Negative
tú	pon	no pongas	quiere	no quieras
usted	ponga	no ponga	quiera	no quiera
nosotros	pongamos	no pongamos	queramos	no queramos
vosotros	poned	no pongáis	quered	no queráis
ustedes	pongan	no pongan	quieran	no quieran

Note: The imperative of **poder is used very infrequently and is not included here.

saber, salir, ser

Infinitive	Past participle / Present participle	Indicative					Subjunctive	
		Present	Imperfect	Preterite	Future	Conditional	Present	Imperfect
saber *to know*	sabido sabiendo	sé sabes sabe sabemos sabéis saben	sabía sabías sabía sabíamos sabíais sabían	supe supiste supo supimos supisteis supieron	sabré sabrás sabrá sabremos sabréis sabrán	sabría sabrías sabría sabríamos sabríais sabrían	sepa sepas sepa sepamos sepáis sepan	supiera supieras supiera supiéramos supierais supieran
salir *to go out,* *to leave*	salido saliendo	salgo sales sale salimos salís salen	salía salías salía salíamos salíais salían	salí saliste salió salimos salisteis salieron	saldré saldrás saldrá saldremos saldréis saldrán	saldría saldrías saldría saldríamos saldríais saldrían	salga salgas salga salgamos salgáis salgan	saliera salieras saliera saliéramos salierais salieran
ser *to be*	sido siendo	soy eres es somos sois son	era eras era éramos erais eran	fui fuiste fue fuimos fuisteis fueron	seré serás será seremos seréis serán	sería serías sería seríamos seríais serían	sea seas sea seamos seáis sean	fuera fueras fuera fuéramos fuerais fueran

Commands

Person	saber		salir		ser	
	Affirmative	Negative	Affirmative	Negative	Affirmative	Negative
tú	sabe	no sepas	sal	no salgas	sé	no seas
usted	sepa	no sepa	salga	no salga	sea	no sea
nosotros	sepamos	no sepamos	salgamos	no salgamos	seamos	no seamos
vosotros	sabed	no sepáis	salid	no salgáis	sed	no seáis
ustedes	sepan	no sepan	salgan	no salgan	sean	no sean

sonreír, tener*, traer

Infinitive	Past participle / Present participle	Indicative					Subjunctive	
		Present	Imperfect	Preterite	Future	Conditional	Present	Imperfect
sonreír *to smile*	sonreído / sonriendo	sonrío sonríes sonríe sonreímos sonreís sonríen	sonreía sonreías sonreía sonreíamos sonreíais sonreían	sonreí sonreíste **sonrió** sonreímos sonreísteis **sonrieron**	sonreiré sonreirás sonreirá sonreiremos sonreiréis sonreirán	sonreiría sonreirías sonreiría sonreiríamos sonreiríais sonreirían	sonría sonrías sonría sonriamos sonriáis sonrían	sonriera sonrieras sonriera sonriéramos sonrierais sonrieran
tener* *to have*	tenido / teniendo	**tengo** **tienes** **tiene** tenemos tenéis **tienen**	tenía tenías tenía teníamos teníais tenían	**tuve** **tuviste** **tuvo** **tuvimos** **tuvisteis** **tuvieron**	**tendré** **tendrás** **tendrá** **tendremos** **tendréis** **tendrán**	**tendría** **tendrías** **tendría** **tendríamos** **tendríais** **tendrían**	**tenga** **tengas** **tenga** **tengamos** **tengáis** **tengan**	tuviera tuvieras tuviera tuviéramos tuvierais tuvieran
traer *to bring*	traído / trayendo	**traigo** traes trae traemos traéis traen	traía traías traía traíamos traíais traían	**traje** **trajiste** **trajo** **trajimos** **trajisteis** **trajeron**	traeré traerás traerá traeremos traeréis traerán	traería traerías traería traeríamos traeríais traerían	traiga traigas traiga traigamos traigáis traigan	trajera trajeras trajera trajéramos trajerais trajeran

*Many verbs ending in -tener are conjugated like **tener**: contener, detener, entretener(se), mantener, obtener, retener.

Commands

Person	sonreír		tener		traer	
	Affirmative	Negative	Affirmative	Negative	Affirmative	Negative
tú	**sonríe**	no **sonrías**	**ten**	no **tengas**	trae	no **traigas**
usted	**sonría**	no **sonría**	**tenga**	no **tenga**	traiga	no **traiga**
nosotros	**sonriamos**	no **sonriamos**	**tengamos**	no **tengamos**	traigamos	no **traigamos**
vosotros	sonreíd	no **sonriáis**	tened	no **tengáis**	traed	no **traigáis**
ustedes	**sonrían**	no **sonrían**	**tengan**	no **tengan**	**traigan**	no **traigan**

valer, venir*, ver

Infinitive	Past participle / Present participle	Indicative					Subjunctive	
		Present	Imperfect	Preterite	Future	Conditional	Present	Imperfect
valer *to be worth*	valido valiendo	valgo vales vale valemos valéis valen	valía valías valía valíamos valíais valían	valí valiste valió valimos valisteis valieron	valdré valdrás valdrá valdremos valdréis valdrán	valdría valdrías valdría valdríamos valdríais valdrían	valga valgas valga valgamos valgáis valgan	valiera valieras valiera valiéramos valierais valieran
venir* *to come*	venido viniendo	vengo vienes viene venimos venís vienen	venía venías venía veníamos veníais venían	vine viniste vino vinimos vinisteis vinieron	vendré vendrás vendrá vendremos vendréis vendrán	vendría vendrías vendría vendríamos vendríais vendrían	venga vengas venga vengamos vengáis vengan	viniera vinieras viniera viniéramos vinierais vinieran
ver *to see*	visto viendo	veo ves ve vemos veis ven	veía veías veía veíamos veíais veían	vi viste vio vimos visteis vieron	veré verás verá veremos veréis verán	vería verías vería veríamos veríais verían	vea veas vea veamos veáis vean	viera vieras viera viéramos vierais vieran

*Similar verb to venir: prevenir

Commands

Person	valer Affirmative	valer Negative	venir Affirmative	venir Negative	ver Affirmative	ver Negative
tú	vale	no valgas	ven	no vengas	ve	no veas
usted	valga	no valga	venga	no venga	vea	no vea
nosotros	valgamos	no valgamos	vengamos	no vengamos	veamos	no veamos
vosotros	valed	no valgáis	venid	no vengáis	ved	no veáis
ustedes	valgan	no valgan	vengan	no vengan	vean	no vean

AMÉRICA DEL SUR

Mapa de América del Sur

- MAR CARIBE
- OCÉANO ATLÁNTICO
- OCÉANO PACÍFICO

Países y ciudades:

- BELICE
- HONDURAS
- NICARAGUA
- Lago de Managua
- EL SALVADOR
- GUATEMALA
- PANAMÁ
- COSTA RICA
- Maracaibo
- Barranquilla
- Cartagena
- Caracas
- Lago de Maracaibo
- San Cristóbal
- Río Orinoco
- VENEZUELA
- Georgetown
- Paramaribo
- GUAYANA
- SURINAM
- Cayena
- Medellín
- Boa Vista
- Bogotá
- Cali
- COLOMBIA
- GUAYANA FRANCESA
- ECUADOR
- Quito
- ISLAS GALÁPAGOS
- Guayaquil
- Cuenca
- Iquitos
- Río Amazonas
- AMAZONAS
- PERÚ
- LOS ANDES
- BRASIL
- Machu Picchu
- Lima
- Ayacucho
- Cuzco
- BOLIVIA
- Lago Titicaca
- La Paz
- Santa Cruz
- Sucre
- Potosí
- Brasilia
- Río Paraná
- CHILE
- PARAGUAY
- Asunción
- São Paulo
- Río de Janeiro
- Iguazú
- OCÉANO ATLÁNTICO
- Río Uruguay
- Córdoba
- URUGUAY
- Viña del Mar
- Valparaíso
- Santiago
- Buenos Aires
- Montevideo
- Concepción
- ARGENTINA
- Bahía Blanca
- Río de la Plata
- Viedma
- ISLAS MALVINAS (Br.)
- Estrecho de Magallanes
- TIERRA DEL FUEGO

Escala:
- 0 250 500 750 1,000 MILLAS
- 0 500 1,000 1,500 KILÓMETROS

Mapa de inserción - ÁFRICA:
- NIGERIA
- ÁFRICA
- CAMERÚN
- Malabo
- GUINEA ECUATORIAL
- GABÓN
- 0 MILLAS 500
- 0 KILÓMETROS 750

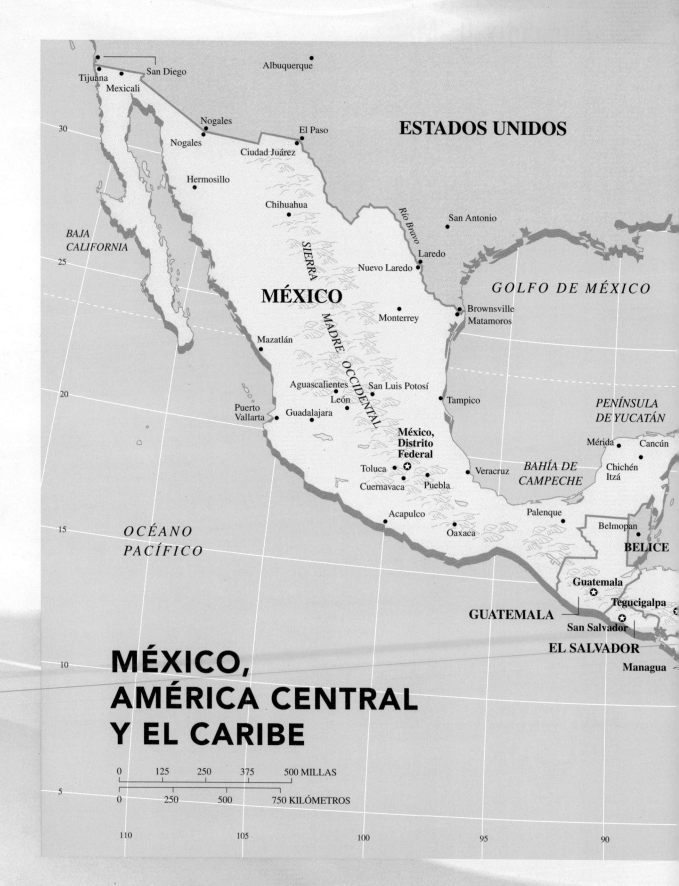

Albuquerque

Tijuana
San Diego
Mexicali

Nogales
Nogales
El Paso
Ciudad Juárez

ESTADOS UNIDOS

30

Hermosillo

Chihuahua

*BAJA
CALIFORNIA*

San Antonio

Río Bravo

Laredo
Nuevo Laredo

25

SIERRA

MÉXICO

GOLFO DE MÉXICO

Mazatlán

MADRE

Monterrey
Brownsville
Matamoros

OCCIDENTAL

Aguascalientes
San Luis Potosí
León

20

Puerto
Vallarta
Guadalajara

Tampico

*PENÍNSULA
DE YUCATÁN*

**México,
Distrito
Federal**

Toluca
Veracruz
Cuernavaca
Puebla

*BAHÍA DE
CAMPECHE*

Mérida
Cancún

Chichén
Itzá

Acapulco

Palenque

15

*OCÉANO
PACÍFICO*

Oaxaca

Belmopan

BELICE

Guatemala

Tegucigalpa

GUATEMALA

San Salvador

EL SALVADOR

10

MÉXICO,
AMÉRICA CENTRAL
Y EL CARIBE

Managua

| 0 | 125 | 250 | 375 | 500 MILLAS |

| 0 | 250 | 500 | 750 KILÓMETROS |

5

110
105
100
95
90

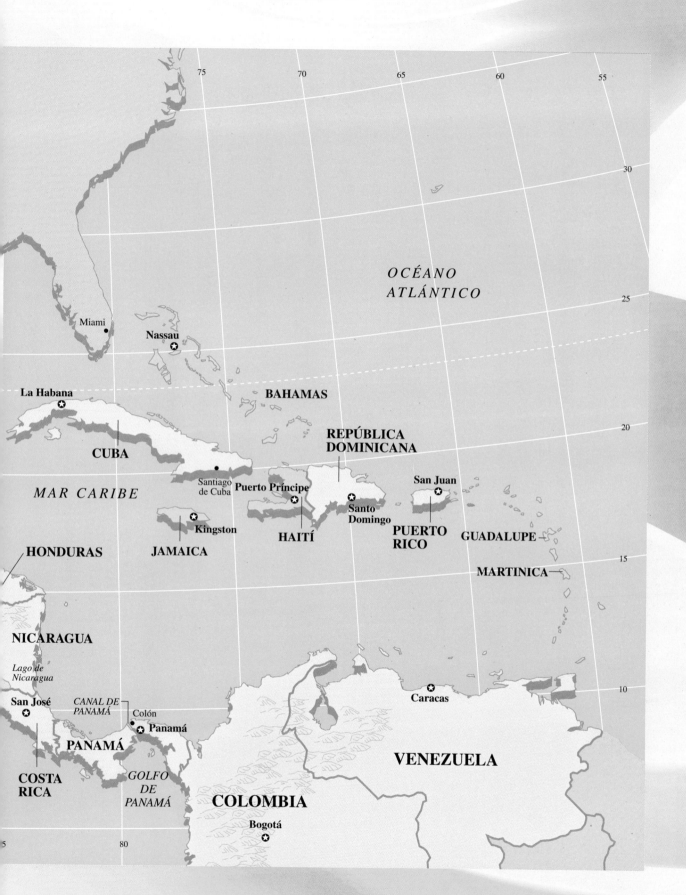

75 70 65 60 55

*OCÉANO
ATLÁNTICO*

30

25

Miami

Nassau

La Habana

BAHAMAS

**REPÚBLICA
DOMINICANA**

20

CUBA

MAR CARIBE

Santiago
de Cuba

Puerto Príncipe

San Juan

Santo
Domingo

**PUERTO
RICO**

GUADALUPE

Kingston

HAITÍ

HONDURAS

JAMAICA

MARTINICA

15

NICARAGUA

*Lago de
Nicaragua*

Caracas

10

San José

*CANAL DE
PANAMÁ*

Colón

Panamá

PANAMÁ

**COSTA
RICA**

*GOLFO
DE
PANAMÁ*

VENEZUELA

COLOMBIA

Bogotá

5 80

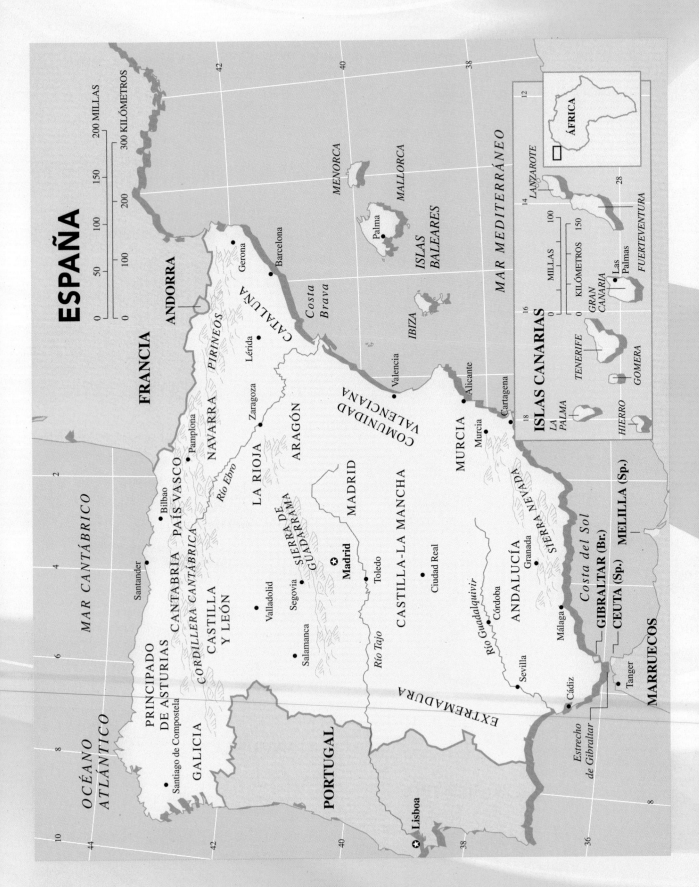

ESPAÑA

FRANCIA

ANDORRA

OCÉANO ATLÁNTICO

MAR CANTÁBRICO

200 MILLAS
150
100
50
0

300 KILÓMETROS
200
100
0

PRINCIPADO DE ASTURIAS

Santiago de Compostela

GALICIA

PORTUGAL

Lisboa

EXTREMADURA

CANTABRIA
PAÍS VASCO
Santander
Bilbao
CORDILLERA CANTÁBRICA

CASTILLA Y LEÓN

Valladolid

Salamanca

Segovia
SIERRA DE GUADARRAMA

NAVARRA
Pamplona
Río Ebro

LA RIOJA

PIRINEOS

CATALUÑA
Lérida
Gerona

ANDORRA

Barcelona

Costa Brava

Zaragoza

ARAGÓN

MADRID
Madrid

Toledo

CASTILLA-LA MANCHA

Ciudad Real

Río Tajo

COMUNIDAD VALENCIANA

Valencia

Alicante

MURCIA
Murcia

Cartagena

MENORCA

MALLORCA
Palma

IBIZA

ISLAS BALEARES

MAR MEDITERRÁNEO

ANDALUCÍA

Río Guadalquivir

Córdoba

Granada
SIERRA NEVADA

Sevilla

Cádiz

Málaga

Costa del Sol

GIBRALTAR (Br.)

CEUTA (Sp.)

MELILLA (Sp.)

Estrecho de Gibraltar

Tánger

MARRUECOS

ISLAS CANARIAS

LANZAROTE

FUERTEVENTURA

GRAN CANARIA
Las Palmas

TENERIFE

GOMERA

LA PALMA

HIERRO

100 MILLAS
50
0

150 KILÓMETROS
100
0

ÁFRICA

44
42
40
38
36

10
8
6
4
2

42
40
38

12
14
16
18

28

Chapter 6

>> ## Gramática útil 1

Indicating location: Prepositions of location

Cómo usarlo

Use prepositions of location to say where something is positioned in relation to other objects, or where it is located in general.

El restaurante está **frente a** la iglesia.	*The restaurant is **facing** the church.*
El café está **dentro del** almacén.	*The café is **inside** the department store.*

Cómo formarlo

1. Commonly used prepositions of location include the following.

al lado de	*next to, on the side of*	La farmacia está **al lado del** hospital.
entre	*between*	La farmacia está **entre el** hospital y la oficina de correos.
delante de	*in front of*	La joyería está **delante del** hotel.
enfrente de	*in front of, opposite*	La joyería está **enfrente del** hotel.
frente a	*in front of, facing, opposite*	La joyería está **frente al** hotel.
detrás de	*behind*	El hotel está **detrás de** la joyería.
debajo de	*below, underneath*	Los libros están **debajo de** la mesa.
encima de	*on top of, on*	El cuaderno está **encima de** los libros.
sobre	*on, above*	La comida está **sobre** la mesa.
dentro de	*inside of*	El libro está **dentro de** la mochila.
fuera de	*outside of*	El pan está **fuera del** refrigerador.
lejos de	*far from*	El súper está **lejos de** la universidad.
cerca de	*close to*	La panadería está **cerca del** hotel.

Usage of **enfrente de, delante de,** and **frente a** varies from country to country. However, they are more or less equivalent to each other.

Some of these prepositions can be used without the **de** as adverbs. For example, **El museo está cerca.**

Remember that when **de** or **a** follows a preposition of location, they combine with **el** to form **del** and **al: frente al hotel, dentro del refrigerador.**

2. Since these prepositions provide information about *location*, they are frequently used with the verb **estar**, which, as you learned in **Chapter 4**, is used to say where something is located.

>> Gramática útil 2

Telling others what to do: Commands with usted and ustedes

Cómo usarlo

1. You have already been seeing command forms in direction lines. In Spanish, there are two sets of singular command forms, since there are two ways to address people directly (**tú** and **usted**). The informal commands, which you will learn in **Chapter 7**, are used with people you would address as **tú**. In this chapter you will learn formal commands, as well as plural commands with **ustedes**.

2. Command forms are not used as frequently in Spanish as they are in English. For example, in **Chapter 4** you learned that courteous, softening expressions are often used instead of commands: **¿Le importa si uso la computadora?** instead of **Déjeme** (*Let me*) **usar la computadora.**

3. However, one situation in which command forms are almost always used is in giving instructions to someone, such as directions to a specific location.

Siga derecho hasta la esquina. Allí **doble** a la izquierda.

Continue straight ahead until the corner. *Turn* left there.

Camine tres cuadras hasta llegar a la farmacia. Allí **doble** a la derecha y **cruce** la calle. La carnicería está al lado del banco.

Walk three blocks until you arrive at the pharmacy. There, *turn* right and *cross* the street. The butcher shop is next to the bank.

Cómo formarlo

LO BÁSICO

A *command* form, also known as an *imperative* form, is used to issue a direct order to someone you are addressing: <u>**Vaya**</u> **a la esquina y** <u>**doble**</u> **a la derecha.** (<u>*Go*</u> *to the corner and* <u>***turn***</u> *right.*)

1. The chart below shows the singular formal (**usted**) and plural (**ustedes**) command forms of the verb **seguir** (*to go, to follow*).

	Singular	Plural
affirmative	siga	sigan
negative	no siga	no sigan

2. Here are the rules for forming the **usted** and **ustedes** command forms of most verbs. These are true for the affirmative and negative commands.

- Take the **yo** form of the verb in the present indicative. Remove the **o** and add **e** for **-ar** verbs or **a** for **-er / -ir** verbs, to create the **usted** command.

  poner: → pongo → pong- + a → **ponga**

- Add an **n** to the **usted** command form to create the **ustedes** command.

  ponga → **pongan**

> By using the **yo** form of the present indicative, you have already incorporated any irregularities in the verb. Now they automatically carry over into the command form.

infinitive	yo form minus the -o ending	plus e / en for -ar verbs OR a / an for -er / -ir verbs	usted / ustedes command forms
hablar	habl-	+ e / en	**hable / hablen**
pensar	piens-	+ e / en	**piense / piensen**
tener	teng-	+ a / an	**tenga / tengan**
decir	dig-	+ a / an	**diga / digan**
escribir	escrib-	+ a / an	**escriba / escriban**
servir	sirv-	+ a / an	**sirva / sirvan**

3. A few command forms require spelling changes to maintain the original pronunciation of the verb.

- verbs ending in **-car:** change the **c → qu:**

  buscar: → **busco** → **busque / busquen**

- verbs ending in **-zar:** change the **z → c:**

  empezar: → **empiezo** → **empiece / empiecen**

- verbs ending in **-gar:** change the **g → gu:**

  pagar: → **pago** → **pague / paguen**

4. A few verbs have irregular **usted** and **ustedes** command forms: **dar (dé / den), estar (esté / estén), ir (vaya / vayan), saber (sepa / sepan),** and **ser (sea / sean).**

5. For the command forms of reflexive verbs, attach the reflexive pronoun to the *end* of *affirmative* **usted / ustedes** commands and place it *before negative* **usted / ustedes** commands.

> Note that you add a written accent to the stressed syllable of the affirmative command form to retain the original pronunciation.

Prepárese para una sorpresa.　　　***Prepare yourself*** *for a surprise.*
No se ponga nervioso.　　　***Don't get*** *nervous.*

6. Here are words and phrases for giving directions.

¿Me puede decir cómo llegar a...?	*Can you tell me how to get to . . .?*
¿Me puede decir dónde queda...?	*Can you tell me where . . . is located?*
Cómo no. Vaya...	*Of course. Go . . .*
... a la avenida... / la calle...	*. . . to the avenue . . . / street . . .*
... a la derecha / izquierda / la esquina.	*. . . to the right / the left / the corner.*
... (dos) cuadras.	*. . . (two) blocks.*
... (todo) derecho.	*. . . (straight) ahead.*

bajar (baje)	*to get down from, to get off of (a bus, etc.)*
caminar (camine)	*to walk*
cruzar (cruce)	*to cross*
doblar (doble)	*to turn*
seguir (i) (siga)	*to continue*
subir (suba)	*to go up, to get on*

7. You may soften commands by adding **por favor** or by using these phrases.

Me gustaría / Quisiera (+ infinitive)...	*I'd like (+ infinitive) . . .*
Por favor, ¿(me) puede (+ infinitive)**?**	*Please, can you (+ infinitive) (me)?*
¿Pudiera / Podría usted (+ infinitive)**?**	*Could you (+ infinitive)?*

—**Me gustaría** comer. **¿Pudiera** recomendarme un restaurante?
—Cómo no. El Farol del Mar es buenísimo.
—¿**Me puede** decir si está lejos?
—Está muy cerca. **¿Quisiera** saber cómo llegar?
—Sí. ¡Muchas gracias! Y también **me gustaría** tener la dirección.

>> Gramática útil 3

Affirming and negating: Affirmative and negative expressions

Cómo usarlo

1. There are a number of words and expressions that are used to express affirmatives and negatives in Spanish. Notice that a double negative form is often used in Spanish, where as it is hardly ever used in English.

No conozco a **nadie** aquí.	*I don't know anyone here.*
¿Conoces **a alguien** aquí?	*Do you know anyone here?*
No quiero ni este libro **ni** ése.	*I don't want this book or that one.*

2. Remember to use the personal **a** that you learned in **Chapter 5** when you refer to people: **No conozco a nadie aquí.**

1. Here are some frequently used affirmative and negative words in Spanish. You have already learned some of these, such as **también, siempre**, and **nunca**.

alguien	*someone*	**nadie**	*no one, nobody*
algo	*something*	**nada**	*nothing*
algún / alguno (a, os, as)	*some, any*	**ningún / ninguno(a)**	*none, no, not any*
siempre	*always*	**nunca / jamás**	*never*
también	*also*	**tampoco**	*neither, not either*
o... o...	*either / or*	**ni... ni...**	*neither / nor*

2. Most of these words do not change, regardless of the number or gender of the words they modify. However, the words **alguno** and **ninguno** can also be used as *adjectives*. In this case, they must change to agree with the nouns they modify. Additionally, when they are used before a masculine noun they shorten to **algún** and **ningún**.

—¿Tienes **algún** libro sobre la informática?

*Do you have **a (any)** book about computer science?*

—No, no tengo **ningún** libro sobre ese tema. Pero tenemos **algunos** libros muy interesantes sobre las redes sociales.

*No, I don't have **a (any)** book on that subject. But we do have **some** very interesting books about social networks.*

—No, gracias, ya tengo **algunas** revistas. ¿No tienes **ninguna** sugerencia sobre otros libros?

*No, thanks, I already have **some** magazines. You don't have **any** suggestions for other books?*

3. **Alguno** and **ninguno** can also be used as *pronouns* to replace a noun already referred to. In this case, they match the number and gender of that noun.

—¿Quieres estos **libros?**

*Do you want these **books?***

—No, gracias, ya tengo **algunos.**

*No, thanks, I already have **some.***

—¿No quieres una **revista?**

*Don't you want a **magazine?***

—No, no necesito **ninguna.**

*No, I don't need **any (one).***

> The plural forms of **ninguno** and **ninguna**— **ningunos** and **ningunas**—are not frequently used.

4. Notice how in Spanish, unlike English, even when more than one negative expression is used in a sentence, the meaning remains negative.

Nunca hay **nadie** aquí.

*There's **never anyone** here.*

No está **ni** Leo **ni** Ana **tampoco.**

Neither** Leo **nor** Ana is here **either.

> Notice that when a negative word precedes the verb, the word **no** is not used: **Nadie viene.** When the negative word comes after the verb, however, you must use **no** directly before the verb: **No viene nadie.**

>> Gramática útil 4

Indicating relative position of objects: Demonstrative adjectives and pronouns

Cómo usarlo

In everyday speech **ese** and **aquel** are often used interchangeably.

Demonstrative adjectives and pronouns indicate *relative distance* from the speaker. **Este** is something very close to the speaker, **ese** is something a little farther away, and **aquel** is something at a distance *(over there)*.

1. Demonstrative adjectives:

Esta casa es bonita. También me gusta **esa** casa, pero **aquella** casa es fea.

This house is pretty. I also like that house but that house (over there) is ugly.

2. Demonstrative pronouns:

De los autos me gusta **éste**, pero **ése** también es bueno. **Aquél** no me gusta.

Of the cars I like this one, but that one is also good. I don't like that one (over there).

Cómo formarlo

The only spelling difference between demonstrative adjectives and pronouns is that the pronouns are usually written with an accent. Although accents on demonstrative pronouns were required in the past, the **Real Academia de la Lengua Española** has ruled that they are not necessary. However, most Spanish speakers continue to use these accents. This textbook uses them for the purpose of clarity.

LO BÁSICO

A demonstrative adjective modifies a noun. A demonstrative pronoun is used instead of a noun.

1. Demonstrative adjectives and pronouns change to reflect gender and number. Demonstrative *adjectives* reflect the gender and number of the nouns they *modify*. Demonstrative *pronouns* reflect the gender and number of the nouns they *replace*.

	Demonstrative adjectives	Demonstrative pronouns
this; these *(close)*	este, esta; estos, estas	éste, ésta; éstos, éstas
that; those *(farther)*	ese, esa; esos, esas	ése, ésa; ésos, ésas
that; those *(at a distance)*	aquel, aquella; aquellos, aquellas	aquél, aquélla; aquéllos, aquéllas

2. Use these words with demonstrative adjectives and pronouns: **aquí** (*here,* often used with **este**), **allí** (*there,* often used with **ese**), and **allá** (*over there,* often used with **aquel**).

Esto and **eso** do not change their forms; they are invariable forms.

3. **Esto** and **eso** are neutral pronouns that refer to a concept or something that has already been said: <u>Eso</u> es lo que dijo la profesora. Todo <u>esto</u> es muy interesante.

Chapter 7

Gramática útil 1

Talking about what you did: The preterite tense of regular verbs

Cómo usarlo

LO BÁSICO

A *verb tense* is a form of a verb that indicates the time of an action: the past, present, or future. You have already been using the present indicative (**Estudio en la biblioteca**) and the present progressive (**Estoy hablando por teléfono**) tenses.

When you want to talk in Spanish about actions that occurred and were completed in the past, you use the *preterite tense*. The preterite is used to describe

- actions that began and ended in the past;
- conditions or states that existed completely within the past.

Me desperté, leí el periódico y **salí** para el gimnasio.	*I woke up, I read the newspaper, and I left for the gym.*
Fui secretario bilingüe por dos años.	*I was a bilingual secretary for two years.*
Estuve muy cansada ayer.	*I was very tired yesterday.*

> Spanish uses another past tense called the *imperfect* to talk about past actions that were routine or ongoing. You will learn more about this tense in **Chapter 9**.

Cómo formarlo

1. To form the preterite tense of regular **-ar, -er**, and **-ir** verbs, you remove that ending from the infinitive and add the following endings to the verb stem.

	-ar verb: **bailar**		**-er** and **-ir** verbs: **comer / escribir**		
yo	**-é**	bail**é**	**-í**	com**í**	escrib**í**
tú	**-aste**	bail**aste**	**-iste**	com**iste**	escrib**iste**
Ud. / él / ella	**-ó**	bail**ó**	**-ió**	com**ió**	escrib**ió**
nosotros / nosotras	**-amos**	bail**amos**	**-imos**	com**imos**	escrib**imos**
vosotros / vosotras	**-asteis**	bail**asteis**	**-isteis**	com**isteis**	escrib**isteis**
Uds. / ellos / ellas	**-aron**	bail**aron**	**-ieron**	com**ieron**	escrib**ieron**

> Note that reflexive verbs use the same endings.
> **Lavarse: me lavé, te lavaste, se lavó, nos lavamos, se lavaron.**
> **Reunirse: me reuní, te reuniste, se reunió, nos reunimos, se reunieron.**

2. Notice that the preterite forms of **-er** and **-ir** verbs are the same.

3. Notice that only the **yo** and **Ud. / él / ella** forms are accented.

4. The **nosotros** forms of the preterite and the present indicative of **-ar** and **-ir** verbs are the same. You can tell which is being used by context.

Bailamos todos los fines de semana.   (present)
Bailamos salsa con Mario ayer.   (past)

5. All stem-changing verbs that end in **-ar** or **-er** are regular in the preterite.

Stem-changing verbs that end in **-ir** also have stem changes in the preterite. You will learn these forms in **Chapter 8.**

Me desperté a las ocho cuando **sonó** el teléfono.	*I woke up at 8:00 when the telephone rang.*
Volví temprano de mis vacaciones porque **perdí** mi pasaporte.	*I returned early from my vacation because I lost my passport.*

6. Many of the verbs you have already learned are regular in the preterite tense. A few have some minor changes.

  ■ Verbs that end in **-car, -gar**, and **-zar** have a spelling change in the **yo** form to maintain the correct pronunciation.

  -**car:** **c → qu** sacar: **saqué**, sacaste, sacó, sacamos, sacasteis, sacaron
  -**gar:** **g → gu** llegar: **llegué**, llegaste, llegó, llegamos, llegasteis, llegaron
  -**zar:** **z → c** cruzar: **crucé**, cruzaste, cruzó, cruzamos, cruzasteis, cruzaron

  ■ Verbs that end in **-eer**, as well as the verb **oír**, change **i** to **y** in the two third-person forms. Note the accent on the **-íste, -ímos**, and **-ísteis** endings.

  leer: leí, leíste, leyó, leímos, leísteis, leyeron
  creer: creí, creíste, creyó, creímos, creísteis, creyeron
  oír: oí, oíste, oyó, oímos, oísteis, oyeron

7. You have already learned the word **ayer.** Here are some other useful time expressions to use with the preterite tense: **anoche** *(last night)*, **anteayer** *(the day before yesterday)*, **la semana pasada** *(last week)*, **el mes pasado** *(last month)*, **el año pasado** *(last year)*.

>> Gramática útil 2

Talking about what you did: The preterite tense of some common irregular verbs

Cómo usarlo

As you learned in **Gramática útil 1,** the preterite is a Spanish past-tense form that is used to talk about actions that occurred and were completed in the past. It describes actions that began and ended in the past and refers to things that happened and are over with, whether they happened just once or over time.

Fuimos al restaurante.	*We went to the restaurant.*
Hicimos deporte todo el día.	*We played sports all day.*
¡Estuvimos bien cansados!	*We were really tired!*

Cómo formarlo

1. Here are the irregular preterite forms of some frequently used verbs.

	estar	hacer	ir	ser
yo	estuve	hice	fui	fui
tú	estuviste	hiciste	fuiste	fuiste
Ud. / él / ella	estuvo	hizo	fue	fue
nosotros / nosotras	estuvimos	hicimos	fuimos	fuimos
vosotros / vosotras	estuvisteis	hicisteis	fuisteis	fuisteis
Uds. / ellos / ellas	estuvieron	hicieron	fueron	fueron

	dar	ver	decir	traer
yo	di	vi	dije	traje
tú	diste	viste	dijiste	trajiste
Ud. / él / ella	dio	vio	dijo	trajo
nosotros / nosotras	dimos	vimos	dijimos	trajimos
vosotros / vosotras	disteis	visteis	dijisteis	trajisteis
Uds. / ellos / ellas	dieron	vieron	dijeron	trajeron

Ver is irregular only because it does not carry accents in the **yo** and **Ud. / él / ella** forms. **Dar** is irregular because it uses the regular **-er / -ir** endings rather than the **-ar** endings.

2. Verbs that end in **-cir** follow the same pattern as **traer** and **decir**.

conducir: conduje, condujiste, condujo, condujimos, condujisteis, condujeron

producir: produje, produjiste, produjo, produjimos, produjisteis, produjeron

traducir: traduje, tradujiste, tradujo, tradujimos, tradujisteis, tradujeron

3. Notice that although these irregular verbs do for the most part use the regular endings, they have internal changes to the stem that must be memorized.

4. Notice that none of these verbs requires accents in the preterite.

5. Notice that **ser** and **ir** have the same forms in the preterite. But because the verbs have such different meanings, it is usually fairly easy to tell which one is being used.

Fuimos estudiantes durante esos años.	**We were** students during those years.
Todos **fuimos** a una fiesta muy alegre.	**We** all **went** to a really fun party.

Gramática útil 3

Referring to something already mentioned: Direct object pronouns

Cómo usarlo

LO BÁSICO

A *direct object* is a noun or noun phrase that receives the action of a verb: I buy *a book*. We invite *our friends*. *Direct object pronouns* are pronouns that replace direct object nouns or phrases: I buy *it*. We invite *them*. Often you can identify the direct object of the sentence by asking *what?* or *whom?*: We buy *what? (a book / it)* / We invite *whom? (our friends / them)*.

You use direct object pronouns in both Spanish and English to avoid repetition and to refer to things or people that have already been mentioned. Look at the following passage in Spanish and notice how much repetition there is.

> **Quiero hablar con María. Llamo a María por teléfono e invito a María a visitar a mis padres. Visito a mis padres casi todos los fines de semana.**

Now read the passage after it's been rewritten using direct object pronouns to replace some of the occasions when the nouns **María** and **padres** were used previously. (The direct object pronouns appear underlined.)

> **Quiero hablar con María. <u>La</u> llamo por teléfono y <u>la</u> invito a visitar a mis padres. <u>Los</u> visito casi todos los fines de semana.**

Cómo formarlo

1. Here are the direct object pronouns in Spanish.

Singular		Plural	
me	*me*	**nos**	*us*
te	*you (fam.)*	**os**	*you (fam.)*
lo	*you (form. masc.), him, it*	**los**	*you (form. masc.), them, it*
la	*you (form., fem.), she, it*	**las**	*you (form. fem.), them, it*

2. The third-person direct object pronouns in Spanish must agree in gender and number with the noun they replace.

Compramos **el libro.**	→	**Lo** compramos.
Compramos **la raqueta.**	→	**La** compramos.
Compramos **los libros.**	→	**Los** compramos.
Compramos **las raquetas.**	→	**Las** compramos.

3. Pay particular attention to the **lo / la** and **los / las** forms, because they can have a variety of meanings. For example, **Lo llamo** can mean *I call **you*** (formal, male) or *I call **him***. **La llamo** can mean *I call **you*** (formal, female) or *I call **her***. Look at the possible meanings for the **los** and **las** forms.

Los llamo. → *I call **them**. (at least two men, or a man and a woman)*
*I call **you**. (formal, at least two people, at least one male)*

Las llamo. → *I call **them**. (at least two women)*
*I call **you**. (polite form, at least two women)*

4. Direct object pronouns always come *before* a *conjugated verb* used by itself.

Me llamas el viernes, ¿no?	*You'll call **me** on Friday, right?*
Te invito a la fiesta.	*I'm inviting **you** to the party.*

Notice that when the direct object pronoun attaches to the present participle, you must add an accent to the next-to-last syllable of the present participle to maintain the correct pronunciation: **llamándote**.

5. When a direct object pronoun is used with an *infinitive* or with the *present progressive*, it may come *before* the conjugated verb or it may be *attached* to the infinitive or to the present participle.

Te voy a llamar.	OR:	Voy a llamar**te**.
Te estoy llamando.	OR:	Estoy llamándo**te**.

6. When a direct object pronoun is used with a *command form*, it *attaches to the end of the affirmative command* but *comes before the negative command* form.

Hágalo ahora, por favor.   BUT: **No lo haga** ahora, por favor.

7. When you use direct object pronouns with *reflexive pronouns*, the *reflexive pronouns come before the direct object pronouns*.

Again, notice that when the direct object pronoun attaches to the command form, you must add an accent to the next-to-last syllable of command forms of two or more syllables in order to maintain the correct pronunciation: **hágalo**.

Me estoy lavando **la cara** con jabón.	*I am washing **my face** with soap.*
Me **la** estoy lavando con jabón.	*I am washing **it** with soap.*
Estoy lavándome **la cara** con jabón.	*I am washing **my face** with soap.*
Estoy lavándome**la** con jabón.	*I am washing **it** with soap.*

>> Gramática útil 4

Telling friends what to do: **Tú** command forms

Cómo usarlo

1. You have already learned the polite and plural (**usted** and **ustedes**) command forms in **Chapter 6**. Now you will learn the informal command form that you use with people you address as **tú**. (You see these forms in activity direction lines.)

Habla con Claudia.	***Talk** to Claudia.*
Pero **no hables** con Leo.	*But **don't talk** to Leo.*

The **vosotros** command forms, which are the plural informal command forms used in Spain, are not provided in this textbook because **ustedes** forms are used more universally.

2. Remember that when you are addressing more than one person informally you use **ustedes** forms, just as you do when you address more than one person formally. In much of the Spanish-speaking world there is no "plural" **tú** command.

3. Because you mostly use informal command forms to address friends, small children, or animals, you don't need to worry about making your requests sound as polite as in formal settings. However, it never hurts to use a softening expression like the ones that follow.

¿Me puedes decir / Me dices…?	*Can you tell me . . . ?*
¿Puedes + *infinitive*…?	*Can you + infinitive . . . ?*
¿Quieres / Quisieras + *infinitive*…?	*Would you like to + infinitive . . . ?*
¿Te importa…?	*Would / Does it matter to you . . . ?*
¿Te molesta…?	*Would / Does it bother you . . . ?*

Cómo formarlo

1. Unlike the **usted** and **ustedes** forms that you learned in **Chapter 6**, **tú** commands have one form for affirmative commands and one form for negative commands.

2. To form the affirmative **tú** command form, simply use the **usted / él / ella** present-indicative form of the verb.

Affirmative **tú** command forms		
-ar verb	**-er** verb	**-ir** verb
tomar → **toma**	beber → **bebe**	escribir → **escribe**

3. To form the negative **tú** command form, take the affirmative **tú** command, and replace the final vowel with **es** for **-ar** verbs and with **as** for **-er** / **-ir** verbs.

> Notice that the negative **tú** commands are the same as the **usted** command forms, but with an **s** added. **Usted** command: **hable;** negative **tú** command: **no hables.**

Negative **tú** command forms			
	-ar verb **hablar**	**-er** verb **beber**	**-ir** verb **escribir**
affirmative **tú** command	habla	bebe	escribe
negative **tú** command	no **hables**	no **bebas**	no **escribas**

4. These **tú** command forms are irregular and must be memorized.

> Notice that the **tú** command for **ser (sé)** is the same as the first person of **saber (sé)**. Context will clarify which is meant: **¡Sé bueno!** vs. **Sé que Manuel es bueno.** The same is true for the command forms of **ir (ve)** and **ver (ve): Ve a clase.** vs. **Ve ese programa.**

	Affirmative **tú** command	Negative **tú**
decir	di	no digas
hacer	haz	no hagas
ir	ve	no vayas
poner	pon	no pongas
salir	sal	no salgas
ser	sé	no seas
tener	ten	no tengas
venir	ven	no vengas

5. As with **usted** command forms, *reflexive pronouns* and *direct object pronouns* attach to affirmative **tú** commands and come before negative **tú** commands. Note that you need to add an accent to the next-to-last syllable of the command form when attaching pronouns.

¡**Despiértate**, ya es tarde!	*Wake up, it's late!*
¡**No te acuestes** ahora!	*Don't go to bed now!*
Llámame.	*Call me.*
No me llames después de las once.	*Don't call me after 11:00.*

Chapter 8

>> **Gramática útil 1**

Talking about what you did: The preterite tense of more irregular verbs

Cómo usarlo

1. In Spanish, as in English, many of the verbs you use most are irregular. In this chapter you will learn the preterite forms of **andar, haber, poder, poner, querer, saber, tener,** and **venir.** Notice that most of these verbs are also irregular in the present indicative.

2. The preterite forms of **conocer, saber, poder,** and **querer** can mean something slightly different from their meaning in the present indicative.

	Present indicative meaning	Different preterite meaning
conocer	*to know someone, to be acquainted with*	*to meet*
saber	*to know a fact*	*to find out some information*
poder	*to be able to do something*	*to accomplish something*
no poder	*to not be able to*	*to try to do something and fail*
querer	*to want; to love*	*to try to do something*
no querer	*to not want, love*	*to refuse to do something*

Elena **quiso** llamarme pero **no pudo** encontrar su celular.	Elena **tried** to call me but **was unable (failed)** to find her cell phone.
Conocí al padre de Beto y **supe** que Beto está en Colombia.	**I met** Beto's father and **found out** that Beto is in Colombia.
Pude completar el trabajo pero **no quise** ir a la oficina.	**I succeeded in** finishing the work, but **I refused** to go to the office.

3. When referring to a specific time period in the past, most of these verbs keep their original meaning in the preterite: **Mi ex novio me quiso mucho, pero mi novio actual me quiere más.**

> The preterite can be used here because the focus is on the moment or the duration of the action described.

4. Notice that while the rest of these verbs are irregular in the preterite, **conocer** is regular in this tense. Its only irregularity is its **yo** form in the present tense: **conozco**.

> **Hubo** is the preterite equivalent of **hay**. Like **hay**, it is a third-person invariable form that is used whether the subject is singular or plural: **Hubo unas ofertas increíbles en las tiendas la semana pasada. Haber** is the infinitive from which **hay** and **hubo** come.

Cómo formarlo

Here are the preterite forms of these irregular verbs. Some verbs are somewhat similar in their irregular stems, so they are grouped together to help you memorize them more easily.

andar:	anduv-	anduve, anduviste, anduvo, anduvimos, anduvisteis, anduvieron
tener:	tuv-	tuve, tuviste, tuvo, tuvimos, tuvisteis, tuvieron
poder:	pud-	pude, pudiste, pudo, pudimos, pudisteis, pudieron
poner:	pus-	puse, pusiste, puso, pusimos, pusisteis, pusieron
saber:	sup-	supe, supiste, supo, supimos, supisteis, supieron
hay:		hubo (invariable)
querer:	quis-	quise, quisiste, quiso, quisimos, quisisteis, quisieron
venir:	vin-	vine, viniste, vino, vinimos, vinisteis, vinieron

> Notice that although these verbs change their stems, they share the same endings (-e, -iste, -o, -imos, -isteis, -ieron).

>> Gramática útil 2

Talking about what you did: The preterite tense of -ir stem-changing verbs

Cómo formarlo

1. As you learned in **Chapter 7,** the only stem-changing verbs that also change in the preterite are verbs that end in **-ir.** Present-tense stem-changing verbs that end in **-ar** and **-er** do not change their stem in the preterite.

2. In the preterite, **-ir** stem-changing verbs only experience the stem change in the third-person singular **(usted / él / ella)** and third-person plural **(ustedes / ellos / ellas)** forms.

- Verbs that change **e → ie** in the present change **e → i** in the preterite.

> **preferir:** preferí, preferiste, **prefirió**, preferimos, preferisteis, **prefirieron**
> Similar verbs you already know: **divertirse, sentirse**
> New verb of this kind: **sugerir (ie, i)** *to suggest*

- Verbs that change **e → i** in the present also change **e → i** in the preterite.

  pedir: pedí, pediste, pidió, pedimos, pedisteis, pidieron
  Similar verbs you already know: **despedirse, reírse, repetir, seguir, servir, vestir, vestirse**
  New verbs of this kind: **conseguir (i, i)** *to get, to have;* **sonreír (i, i)** *to smile*

- Verbs that change **o → ue** in the present change **o → u** in the preterite.

  dormir: dormí, dormiste, durmió, dormimos, dormisteis, durmieron
  New verb of this kind: **morirse (ue, u)** *to die*

> Starting with this chapter, all **-ir** stem-changing verbs will be shown with both of their stem changes in parentheses. The first letter or letters show the present-tense stem change and the second letter shows the preterite stem change.

>> Gramática útil 3

Saying who is affected or involved: Indirect object pronouns

Cómo usarlo

LO BÁSICO

- An *indirect object* is a noun or noun phrase that indicates for whom or to whom an action is done: I bought a gift for *Beatriz*. We asked *the teachers* a question.
- *Indirect object pronouns* are used to replace indirect object nouns: I bought a gift for *her*. We asked *them* a question. Often you can identify the indirect object of the sentence by asking *to* or *for whom?* about the verb: We bought a gift *for whom?* (Beatriz / her) We asked a question *to whom?* (the teachers / them).

1. In **Chapter 7** you learned how to use direct object pronouns to avoid repetition. In this chapter you will learn how you can also use indirect object pronouns to avoid repetition and to clarify to which person you are referring.

2. Look at the following passage and see if you can figure out to whom the boldface indirect object pronouns refer.

   Fui al almacén el miércoles. Tenía una lista larga de compras. **Le** compré unos jeans y una camisa a Miguel. También **le** compré una corbata. A Susana y a Carmen **les** compré unas camisetas. También tuve que comprar**les** calcetines. Además **me** compré una falda bonita y un reloj.

Cómo formarlo

1. Although English uses the same set of pronouns for direct object pronouns and indirect object pronouns, in Spanish there are two slightly different sets.

2. Notice that the only difference between the direct object pronouns and the indirect object pronouns is in the two third-person pronouns. Instead of **lo / la**, the indirect object pronoun is **le**. And instead of **los / las,** the indirect object pronoun is **les**. The indirect object pronouns **le** and **les** do not have to agree in gender with the nouns they replace, as do the direct object pronouns **lo, la, los**, and **las**.

<table>
<tr><td colspan="4">Indirect object pronouns</td></tr>
<tr><td>**me**</td><td>to / for me</td><td>**nos**</td><td>to / for us</td></tr>
<tr><td>**te**</td><td>to / for you</td><td>**os**</td><td>to / for you (fam. pl.)</td></tr>
<tr><td>**le**</td><td>to / for you (form. sing) / him / her</td><td>**les**</td><td>to / for you (form., pl.) / them</td></tr>
</table>

> Notice that these are the same pronouns you used with **gustar** and similar verbs in **Chapters 2** and **4**.

3. As with direct object pronouns, indirect object pronouns always come before a conjugated verb used alone.

Te traje el periódico.   *I brought **you** the newspaper.*
Nos dieron un regalo bonito.   *They gave **us** a nice gift.*

4. When an indirect object pronoun is used with an infinitive or with the present progressive, it may come before the conjugated verb, or it may be attached to the infinitive or to the present participle.

> Notice that when the indirect object pronoun attaches to the present participle, you must add an accent to the next-to-last syllable of the present participle to maintain the correct pronunciation.

Te voy a dar el libro.   OR: Voy a dar**te** el libro.
Te estoy comprando los   OR: Estoy comprándo**te** los
     zapatos.   zapatos.

5. When an indirect object pronoun is used with a command form, it attaches to the end of the affirmative command but comes before the negative command form.

> Again notice that when the indirect object pronoun attaches to the command form, you must add an accent to the next-to-last syllable of command forms of two or more syllables in order to maintain the correct pronunciation.

Cómprame / Cómpreme   BUT: **No me compres / No me compre**
    el libro ahora, por favor.   el libro ahora, por favor.

6. As you learned in **Chapter 4**, if you want to emphasize or clarify to or for whom something is being done, you can use **a** + the person's name, or **a** + prepositional pronoun: **mí, ti, usted, él, ella, nosotros(as), vosotros(as), ustedes, ellos, ellas**. Note that when a pronoun is used, there is sometimes no direct translation in English.

> Prepositional pronouns can follow *any* preposition, not just **a**. Other prepositions you know include **con**: *with* (with **con, mí** and **ti** change to **conmigo** and **contigo**); **de**: *from, of;* **sin**: *without*.

Les escribo una postal **a ustedes**.   *I'm writing **you** a postcard.*
Le doy el regalo **a Lucas**.   *I'm giving the gift **to Lucas**.*
Les traigo el periódico **a mis**   *I bring the newspaper **to my**
    padres.   parents**.*

7. Here are some verbs that are frequently used with indirect object pronouns. Some you already know; others are new: **ayudar** *(to help)*, **comprar, dar, decir, enviar, escribir, gustar** (and verbs like **gustar**), **mandar** *(to send, to order)*, **pedir, prestar** *(to loan or lend)*, **regalar** *(to give a gift)*, **servir**, and **traer**.

Gramática útil 4

Making comparisons: Comparatives and superlatives

LO BÁSICO

Comparatives compare two or more objects. *Superlatives* indicate that one object exceeds or stands above all others. In English we use *more* and *less* with adjectives, adverbs, nouns, and verbs to make comparisons, and we also add -*er* to the end of most one- or two-syllable adjectives: *more expensive, cheaper*. To form superlatives we use *most / least* with adjectives or add -*est* to the end of most one- or two-syllable adjectives: *the most expensive, the cheapest*.

1. Comparatives in Spanish use **más** *(more)* and **menos** *(less)* to make comparisons between people, actions, and things. **Más** and **menos** can be used with nouns, adjectives, verbs, and adverbs.

Nouns:	Hay **más libros** en esta tienda que en aquélla.
	*There are **more books** in this store than in that one.*
Adjectives:	Este libro es **menos interesante** que ése.
	*This book is **less interesting** than that one.*
Verbs:	Yo **leo menos** que él.
	*I **read less** than he (does).*
Adverbs:	Él lee **más lentamente** que yo.
	*He reads **more slowly** than I (do).*

2. Superlative forms indicate that something exceeds all others: *extremely, the most, the least.*

Este libro es **interesantísimo**.	*This book is **really interesting**.*
Es **el más interesante** de todos.	*It's the **most interesting** of all of them.*

1. **Regular comparatives.** Comparisons can be *equal* (as many as) or *unequal* (more than, less than). Comparative forms can be used with nouns, adjectives, adverbs, and verbs.

Notice that of all the words used in these comparative forms (**tanto, tan, más, menos, como**, and **que**), only **tanto** changes to reflect number and gender.

	Equal comparisons	Unequal comparisons
noun	**tanto** + noun + **como** (**Tanto** agrees with the noun.) Tengo **tanto dinero como** tú. Tengo **tantas tarjetas de crédito como** tú.	**más / menos** + noun + **que** (**Más / menos** do not agree with the noun.) Tengo **más dinero que** tú. Tengo **menos tarjetas de crédito que** tú.
adjective	**tan** + adjective + **como** Este reloj es **tan caro como** ése.	**más / menos** + adjective + **que** Este reloj es **más caro que** ése, pero es **menos caro que** aquél.
verb	verb + **tanto como** **Compro tanto como** tú.	verb + **más / menos** + **que** Ella **compra menos que** yo, pero él **compra más que** yo.
adverb	**tan** + adverb + **como** Pago mis cuentas **tan rápidamente como** tú.	**más / menos** + adverb + **que** Ella paga sus cuentas **más rápidamente que** yo, pero él paga **menos rápidamente que** yo.

2. **Irregular comparatives.** Some adjectives and adverbs have irregular comparative forms.

- Adjectives

Menor and **mayor** are usually used to refer to people, although they can be used in place of **más grande (mayor)** and **más pequeño (menor)** when referring to objects. If you wish to say that one object is *older* or *newer* than another, use **más viejo** or **más nuevo**.

bueno → **mejor:**	Este libro es **bueno**, pero ese libro es **mejor**.
malo → **peor:**	Esta tienda es **mala**, pero esa tienda es **peor**.
joven → **menor:**	Los dos somos **jóvenes**, pero Remedios es **menor** que yo.
viejo → **mayor:**	Martín no es **viejo**, pero es **mayor** que Remedios.

- Adverbs

bien → **mejor:**	Lorena canta muy **bien**, pero Alfonso canta **mejor**.
mal → **peor:**	Nosotros bailamos **mal**, pero ellos bailan **peor**.

3. Superlatives

- To say that a person or thing is extreme in some way, add **-ísimo** to the end of an adjective. (If the adjective ends in a vowel, remove the vowel first.)

  fácil → **facilísimo** *(very easy)*   contento → **contentísimo** *(extremely happy)*

- To say that a person or thing is the *most . . .* or *the least . . .* use the following formula. (Do not use this formula with the **-ísimo** ending— choose one or the other!)

  article + noun + **más** / **menos** + adjective + **de**

  Roberto es **el estudiante más popular de** la universidad.

  Ellas son **las dependientes más trabajadoras del** almacén.

> These superlative forms must change to reflect the gender and number of the nouns they modify: **unos aretes carísimos, unas camisetas baratísimas,** etc.

> Notice that the accent is always on the first **i** of **-ísimo**. If the adjective has an accent, it is dropped when you add **-ísimo**: **difícil → dificilísimo**.

> Notice that the article and the adjective must agree with the noun: **el estudiante popular, las dependientes trabajadoras.**

Chapter 9

>> ## Gramática útil 1

Talking about what you used to do: The imperfect tense

Cómo usarlo

1. You have already learned to talk about completed actions and past events using the *preterite tense* in Spanish.

2. Spanish has another past-tense form known as the *imperfect tense*. The imperfect is used to talk about *ongoing actions* or *conditions* in the past.

3. Use the imperfect tense to talk about the following events or situations in the past.

   - to talk about what you habitually did or used to do

Todos los días, **desayunaba** a las ocho y luego **caminaba** a la escuela.	*Every day **I used to eat breakfast** at eight and then **I walked** to school.*

   - to describe an *action in progress* in the past

Vivíamos en Asunción con mi prima Enedina y sus padres.	*We were living in Asunción with my cousin Enedina and her parents.*

   - to *tell the time* in the past

Por lo general, **eran** las diez de la noche cuando **comíamos**.	*It was usually ten at night when we would eat dinner.*

- to describe *emotional or physical conditions* in the past

  Todos **estábamos** muy contentos y nadie se enfermó ese año. **Nos sentíamos** muy afortunados.

  We were all very happy and no one got sick that year. We felt very fortunate.

- to describe *ongoing weather conditions* in the past

  Llovía mucho en Paraguay en esa época.

  It rained a lot in Paraguay during that time.

- to tell someone's *age* in the past

  Enedina **tenía** quince años ese año. *Enedina **was** fifteen that year.*

4. The imperfect tense is generally translated into English in different ways. For example, **comía** can be translated as *I ate* (routinely), *I was eating, I would eat,* or *I used to eat.*

Cómo formarlo

1. Here are the imperfect forms of regular verbs. Notice that **-er** and **-ir** verbs share the same endings, and that the **yo** and **usted / él / ella** forms are the same.

> Notice the use of accents on the **nosotros / nosotras** form of **-ar** verbs, and on *all* forms of the **-er** and **-ir** verbs.

	cenar	comer	pedir
yo	cen**aba**	com**ía**	ped**ía**
tú	cen**abas**	com**ías**	ped**ías**
usted / él / ella	cen**aba**	com**ía**	ped**ía**
nosotros / nosotras	cen**ábamos**	com**íamos**	ped**íamos**
vosotros / vosotras	cen**abais**	com**íais**	ped**íais**
ustedes / ellos / ellas	cen**aban**	com**ían**	ped**ían**

2. No verbs have stem changes in the imperfect tense, and there are only three verbs that are irregular in the imperfect.

> **Ver** is irregular only in that the **e** is maintained before adding the regular **-er / -ir** imperfect endings.

	ir	ser	ver
yo	iba	era	veía
tú	ibas	eras	veías
usted / él / ella	iba	era	veía
nosotros / nosotras	íbamos	éramos	veíamos
vosotros / vosotras	ibais	erais	veíais
ustedes / ellos / ellas	iban	eran	veían

3. The imperfect form of **hay** is **había**. Like **hay**, it is used with both singular and plural subjects: **Había un restaurante muy bueno allí. / Había algunos restaurantes muy buenos allí.**

Gramática útil 2

Talking about the past: Choosing between the preterite and the imperfect tenses

Cómo usarlo

1. As you have learned, the preterite tense is generally used in Spanish to express past actions and describe past events that are viewed as completed and over. The imperfect is used to describe past actions or conditions that are viewed as habitual or ongoing.

2. Sometimes the choice between the preterite and the imperfect is not clear-cut. It may depend on the speaker's judgment of the event. However, here are some general guidelines for using the two tenses.

Preterite	Imperfect
1. Relates a *completed past action* or *a series of completed past actions*. **Comimos** en ese restaurante la semana pasada. Ayer, **fuimos** al restaurante, **pedimos** el menú, **comimos** y luego **salimos** para ir al teatro.	1. Describes *habitual or routine past actions*. **Comíamos** en ese restaurante todas las semanas. Siempre **íbamos** al restaurante, **pedíamos** el menú, **comíamos** y luego **salíamos** para ir al teatro.
2. Focuses on the *beginning* or *end* of a past event. La cena **comenzó** a las nueve, pero no **terminó** hasta medianoche.	2. Focuses on the *duration* of the event in the past, rather than its beginning or end. **Cenábamos** desde las nueve hasta medianoche.
3. Relates a *completed past condition* that is viewed as completely over and done with at this point in time (usually gives a time period associated with the condition). Manuel **estuvo** enfermo por dos semanas después de comer en ese restaurante, pero ahora está bien.	3. Describes *past conditions*, such as time, weather, emotional states, age, and location, that were ongoing at the time of description (no focus on beginning or end of condition). El restaurante **era** famoso por su comida latinoamericana y **estábamos** muy contentos con los platos que pedimos.
4. Relates an *action that interrupted an ongoing action*. Ya comíamos el postre cuando por fin Miguel **llegó** al restaurante.	4. Describes *ongoing background events* in the past that were interrupted by another action. Ya **comíamos** el postre cuando por fin Miguel llegó al restaurante.

3. Certain words and phrases related to time may suggest when to use the imperfect or the preterite. These are not hard-and-fast rules, but general indicators.

Preterite	Imperfect
de repente *(suddenly)*	generalmente / por lo general
por fin *(finally)*	normalmente
ayer	todos los días / meses / años
la semana pasada	todas las semanas
el mes / el año pasado	frecuentemente
una vez / dos veces, etc.	típicamente

4. In **Chapter 8** you learned that some verbs (**querer, poder, conocer**, and **saber**) sometimes have a different meaning in the preterite tense. This change in meaning does not occur in the imperfect tense.

Cómo formarlo

Review the preterite forms presented in **Chapters 7** and **8**, as well as the imperfect forms presented in **Gramática útil 1** (on page R-43 of this appendix).

>> Gramática útil 3

Avoiding repetition: Double object pronouns

Cómo usarlo

1. You studied direct object pronouns (**me, te, lo, la, nos, os, los, las**) in **Chapter 7**. In **Chapter 8** you learned to use indirect object pronouns (**me, te, le, nos, os, les**).

2. Remember that you use direct object pronouns to replace the direct object of a sentence. The direct object receives the action of the verb.

   Preparé **la comida**. → **La** preparé.

3. Remember that you use indirect object pronouns to replace the indirect object of a sentence. The indirect object answers the questions *For whom?* or *To whom?*

   Preparé la comida (para **ti**). → **Te** preparé la comida.

4. When you use direct and indirect object pronouns together, they are called *double object pronouns.*

   Preparé **la comida** (para **ti**). → **Te la** preparé.
   Organicé **un almuerzo** especial (para **ellos**). → **Se lo** organicé.

Cómo formarlo

1. Indirect and direct object pronouns stay the same when used together as double object pronouns, except in the third-person singular and third-person plural (**le** and **les**). In those two cases, the double object pronoun **se** replaces both **le** and **les** when used with the direct objects **lo, la, los,** and **las**.

Indirect object	Direct object
me	me
te	te
le → se	lo / la
nos	nos
os	os
les → se	los / las

2. Follow these rules for using double object pronouns.

- The *indirect object pronoun* always comes *before* the *direct object pronoun*. This is true whether the pronouns are used before a conjugated verb or attached to the end of infinitives, affirmative command forms, and present participles.

  Pedí una sopa. **Me la** sirvieron inmediatamente.
  Le dije al camarero: "Por favor, **tráigamela** con un poco de pan".

- Remember that with *negative command forms*, the double object pronouns must come *before the verb*.

  Quiero un postre, pero **no me lo traiga** inmediatamente.

- When double object pronouns are used with a conjugated verb followed by an infinitive, they may go *before the conjugated verb* or *attach to the infinitive*.

  Me lo van a servir ahora.   O: Van a **servírmelo** ahora.

- When using the direct object pronouns **lo, la, los,** and **las** with the indirect object pronouns **le** or **les**, change **le / les** to **se**. (Notice that you use **se** to replace both **le** and **les**.)

  Susana **le** llevó **los ingredientes** a Elena.

  Susana **se los** llevó (a Elena).

  Ileana y Susana **les** prepararon **la cena** a sus padres.

  Ileana y Susana **se la** prepararon (a sus padres).

> Remember, when pronouns are attached to the end of infinitives, command forms, and present participles, an accent is placed on the verb to maintain the original pronunciation: **tráigamela.**

Gramática útil 4

Indicating for whom actions are done and what is done routinely: The uses of se

Cómo usarlo

You have used the pronoun **se** in several different ways. Here's a quick review of the uses you already know (items 1 and 2 in the chart), and one new use (item 3).

Use se . . .	
1. to replace **le** or **les** when used with a direct object pronoun.	Marta **le** dio un regalo a Selena. Marta **se** lo dio.
2. with reflexive verbs, when using **usted / ustedes** and **él / ella / ellos / ellas** forms.	Ustedes **se** vistieron y salieron para la oficina. Ella **se** vistió después de duchar**se**.
3. to give general and impersonal information about "what is done."	**Se sirve** comida paraguaya en ese restaurante. ¡**Se come** muy bien allí!

Cómo formarlo

Se can be used to express actions with no specific subject and to say what "one does" in general. **Se** is always used with a third-person form of the verb.

- If a noun immediately follows the **se** + verb construction, the verb agrees with the noun.

  Se sirve el desayuno todo el día.   *Breakfast is served all day.*
  Se venden empanadas aquí.   *Empanadas are sold here.*

- If no noun immediately follows **se** + verb, the third-person singular form of the verb is used.

  Se come muy bien aquí.   *One eats well here.*
  Se duerme mal después de una   *One sleeps badly after a heavy*
      comida fuerte.   *meal.*

Chapter 10

Gramática útil 1

Emphasizing ownership: Stressed possessives

Cómo usarlo

1. You have already learned how to express possession in Spanish using possessive adjectives and phrases with **de.**

   Es **tu** habitación.   It's *your* bedroom.
   Es la habitación **de Nati**.   It's *Nati's* bedroom.

2. When you wish to emphasize, contrast, or clarify who owns something, you can also use stressed possessives.

Stressed possessives		Unstressed possessive	
Es la casa **mía**.	*It's **my** house.*	Es **mi** casa.	*It's **my** house.*
¡La casa es **mía**!	*The house is **mine**!*		
La casa es **mía**, no **suya**.	*The house is **mine**, not **yours / his / hers**.*		

3. Stressed possessives must agree in number and gender with the noun they modify: **un libro mío, la calculadora mía, los platos míos, las mochilas mías**.

4. Stressed possessives may be used as adjectives with a noun, in which case they follow the noun: **Es el coche <u>mío</u>**. If it's clear what is being referred to, the noun may be dropped: —**¿De quién es el coche? —Es <u>mío</u>.**

5. Stressed possessives can also be used as pronouns that replace the noun. Notice that the article is maintained: **Le gusta <u>el coche mío</u>. Le gusta <u>el mío</u>.**

Cómo formarlo

Here are the stressed possessive forms in Spanish.

	Singular	Plural	
yo	**mío, mía**	**míos, mías**	*my, mine*
tú	**tuyo, tuya**	**tuyos, tuyas**	*your, yours*
usted / él / ella	**suyo, suya**	**suyos, suyas**	*your, yours, his, her, hers, its*
nosotros / nosotras	**nuestro, nuestra**	**nuestros, nuestras**	*our, ours*
vosotros / vosotras	**vuestro, vuestra**	**vuestros, vuestras**	*your, yours*
ustedes / ellos / ellas	**suyo, suya**	**suyos, suyas**	*your, yours, their, theirs*

English uses inflection and vocal stress to emphasize something: *These are **my** books*. In Spanish, inflection and vocal stress are not used the way they are in English. Instead, stressed possessive forms play this role. For example, if you want to emphasize ownership in Spanish, you would say **Estos libros son <u>míos</u>**, but never **Estos son <u>mis</u> libros**.

Gramática útil 2

**Expressing ongoing events and duration of time:
Hace / Hacía with time expressions**

Cómo usarlo

1. **Hace** and **hacía** are used to talk about ongoing actions and their duration. They can also be used to say how long it has been since someone has done something or since something has occurred. Look carefully at the following formulas and model sentences.

■ To express *an action that has been occurring over a period of time and is still going on*

> **hace** + period of time + **que** + present indicative

Hace tres años que vivimos en este barrio.	*We've been living in this neighborhood for three years.*

■ To say *how long it has been since you have done something*

> **hace** + period of time + **que** + **no** + present indicative

Hace seis meses que no salimos de la ciudad.	*We haven't left the city in six months.*

■ To express *how long ago an event took place*

> preterite + **hace** + period of time

Vine aquí **hace tres años**.	*I came here three years ago.*

■ To say *how long an action had been going on in the past* before another more recent past event

> **hacía** + period of time + **que** + imperfect

> You can also say **Hace tres años que vine aquí.** Notice that **que** precedes the verb in this case.

Cuando nos mudamos a esta nueva casa, **hacía cinco años que vivíamos** en ese apartamento.	*When we moved to this new house, we had been living in that apartment for five years.*

2. Use the following formulas to ask *questions* with **hace** and **hacía**.

- To ask *how long an action or event has been going on* (**hace** + present indicative)

¿Cuánto tiempo hace que vives aquí?	*How long have you been living here?*

- To ask *how long it has been since an action or event last occurred* (**hace** + **no** + present)

¿Cuánto tiempo hace que no hablas con tus abuelos?	*How long has it been since you spoke to your grandparents?*

- To ask *how long ago an action took place* (**hace** + preterite)

¿Cuánto tiempo hace que hablaste con tus abuelos?	*How long ago did you speak to your grandparents?*

  > Notice that in all these examples only the forms **hace** and **hacía** are used.

- To ask *how long an action or event had been going on in the past* (**hacía** + imperfect)

¿Cuánto tiempo hacía que no podías ir a las clases cuando decidiste ir al médico?	*How long had you not been able to go to classes when you decided to go to the doctor?*

Gramática útil 3

Expressing yourself correctly: Choosing between por and para

Cómo usarlo

1. You have already learned some expressions that use the prepositions **por** (**por favor, por lo general**) and **para** (**Para plato principal, voy a pedir…**).

2. **Por** and **para** are often translated with the same words in English, but they are not used interchangeably in Spanish. Here are some guidelines to help you use them correctly.

Use **por**...	
to describe the *method by which an action is carried out.*	Viajamos **por** avión.
	Hablamos **por** teléfono.
	Nos comunicamos **por** Internet.
to give a *cause or reason.*	Miguel está preocupado **por** su salud.
	Elena está nerviosa **por** el examen.
to give a *time of day.*	Vamos al café **por** la tarde.
	Por las noches, comemos en casa.
to describe *motion through or around* a place.	Pasamos **por** la playa todas las mañanas.
	Vas **por** el centro de la ciudad y luego doblas a la izquierda.
to express the idea of an *exchange.*	Pagué doce dólares **por** el espejo.
	¡Gracias **por** todo!
to say that something was done on *behalf of someone else.*	Lo hice **por** mi hermano porque estaba enfermo.
	Puedo hablar **por** ellos.
to express *units of measurement.*	Venden las naranjas **por** kilo.
	Venden la harina **por** gramos.
to express *duration of time.*	Estuvimos en el restaurante **por** dos horas.
	Fuimos a Bolivia **por** tres semanas.
in certain *fixed expressions.*	**por ejemplo** (for example)
	por eso (so, that's why)
	por favor (please)
	por fin (finally)
	por lo menos (at least)
	por supuesto (of course)

Use **para**...	
to indicate *destination*.	Salimos **para** un parque en las afueras y nos perdimos.
to indicate a *recipient* of an object or action.	El cuadro es **para** Angélica.
	Limpié la casa **para** mis padres.
to indicate a *deadline or specific time in the future*.	Hicimos reservaciones en el restaurante **para** la próxima semana.
to express *intent or purpose*.	Estas lámparas son **para** la sala.
	Vinieron temprano **para** limpiar la casa.
to indicate an *employer*.	Trabajo **para** la universidad.
to make a *comparison* or state an *opinion*	**Para** estudiante, tiene mucho dinero.
	Para mí, la sopa de ajo es la mejor de todas.

3. To aid your understanding of these two prepositions, here are some ways they are translated into English.

Por	Para
(in exchange) for	*for* (deadline)
during, in	*toward, in the direction of*
through, along	*for* (recipient or purpose)
on behalf of	*in order to* + verb
for (duration of an event)	*for* . . . (in comparison with others)
by (transportation)	*for* (employer)

Spanish–English Glossary

The vocabulary includes the vocabulary lists in the chapters as well as the **Explora y exprésate** sections and the **Lectura** sections.

The gender of nouns is indicated except for masculine nouns ending in **-o** and feminine nouns ending in **-a**. Stem changes and spelling changes are shown for verbs, e.g., **advertir (ie, i); colgar (ue)**.

The following abbreviations are used.

adv.	adverb	*f.*	feminine	C1 = Cortometraje pp. 102–105
irreg.	irregular	*m.*	masculine	C2 = Cortometraje pp. 172–175
p.p.	past participle	P = capítulo preliminar	C3 = Cortometraje pp. 304–307
				C4 = Cortometraje pp. 396–399

A

a to; **~ la inversa** and viceversa, C3; **~ la vez** at the same time, C3; **~ medida que** as, 11; **~ menos que** unless, 13; **~ pesar de** in spite of, 11

abierto(a) (*p.p. of* **abrir**) open, 14; very open to experiences; open-minded, 20

abogado(a) lawyer

abordar to board, 15

abrazar to hug, 11

abrir to open

abuela grandmother

abuelo grandfather

aburrido(a) boring; bored

acabarse: se acabó it's done, finished, C1

acariciar to caress, 11

acercarse a to get nearer to; to get close to, 11

aclarar to clear up, clarify, 20

acoger to take in; to welcome, 20

acomedido(a) obliging, helpful, 20

aconsejar to advise, 11

acontecimiento event, 20

acordarse (ue) de to remember, 11

acostumbrar(se) a to be in the habit of; to get accustomed to, 16, C2

activismo juvenil youth activism, 19

activista (*m., f.*) activist, 19

actividad (*f.*) activity

activo(a) active

actor (*m.*) actor

actriz (*f.*) actress

acudir to come, arrive; to go to a place frequently, 20

acurrucado(a) (*p.p. of* **acurrucar**) curled up, 19

adaptarse to adapt, 17

Adelante Forward button, 16

"adelante troyanos" "onward, Trojans", P4

adivinar to guess; **Adivina.** Guess.

Adjuntar (un archivo) Attach (a file), 16

administración de empresas (*f.*) business administration

administrar to run, manage, 19

adolescencia adolescence, 11

adquirir to acquire, 17

aduana customs, 15

adversario(a) (*m., f.*) opponent, adversary, 19

advertencia warning, 18

advertir (ie, i) to warn, 18, 19

afectar to affect, 18

afirmar to say, affirm, 17

agencia de viajes travel agency, 15

agobiado(a) overwhelmed, 20

agotado(a) exhausted, 17

agradable pleasant; enjoyable; nice, 20

agregar to add, 16

agua water, 18; **~ dulce** fresh water, 18; **~ potable** drinkable water, 18; **~ salada (de mar)** saltwater, 18

aguafiestas party pooper, C3

ahorrar to save, 18

aire (*m.*) **acondicionado** air conditioning, 15

ajeno(a) alien, foreign, 20

al lado de next to, P3

albergue juvenil (*m.*) youth hostel, 20

alcalde/alcaldesa (*m., f.*) mayor; female mayor, 19

alcanzar to reach, 16, 17; to achieve, 17

aldea global global village, 20

alegrarse de to be happy about, 12

alegría joy, happiness, 11

alejarse de to distance oneself from, 11

alemán (*m.*) German language

alemán, alemana German

alergia allergy, 13

al fin y al cabo when all is said and done, 19

alianza alliance, 11; **~ del barrio** neighborhood alliance, 19

al lado de next to, P3

almacén (*m.*) store

almacenar to store, archive, 16

al to the; **~ otro extremo** to the other side, C2; **~ respecto** regarding that matter, 19; **~ revés** backwards, C1

alojamiento housing, 20

a lo largo de over the span of, 18

alquilar videos to rent videos

alto(a) tall, P; **alta definición** high definition, 12

alucinante amazing, mind-boggling, 20

aluminio aluminum, 18

ambulante mobile, C4

amañado(a) (*p.p. of* **amañar**) rigged, 20

amante lover, 11

amar to love, 11, 20

ambas caras both sides, C3

amenaza threat, 18

amenazar to threaten, 18

a menudo often, 17

a mi parecer in my opinion, 19

amigo(a) friend

amistad friendship, 11; **~es** friends, 11

amistoso(a) friendly, 11, 20

amor love, 11

amoroso(a) loving, affectionate, 20

ampliar to expand; to increase; to broaden, 20

amplio(a) broad; wide; spacious; expansive, 20

analfabetismo illiteracy, 16, 19

análisis (*m.*) test; **de sangre / orina** blood / urine test, 13

anclado(a) (*p.p. of* **anclar**) anchored, 20

andarse por las ramas to beat around the bush, 19

angustiado(a) worried, anxious; distressed, 17

animado(a) (*p.p. of* **animar**) animated, lively; in good spirits, 17

animar to encourage; to inspire, 18

animar(se) to encourage; to cheer up; to get motivated, 20

aniquilado(a) (*p.p. of* **aniquilar**) annihilated, wiped out, 17

ansioso(a) anxious, 17

antepasado ancestor, 17

Anterior Previous, 16

antes before; **~ (de) que** before, 13; **~ que nada** first of all, 16

antibiótico antibiotic, 13

antipático(a) unpleasant

aparecer (aparezco) appear, 11

apartamento apartment

apegado(a) tightly, closely, 17

apestar: apesta it stinks, C1

apoyar to support, lean on, 17

apreciar to appreciate, 20

aprendizaje (*m.*) apprenticeship; internship; training period, 20

apretarse: me aprieta it's tight on me, C1

aprovechar(se) de to take unfair advantage of, 17

aprovechar to take advantage of, 17

apto(a) apt, fit; **~ para toda la familia** rated G (for general audiences), 12

apuntes (*m.*) notes

apurarse: no se apure don't worry; don't hurry, C2

árabe (*m.*) Arabic language

archivo de contactos address book, 16

área de confort (*m.*) comfort zone, 20

arena sand, 15

argentino(a) Argentinian

argumento plot, P3

arquitecto(a) architect

arquitectura architecture

arrancar to pull out, 18

arrastrar to drag, 16, C4

arrecife (de coral) (*m.*) (coral) reef, 18

arriesgado(a) risky, 19

arte (*m.*) art; **~ y cultura** the arts, 12

artista (*m., f.*) artist, P

ascendencia descent, ancestry, 17

ascenso (job) promotion, 14

ascensor (*m.*) elevator, 15

asegurarse to assure oneself, 17

asequible accessible, C3

asiento seat, 15; **~ de pasillo** aisle seat, 15; **~ de ventanilla** window seat, 15

asimilarse: asimílase get used to, assimilate, C4

asistente (*m., f.*) assistant; **~ de vuelo** flight attendant, 15

asombro astonishment, 19

aspirina aspirin, 13

astestiguar to testify, bear witness, 20

asunto subject, 16; **~ primordial** essential, fundamental matter, C1

asustado(a) (*p.p. of* **asustar**) scared, 17

atentado attempt, 20

a todas luces obviously, 18

atolondrado(a) (*p.p. of* **atolondrar**) dazed, stunned, 20

atraer to attract, 11, 16

Atrás Back button, 16

atravesarlo to cross it; to go through it, C2

atril (*m.*) lectern, C3

a tu alcance within your reach, 18

audaz brave, courageous; daring, bold, 20

audio audio

auditorio auditorium

agujero de gusano wormhole, C2

aumento de sueldo salary increase, 14

aunque although, even though, 13

australiano(a) Australian

auto eléctrico electric car, 18

auto híbrido hybrid car, 18

autoridades (*f.*) authorities, 19

autorrealizarse to self-realize; to come into your own, 19

aventura: aventura amorosa affair, 11

aventurero(a) adventurous, 20

avergonzado(a) ashamed, 17

averiguar (gü) to find out; to look into, to investigate, 14

avión (*m.*) airplane, 15

aviso notice, alert, 16

B

bailar to dance

baile (*m.*) dance

bajar audio y video to download audio and video, 16

bajar fotos to download photos, 16

bajo(a) short (*in height*); **bajo demanda** on demand, 12

banco bank

banda: ancha high-speed, 12

bandeja de entrada inbox, 16

bandeja de salida outbox, 16

bandera flag, 17

banquete banquet, 11

barra de herramientas toolbar, 16

barrio neighborhood

base de enchufes (*f.*) power strip, 18

básquetbol (*m.*) basketball

bastar to be enough, 16

basurero trash can, 18

beca scholarship, 20

béisbol (*m.*) baseball

beneficiar to benefit, 18

beneficio benefit, 14

berenjena eggplant, 18

beso kiss, 11

biblioteca musical music library (*on an MP3*), 16

billete (*m.*) ticket, 15; **~ de ida** one-way ticket, 15; **~ de ida y vuelta** round-trip ticket, 15

biodegradable biodegradable, 18

biodiversidad (*f.*) biodiversity, 18

biología biology

blanqueamiento bleaching, 18

boca mouth, 13

bochornoso(a) embarrassing, 20

boda wedding; **aniverario de ~s** wedding anniversary, 11

boleto ticket, 12; **~ de ida** one-way ticket, 15; **~ de ida y vuelta** round-trip ticket, 15

bolígrafo ballpoint pen

boliviano(a) Bolivian

bolsa: ~ de valores stock market, 14, C3

bolsita de té teabag, 18

boludo(a) jerk; stupid, C1

bombero(a) firefighter

bombilla lightbulb, 18

bordado embroidery, 17

borrar to delete, erase, 16

bosque (*m.*) forest, 15; **~ tropical** (*m.*) rainforest, 18

botar to throw away, 18

botones (*m. s.*) bellhop, 15

boxeo boxing

brazo arm, 13

brindar to toast, 11; to offer, provide, 19

brindis toast, 11

broma joke, 17

bromear to joke around, 17

bromista joker; prankster, 11

buena onda good vibe, 17

bueno(a) good; **es bueno** it's good, 12

buffet buffet, 11

burlarse de to make fun of, 11

buscar to look for, P4

búsqueda de contactos search for contacts, 16

C

caber to fit, 20

cabeza head, 13; **dolor** (*m.*) **de ~** headache, 13

cable (*m.*) cable; cable television, 12

cadena familiar family chain (*lit.*), the family lineage, 20

caer (*irreg.* **yo** *form*) **bien / mal** to like, dislike, 16

cafetería cafeteria

cajero automático automatic teller machine (ATM)

cálculo calculus

calefacción (*f.*) heating; **~ central** central heating, 18; **~ eléctrica** (*f.*) electric heat, 18

calentamiento global global warming, 18

calentarse (ie) to get hot, heat up, 18

calidad de vida (*f.*) quality of life, 18

calificar: con cuatro estrellas to give a four-star rating, 12

callarse to keep quiet, not say anything, 17

calzado footwear, C4

cámara secreta secret chamber, 18

cama bed; **guardar ~** to stay in bed, 13

camarero(a) waiter; waitress

cambiar: ~ dinero to exchange money, 15; **~ de tema** to change the subject, 16; **~ el canal** to change the channel, 12

cambio climático climate change, 18

caminar to walk

camisa de fuerza straightjacket, 20

campaña campaign, P3, 14

canadiense Canadian

cancelar to cancel, 16

cancha (campo) de fútbol soccer field

candidato(a) candidate, 14

cañón (*m.*) canyon, 15

cansado(a) tired

cantar to sing

capacitado(a) competent, 19

capa de ozono ozone layer, 18

capaz competent, 19; **~ de** capable of, C1

capítulo chapter

caso: en ~ de que in case, 13

caprichoso(a) capricious, fussy; always changing his (her) mind, 20

captar to capture; to grasp, 20

cara a cara face to face, 17

carecer de to lack something, C3

caricia caress, 11

cariño affection, 11

cariñoso(a) affectionate, 11

carpeta folder, C3

carpintero(a) carpenter

carro de la compra shopping cart, 16

cartón (*m.*) cardboard, 18

cartucho de la impresora printer cartridge, 18

casa house

casado(a) married, 11; **recién ~** recently married, 11; **recién ~s** newlyweds, 11

casarse con to get married, 11

castaño(a) brown

castigar to punish, 17

catarro cold (*e.g.*, *head cold*), 13

catorce fourteen

cautiverio captivity, 18

ceder el paso to yield, 17

celebrar to celebrate, 11

censurar to censure, condemn, 18

centro comercial mall

ceremonia religiosa / civil religious / civil ceremony, 11

cerca de close to, P3

cerebro brain, C3

cero zero

cerrado(a) very closed to experiences; close-minded, 20

cerrar (ie) (la) sesión to log out; to close session, 16

charla chat, 16; **~ en tiempo real** real-time chat; live chat, 16

chatear to chat online, 16

chequeo médico physical, checkup, 13

chibolo boy, P4

chico(a) boy (girl)

chileno(a) Chilean

chino Chinese language

chino(a) Chinese

chismear to gossip, 20

chispazo spark, 20

chocolate (*m.*) chocolate, 12

choque cultural (*m.*) culture shock, 20

ciclismo cycling

cielo sky, 15

ciencias políticas political science

cierto(a) certain; **no es cierto** it's not certain, 12

cinco five

cincuenta fifty

cine (*m.*) cinema; movies, 12

cita date, 12; appointment, 13; **~ a ciegas** blind date, 11

ciudadano(a) citizen, 14

clase (*f.*) class; **~ baja** lower class; **~ de película** movie genre, 12

clasificar (qu) con cuatro estrellas to give a four-star rating, 12

clínica clinic, 13

cobarde cowardly, 11

cobardía cowardice, 11

cobrar sentido to make sense, 17

cocción (*f.*) cooking, brewing, 18

cocinar to cook, P

cocinero(a) cook, chef

código code, 16

codo elbow, 13

colaborar to collaborate, 19

colgar (ue) to hang, 18

colgarse: se cuelga to get hung up; to freeze (as in a computer), C3

colombiano(a) Colombian

combustibles fósiles (*m.*) fossil fuels, 18

comedia (romántica) (romantic) comedy, 12

comentar to comment, 16

comer to eat; **~ alimentos nutritivos** to eat healthy foods, 13

comercio justo fair trade, 19

cómico(a) funny

cómodo(a) comfortable, 20

como lo pintan as it's portrayed, 18

compañero(a) de cuarto roommate
compañía multinacional multinational corporation, 14
compasivo(a) compassionate, 19
compensar to make up for, compensate, 18
competente competent, 19
comportar to behave, 18; **~se** to behave, 20
compostaje (*m.*) compost, 18
comprensivo(a) understanding, 11
comprometerse to get engaged, 11; to commit oneself, to promise to do something, 19
computación (*f.*) computer science
computadora computer; **~ portátil** laptop computer
con with; **~ destino a** with destination to, 15; **~ (dos meses) de antelación** (two months) in advance, 20; **~ tal (de) que** so that, provided that, 13
conciencia conscience, 18
condenado(a) (*p.p. of* **condenar**) condemned, 20
condiciones de uso (*f.*) terms of agreement, 16
conejo de pascua Easter bunny, 17
conexión (*f.*) connection; **~ a Internet** Internet connection, 15
confiar to trust, 19
confundido(a) confused, 17
congestionado(a): estar ~ to be congested, 13
congregarse to congregate, 20
congresista (*m., f.*) member of Congress, 19
conllevar to entail; to involve, 20
conocerse to meet; to get to know each other, 11
conocido(a) someone you know, 16
conocimientos: tener (*irreg.*) **algunos ~ de** to have some knowledge of, 14
consejo advice, 13
conserje (*m., f.*) concierge, 15
conservación (*f.*) conservation, 18
conservar to conserve, 18; to preserve (traditions), 17
consultorio del médico doctor's office, 13
consumir to consume, 18
consumismo consumerism, 19
consumo consumption, 18
contabilidad (*f.*) accounting
contactos personales personal contacts, 16

contador(a) accountant
contaminación (*f.*) (**del aire**) (air) pollution, 14
contaminar to contaminate; to pollute, 18
contento(a) happy; **estar ~ de** to be pleased about, 12
contratar to hire, 14
contrato contract, 14; **~ prenupcial** prenuptial agreement
contribuir (**y**) to contribute, 19
control (*m.*) **remoto** remote control, 12
convivir to coexist, 17
convocar to call, convene; to organize, 20
cooperar to cooperate, 17, 19
coordinar to coordinate, 19
corazón (*m.*) heart, 13
coreano(a) Korean
corregir to correct, 11
correo basura junk mail, spam, 16
correr la voz spread the word, 19
cortar to cut, 13; **~ y pegar** to cut and paste, 16; **~se** to cut oneself, 13
cosecha harvest, 17
cosquillas tickling sensations, C1
costarricense Costa Rican
costo cost, 14
costumbre (*f.*) custom, 17
crecer (**zc**) to grow, 11, 19
crecimiento growth, 20
creencia belief, 17
creer (**en**) to believe (in); to think; **no creer** to not believe, 12
crema cream, 13
creo que I think, P4
criar(se) to grow up; to be raised, 17
crimen (*m.*) crime, 14
crisis económica / fiscal (*f.*) economic crisis, 19
criterio criterion, 20
crítica criticism; critique, review, 12
crítico(a) critic, 12
cuaderno notebook
cualificado(a) (*p.p. of* **cualificar**) qualified, 19
cuando when, 13
cuantioso(a) substantial, considerable, C2
cuanto: en ~ as soon as, 13; **en ~ a** in relation to
cuarenta forty
cuatro four
cubano(a) Cuban
cuello neck, 13

culpa fault, blame, P4
cuenta de cacao measure used as money, 17
cuerpo body, 13
cuidadoso(a) cautious
culpa blame, 17
culpar to blame, 19
culto(a) educated; cultured, 20
cuñado(a) brother-in-law (sister-in-law)
curita (small) bandage, 13
currículum vitae (*m.*) curriculum vitae, résumé, 14
cursi snobby; tasteless, 20

D

dama de honor bridesmaid, 11
danza dance, 12
dañar to harm, 18
dañino(a) harmful, 18
dar to give; **~(se) cuenta de** to report; to realize, become aware of, 11, 16; **~ la vuelta** to take a spin; to go for a walk, a drive, or a ride, 20; **~ para** to be enough, 16; **~ rienda suelta** to give free rein, 19; **~se la mano** to shake hands, 14
deber cívico (*m.*) civic duty, 19
decir (*irreg.*) to say, to tell
declaración de misión (*f.*) mission statement, 19
declararse (a favor de / en contra de) to take a stand (in favor of / against), 19
de corazón in my heart, 20
de derechas entitled, 18
dedo finger, toe, 13
definitivamente definitively, absolutely, 18
deforestación (*f.*) deforestation, 18
deforestar to deforest, 18
dejar huella to leave a footprint, 19
delegado(a) (*m., f.*) delegate, 19
delgado(a) thin
delito crime, P4
democracia democracy, 19
demora delay, 15
demorar to delay, 15
dentista (*m., f.*) dentist
denunciar to denounce, 19
dependiente (*m., f.*) salesclerk
de primera mano firsthand, 20
deprimido(a) (*p.p. of* **deprimir**) depressed, 17

derecho right, 19; **derechos civiles** civil rights, 19; **~ humanos** human rights, 19

derrocar to overthrow, 20

derrota defeat, C4

desafiar to challenge, 17

desaparecer (-zco) to disappear, 11, 18

desarrollo development, 14

desarrollar to develop, 17

desastre natural (*m.*) natural disaster, 14

desayuno breakfast; **~ incluido** breakfast included, 15

descampado open area, C4

descartar to rule out, 18, 19

descendencia descendants, 17

desconectar to disconnect, 18

descongelar to unfreeze, 18

desconocido(a) (*m. and f.*) someone you don't know, 16

descuidarse to be careless, 20

desdoblamiento being split in two, 19

desear to wish, 11

desechable disposable, 18

desembarcar (qu) to disembark, 15

desempeñar to carry out, perform; to play (a role), 19

desempleo unemployment, 19

desenchufar to unplug, 18

deshacerse de to get rid of, C2

deshecho (*irreg. p.p. of* **deshacer**) gotten rid of, 17

desierto desert, 15

desigualdad (*f.*) inequality, 14

desmayarse to faint, 13

despacho office, 19

despedir (i, i) to fire, 14

desperdiciar to waste, 18

despistado(a) scatterbrained, absent-minded, 20

desplazarse to displace; to be displaced, 17

después after; **~ (de) que** after, 13

destacarse to stand out; to be outstanding, 17

destinatario(a) (*m. and f.*) recipient, 16

destino: con ~ a with destination to, 15

destruir (y) to destroy, 18

desvelarse to stay awake; to be unable to sleep, 20

desventaja disadvantage, 14, 18

detallista detail-oriented, 14

deuda nacional national debt, 19

¡De veras! Really!, 16

devolver (ue) to return, 11

dibujo drawing; **~ animado** cartoon; (*pl.*) animated film, 12

diccionario dictionary

dicho saying; (*p.p. of* **decir**) said, 14

diecinueve nineteen

dieciocho eighteen

dieciséis sixteen

diecisiete seventeen

diez ten

digno(a) de confianza trustworthy, reliable, 19

dimensiones subatómicas subatomic dimensions, C2

dios (*m.*) god, 17

dirigir (j) to direct, 14

discapacidad (*f.*) disability, 19

disciplinado(a) disciplined, 20

discreción: se recomienda ~ rated PG-13 (parental discretion advised), 12

discriminación (*f.*) discrimination, 14

disculparse to apologize, 20

diseminar información to disseminate information, 19

diseñador(a) gráfico(a) graphic designer

diseño gráfico graphic design

disfrutar (de) to enjoy, 11, 16, 18; to enjoy doing, 16

disponible available, 14, C3

disponibilidad (*f.*) availability, 19

dispositivo: dispositivo bio-óptico bio-optical device, C3; **~ de cosido** stitched mechanism, C3

diversidad (*f.*) diversity, 17

divertido(a) fun, entertaining

divorciado(a) divorced, 11

divorciarse de to divorce from, 11

divorcio divorce, 11

DNI Peruvian identity card, P4

doblado(a) dubbed, 12

doce twelve

documental (*m.*) documentary, 12

documento document, 16

doler (ue) to hurt, 13, 16

dolor (*m.*) pain, ache, 13; **~ de cabeza** headache, 14; **~ de estómago** stomachache, 13; **~ de garganta** sore throat, 13

dominar la lengua to master the language, 17

domingo Sunday

dominicano(a) Dominican

dormitorio dormitory

dos two

drama (*m.*) drama, 12

dudar (que) to doubt (that), P4, 12

dudoso(a) doubtful, unlikely, 12

dueño(a) de owner of

dulce (*m.*) candy, 12

duplicar archivos to back up or duplicate a file, 16

duradero(a) long-lasting, C3

E

echar to throw away, 18; **~ de menos** to miss, 11, 17; **~ raíces** to put down roots, 17

economía economics; economy, 14

ecosistema (*m.*) ecosystem, 18; **~ acuático** aquatic ecosystem, 18; **~ forestal** forest ecosystem, 18

ecuatoguineano(a) Equatorial Guinean

ecuatoriano(a) Ecuadoran

educación (*f.*) education

egoísta selfish, egotistic

ejército army, 14

elección (*f.*) election, 14

electorado electorate; body of voters, 19

elegir una opción to choose an option, 16

elenco de posibilidades list of possibilities, C2

el porqué the reason why, 16

e-mail (*m.*) e-mail; **~ en cadena** (*m.*) chain e-mail, 16

embellecer to beautify, 20

embotellamientos traffic jams, 18

emergencia emergency, 13

emigración (*f.*) emigration, 17

emigrar (de) to emigrate (from), 17

emisiones (*f.*) emissions, 18; **~ de dióxido de carbono** carbon dioxide emissions, 18; **~ de gases de efecto invernadero** (*f.*) greenhouse gas emissions, 18

emocionado(a) excited; moved, touched; thrilled, 17

emocionarse to be moved; to get excited, 11

emparejarse to pair off, 11

empático(a) empathetic, 19

empleado(a) employee, 14

emplear to employ, 14

empleo employment, 19

emprendedor(a) enterprising, 14

emprender to undertake, 19

empresario(a) businessman / woman, 14

empresas (*pl.*) business

en in, on, at; **~ caso de que** in case, 13; **~ contra de** against, C4; **~ cuanto** as soon as, 13; **~ realidad** actually; **~vivo** live, 12

enamorado(a) in love, 11

encantar to like a lot, to enchant, to please, 12, 16

encargarse de to be in charge of, 19

encomendar (ie) to entrust, 20

enemigo(a) enemy

enfermedad (*f.*) sickness, illness, 13

enfermero(a) nurse

enfermo(a) sick

en fin in summary, 17

enfrentarse a los retos to face the challenges, 17

engañar to deceive, mislead, 16

engordarse to gain weight, P4

enloquecer: enloquecen drive you crazy, C2

enmudecer to fall or stay silent, 19

enojado(a) angry

enseguida immediately, right away, C4

enterarse de to find out, 11

entorno environment; **~ profesional** professional environment, 20; **~ social** social environment, 20

entrada ticket (*to a movie, concert, etc.*), 12

entre between, P3

entrega delivery, C4

entregar (gu) to turn in

entrenamiento training, 19

entrenarse to train

entretanto meanwhile, in the meantime, 11

entretener(se) to entertain or amuse (oneself), 16

entrevista interview, 14

entrevistador(a) interviewer, 12

envase (*m.*) packaging, 18

enviados envoys, 17

enviar mensajes de texto cortos to send brief text messages, 16

en voz alta out loud, C1

envolver: envolviéndola wrapping it, C4

episodio episode, 12

equidad de género (*f.*) gender equality, 19

equivocarse to make a mistake; to be mistaken, 17

equipaje (*m.*) baggage, luggage, 15; **facturar el ~** to check one's baggage, 15

error dimensional dimensional error, C2

es (*from* **ser**) it is; **~ bueno** it's good, 11; **~ extraño** it's strange, 11; **~ fantástico** it's fantastic, 11; **~ horrible** it's horrible, 11; **(no) ~ importante** it's (not) important, P3, 11; **~ imprescindible** it's extremely important, 11; it's essential, 18; **(no) ~ lógico** it's (not) logical, P3, P4, 11; **¡ ~ lo máximo!** That's the best!; That's cool!, 16; **~ malo** it's bad, 11; **~ mejor** it's better, 11; **(no) ~ necesario** it's (not) necessary, P3, P4, 11; **~ ridículo** it's ridiculous, 11; **~ terrible** it's terrible, 11; **~ típico** it's typical, P4; **~ una lástima** it's a shame, 11

escala: hacer ~ en to make a stopover in, 15

escaso(a) scarce, 18

escoger un lema to choose a slogan, 19

escote lowcut neckline, C1

escribir to write; **~ un editorial** to write an editorial, 19

escrito (*p.p. of* **escribir**) written, 14

escritorio desk

escuchar to listen

escultura sculpture, 12

esforzarse (ue) por to make an effort, 11

esfuerzo effort, 17

eslabón (*m.*) link (*as in a chain*), 20

Eso es el colmo. That's the last straw., 16

espalda back, 13

español (*m.*) Spanish language

español(a) Spanish

especies (*f.*) species; **~ amenazadas** endangered species, 18; **~ en peligro de extinción** (*f.*) endangered species, 18

espectáculo show, 12

esperanza hope, 1, 17

esperar to wait, 11, 12

esposa wife

esposo husband

esquí (*m.*) ski, skiing

esquiar to ski

establecer(se) (zc) to establish (yourself), 17

estación (*f.*) station, 12

estado civil marital status, 11

estadio stadium

estadística statistics

estadounidense U.S. citizen

estampilla postage stamp, 15

estándares internacionales international standards, C3

estar to be; **~ a favor de** to be in favor of, 16; **~ al día** to be current, aware of current events, 16; **~ al tanto** to be up to date, 16; **~ a punto de** to be about to, 18; **~ compuesto** to be composed of, C3; **~ con** to be with, 11; **~ congestionado(a)** to be congested, 13; **~ contento(a) de** to be pleased about, 12; **~ de acuerdo (con)** to agree, 16; **~ de moda** to be in style, 16; **~ de vacaciones** be on vacation, P4; **~ enfermo** be sick, P4; **~ harto(a)** to be sick of, fed up with, 16; **~ jugado** die was cast; it was decided, 16; **~ juntos** to be together, 11; **~ mal visto(a)** to be frowned upon, 20; **~ mareado(a)** to feel dizzy, 13; **~ muy ocupado** to be busy, P4; **~ peleados** to be on the outs; to be broken up, 11; **~ por las nubes** to be very happy, 16; **~ vigilado(a)** to be guarded, under surveillance, C2

este (*m.*) east, 15

estómago stomach, 13; **dolor** (*m.*) **de ~** stomachache, 13

estornudar to sneeze, 13

Estoy harto(a). I'm fed up., 16

estrella de cine movie star, 12

estudiante (*m., f.*) student

estudiar to study

etapa de la (tu) vida stage of (your) life, 11, 20

etiqueta ecológica eco-friendly label, 18

etiquetar fotos to label photos, 16

etnia ethnic group, 17

etnocéntrico(a) ethnocentric, 20

evitar to avoid, 17, 18

exagerado(a) tends to exaggerate, 11

examinar to examine, 13
exigente demanding, 20
exigir to demand, 20
éxito success, 17
expectativas expectations, 19
experiencia laboral job experience, 20
experimentado(a) experienced, 11
experimentar to experience; to feel; to undergo, 20
exposición (*f.*) **de arte** art exhibit, 12
extranjero(a) foreigner, C1
extrañar to miss, 17
extraño(a) strange, 12
extrovertido(a) extroverted

F

fábrica factory, 14
fabricantes manufacturers, C3
fácil de manejar easy to use, C3
factura invoice; bill, 18
facturar el equipaje to check one's baggage, 15
faltar to miss, be lacking, 16
fantástico(a) fantastic, 12
fascinar to fascinate, 16
fastidiar(se) to bother; annoy; to get upset, 16
favorito bookmark, 16
fecha límite deadline, 19
feo(a) ugly
festejar to celebrate, 11, 17
fiebre (*f.*) fever, 13
fiel faithful, 17
fiestas patrias Independence Day celebrations, 17
filosofía philosophy
financiar to finance, 19
firmar to sign, 18; **~ la petición** to sign a petition, 19
física physics
flojo(a) lazy, 18
flora y fauna plant and animal wildlife, 18
florecer to flourish, 17
flujo: de video en tiempo real streaming video, 12
formulario form, 14
foto (*f.*) photo
fracasar to fail, 19
fractura fracture, 13
francés (*m.*) French language
francés, francesa French
frenar to stop, 19; to put on the brakes, C1

frente a in front of, P3
frontera border, 17
fuente renovable renewable energy source, 18
fuera de lo común out of the ordinary, 20
fuerza: de trabajo/laboral work force, 19; **~ de voluntad** willpower, 20
fuerzas armadas armed forces, 14
funcionario(a) del Estado/ gobierno (*m., f.*) government official, 19
furioso(a) furious
fútbol (*m.*) soccer; **~ americano** (*m.*) football

G

gama de barreras range of obstacles, 20
ganancia profit, 14
ganar to win; to earn (*money*), 14
garganta throat, 13; **dolor** (*m.*) **de ~** sore throat, 13
generoso(a) generous
geoestacionario(a) geopositional, C2
geografía geography
gesto gesture, 20
gimnasio gymnasium
glaciar (*m.*) glacier, 18
globalización (*f.*) globalization, 14
gobernador(a) (*m., f.*) governor, 19
gobernar to govern, 19
gobierno government, 14
golf (*m.*) golf
golpe (*m.*) blow, strike; **~ de estado** coup, conquest, 17; **~ de suerte** stroke of luck, 18, 19
gordo(a) fat
gotas (*f. pl.*) drops, 13
gotear to leak, 18
gozar to enjoy, 16
grabar to videotape, 12
graduarse de to graduate from, 11
grande big, great
granito de arena grain of sand, 19
gratificante gratifying, rewarding, 20
grifo faucet, 18
gripe (*f.*) flu, 13
grosero(a) rude; crude; vulgar, 20
grueso(a) thick, 17
grupo étnico ethnic group, 17
guapo(a) handsome, attractive

guardar to save, hold on to, 18; **~ cama** to stay in bed , 13
~ cambios to save changes, 16
guatemalteco(a) Guatemalan
guerra war, 14
guía turística tourist guide, brochure, 15
gustar to like, to please, 12

H

haber bautizado to have named, 17
hábil clever, 16
habilidad de tomar decisiones por sí mismo(a) (*f.*) self-directed, 19
habilidades necesarias necessary skills, 14
habitación (*f.*) bedroom; **~ con baño / ducha** room with a bath / shower, 15; **~ de fumar / de no fumar** smoking / non-smoking room, 15; **~ doble** double room, 15; **~ sencilla** single room, 15; **~ sin baño / ducha** room without a bath / shower, 15
hábitat (*m.*) habitat, 18
hacer (*irreg.*) to do; **~ circular la petición** to circulate a petition, 19; **~ cuentas** to sum up, 11; make; **~ ejercicio** to exercise; **~ escala en** to make a stopover in, 15; **~ informes** to write reports, 14; **~le falta (algo a alguien)** he (she) is in need of something, 17; **~se atender** to be seen, 16; **~se amigos(as)** to become friends, 11; **~ un análisis de sangre / orina** to give a blood / urine test, 13; **~ un tour** to take a tour, 15; **~ una radiografía** to take an X-ray, 13; **~ una reservación** to make a reservation, 15
halagar to flatter, 16
hallazgo finding, discovery, 20
hartar: hartarme get fed up, get sick and tired (of), C4
hasta until, 13; **~ que** until, 13
hazaña great or heroic deed, 19, 20; exploit, 20
hebreo rashi North African Hebrew, 17
hecho(a) (*p. p. of* **hacer**) done, 14
hecho fact, 20
hechos events, actions, 17

herencia   inheritance, 17
herida   injury, wound, 13
herido(a)   hurt, injured, 18
hermana (mayor)   (older) sister
hermanastro(a)   stepbrother (stepsister)
hermano (menor)   (younger) brother
herramienta   tool, C3
hielo   ice, 18
hierba   herb, 13
higiénico(a)   hygienic, C4
hija   daughter
hijo   son
¡Híjole!   Holy moly!, 17
hiperespacio   hyperspace, C2
historia   history
hockey (*m.*)   hockey
hogar (*m.*)   home, 20
hoja de papel   sheet of paper
hombre (*m.*)   man
hombro   shoulder, 13
hondureño(a)   Honduran
hongo   fungus, 18
horrible   horrible, 12
hortelano   gardener, 18
hotel (*m.*)   hotel, 15
huelga   strike, 14
huella   mark, P4
huella de carbono   carbon footprint, 18
huerto   vegetable garden, 18
huésped(a)   hotel guest, 15
huracán (*m.*)   hurricane, 14

I

ideales (*m.*)   ideals, 17
idiomas (*m.*)   languages
igualdad (*f.*)   equality, 14
impaciente   impatient
impedir (i)   to impede, 19
imponer (like **poner**)   to impose, 17, 18
importante   important, 12
importar   to matter, to be important to, 16
imprescindible   extremely important, 12
impresionante   impressive, striking, 20
impresionar   to impress, 11
improbable   improbable, unlikely, 12
impuestos   taxes, 19
impulsar   to promote, 19
impulsivo(a)   impulsive
inalámbrico(a)   wireless, 16
inaudito(a)   unprecedented, outrageous, C2

incómodo(a)   uncomfortable, 20
inconveniente (*m.*)   problem; drawback, disadvantage, 20
independizarse de   to gain independence from, 20
índice (*m.*)   index; **~ de audiencia**   movie ratings, 12
indio(a)   Indian
industria   industry, 14
inesperada   unexpected, C4
infancia   infancy, childhood, 11
infección (*f.*)   infection, 13
inflación (*f.*)   inflation, 19
influencia   influence, 17
influir (y)   to influence, 17
informática   computer science
informe (*m.*)   report; **hacer informes**   to write reports, 14
infusión (*f.*)   tea, usually herbal, 18
ingeniería   engineering
ingeniero(a)   engineer
inglés (*m.*)   English language
inglés, inglesa   English
ingresar   to enter, 16
inhabilitarme   have me declared incompetent, 18
iniciar   to initiate, 15; **~ (la) sesión**   to log in; to initiate session, 16
inicio   startup, beginning, 16
injertado(a)   grafted, 17
inmerso(a)   immersed, 20
inmigración (*f.*)   immigration, 17
inmigrar   to immigrate, 17
inodoro   toilet, 18
inseguro(a) de sí mismo(a)   unsure of him- or herself, 20
insistir en   to insist, P4, 11
instrucción (*f.*)   instruction, 13
instructor(a)   instructor
insultar   to insult, 16
integrar(se)   to integrate oneself into, 17
inteligente   intelligent
interacción (*f.*)   interaction, 16
intercambiar   to exchange, 17
intercambio   exchange, 17
interesante   interesting
interesar(se)   to interest; to take an interest in, 16
internauta (*m., f.*)   web surfer, 16
íntimo(a)   intimate, close, 11
intolerancia   intolerance, 17
introvertido(a)   introverted
inundación (*f.*)   flood, 14
inútil   useless, 18
invitado(a)   guest, 11
invitar   to invite, 11

involucrarse (en)   to get involved (in), 18
inyección (*f.*)   injection, 13
ir de juerga   to go partying, 20
irresponsable   irresponsible
isla   island, 15
italiano(a)   Italian
itinerario   itinerary, 15

J

japonés (*m.*)   Japanese language
japonés, japonesa   Japanese
jarabe (*m.*) **(para la tos)**   (cough) syrup, 13
jefe(a)   boss, 14
joven   young
jubilarse   to retire, 11, 14
juego multijugador   multiplayer game, 16
jueves   Thursday
jugar (ue)   to play
justicia   justice, 19; **~ social**   social justice, 19
juventud   youth, 11

L

ladino   Spanish-Hebrew language, 17
lamentablemente   regrettably, 19
lapicero   ballpoint pen; mechanical pencil, C3
lápiz (*m.*)   pencil
lástima: es una ~   it's a shame, 12
lastimarse   to hurt / injure oneself, 13
lata   tin or aluminum can, 18
latir   to beat; to pulsate, 20
lavado en seco   dry cleaning, 15
lección (*f.*)   lesson
lector digital (de periódicos) (*m.*)   e-reader (for newspapers), 16
leer (y)   to read
legado   legacy, 17
legislador(a)   legislator, 19
lejos de   far from, P3
lengua   tongue, 13; **~ materna**   mother tongue, 20; **sacar la ~**   to stick out one's tongue, 13
lenguas   languages
letra   lyrics, C1
levantar   to lift; **~ el ánimo**   to raise one's spirits, 17; **~ pesas**   to lift weights

ley (*f.*) law, 19

libertad (*f.*) freedom, 19; **~ de prensa** freedom of the press, 19

libro book; **libro-e** e-book, 16; **~ electrónico** e-book, 16

líder (*m. and f.*) leader, 14

lidiar to fight, 20

límite autoimpuesto self-imposed limit, C1

lindo(a) pretty

línea: ~ aérea airline, 15

lista de espera waiting list, 15

literatura literature

llamativo(a) striking, 20

llanto crying, weeping, C1

llave (*f.*) key (*to a lock*), 15

llegada arrival, 15

llevar to take, to carry; **~ a cabo** to carry out, 17; **~se bien / mal con la gente** to get along well (badly) with people, 11, 14; **~ una vida sana** to lead a healthy life, 13

llorar to cry, 11

locutor(a) announcer, 12

lógico(a) logical, 12

lograr to attain, achieve, 17

lucha fight, struggle, 17

luchar contra to fight against, 14

lucir to look good, look special, 20

luna de miel honeymoon, 11

lunes Monday

M

madrastra stepmother

madre (*f.*) mother; **~ patria** (*f.*) mother country, 17

madrugada wee hours of the morning, 16

madrugar to get up early; to stay up late (into the wee hours), 20

madurar como persona to mature as a person, 20

madurez maturity, 11

maestro(a) teacher

maleducado(a) bad-mannered; discourteous; rude, 20

malentendido misunderstanding, 20

maleta suitcase, 15

maletín (*m.*) briefcase, 14

malgastar to waste; to squander, 18

malsonante rude, foul, C4

mandar to order, 11

matrimonio marriage, 11

malo(a) bad

mamá mom, mother

mañana morning

mandar to send; **~ mensajes de texto cortos** to send brief text messages, 16; **~ un e-mail a tu representante** to send an e-mail to your representative, 19

manifestación (*f.*) demonstration, 14

mano (*f.*) hand, 13; **darse la ~** to shake hands, 14

mantener (*like* **tener**) **contacto** to maintain contact, 17

mantener en sintonía stay tuned, 11

mapa del sitio (*m.*) site map, 16

mar (*m., f.*) sea, 15

marcapáginas bookmark

marcapasos pacemaker, C3

marcar la diferencia to make a difference, 19

mareado(a): estar ~ to feel dizzy, 13

marido husband, 11

martes Tuesday

materia prima raw material, 20

materno(a) maternal

matones thugs, C2

mayoría a majority, C3

mecánico(a) mechanic

me cuesta mucho it pains me, 18

media hermana half-sister

medicina medicine

médico(a) doctor

mediante through, by means of, C3

medio ambiente environment, 18

medio hermano half-brother

mejor better; **es ~** it's better, 12; **~ dicho** let me rephrase, 16

mejorar to improve, to better, 17

menos: ~ que less than; **a ~ que** unless, 13; **~ mal** just as well, 19

mensajería instantánea (*m.*) instant messaging, 16

mente (*f.*) mind, 17; **~ abierta** open mind, 20

mentiroso(a) dishonest, liar

mentor(a) (*m., f.*) mentor, 20

menú desplegable (*m.*) drop-down menu, 16

menudo(a) small, tiny, slight, C4

mercadeo marketing

mercadillo street market, C4

mercado market; **~ laboral** job market, 20

mesa table

meta goal, 16, 17

meter la pata to stick your foot in your mouth, 20

meterse to get into, 19

mexicano(a) Mexican

mezcla mix; mixing, mixture; blend, 17

mezclar to mix, 17

mientras tanto meanwhile, in the meantime, 11

miércoles Wednesday

ministro (*m., f.*) minister; Secretary, 19

mirar televisión watch television

mirarse el ombligo to navel gaze, P4

misterio mystery, 12

mochila backpack

modales buenos / malos (*m.*) good / bad manners, 20

modo "stand-by" stand-by mode, 18

moléculas molecues, C2

molestar(se) to bother; to be offended, trouble oneself or be bothered, 16

monosíbilabo(a) monosyllabic, C4

montar to ride

morir (ue) to die, 11

mostrador (*m.*) counter; check-in desk, 15

MP3 portátil portable MP3 player

muchacho(a) boy (girl)

mudarse to move, 17

muerte death, 11

muerto(a) (*p.p. of* **morir**) dead, 14

mujer (*f.*) woman; wife, 11

muleta crutch, 13 **mundial: música ~** world music, 12

museo museum

música music; **~ clásica** classical music, 12; **~ contemporánea** contemporary music, 12; **~ country** country music, 12; **~ moderna** modern music, 12; **~ mundial** world music, 12; **~ pop** pop songs, 12

musical musical, 13

N

nacer to be born (to), 11, 17

nacimiento birth, 11, 17

nadar to swim

nariz (*f.*) nose, 13

natación (*f.*) swimming

náuseas (*f. pl.*) nausea, 13

navegar (gu) por Internet to surf the Internet

necesario(a) necessary, 12

necesitar to need, 11

negro(a) black

neozelandés, neozelandesa
New Zealander
nervioso(a) nervous
nicaragüense Nicaraguan
nick nickname, 16
nieta granddaughter
nieto grandson
ni idea no idea whatsoever, 17
niñez childhood, 11
niño(a) boy (girl)
ni siquiera didn't even; not even
nivel (*m.*) **(de emisiones)** level (of emissions) 18
noche (*f.*) evening, night
no dar para to not be enough, 16
¡No estoy bromeando! I'm not kidding!, 17
No les hace ninguna gracia. They don't think it's funny at all., C2
nombre de usuario (*m.*) user name, 16
no pegar (did) not catch, 17
normalidad normalcy, C2
norte (*m.*) north, 15
nostalgia nostalgia, 17
nostálgico(a) nostalgic, 17
nota grade
noticias (*f. pl.*) news, 12; **~ del día** current events, 14
novedoso(a) novel, original; innovative, 20
noventa ninety
noviazgo engagement, 11
novio(a) boyfriend, girlfriend, 11; groom, bride, 11
nuera daughter-in-law
nueve nine
nulo(a) non-existent, nil, C1
numeroso(a) numerous, many, 20
nutrir to take nourishment, 18

O

obra teatral play, 12
obvio(a) obvious, 12
océano ocean, 13
ochenta eighty
ocho eight
ocio leisure time, 20
ocupado(a) busy
oeste (*m.*) west, 15
ofender to offend, 17
oficina office
oficina de correos post office
oído inner ear, 13
ojalá (que) I wish, I hope, 12; **¡~ se mejore pronto!** I hope you'll get better soon! 13

ojo eye, 13
ola wave (of a body of water), C3
olla pot, cooker, 18
olvidar to forget, 11
¡Olvídate! Forget about it!, 18
once eleven
ONU (Organización de las Naciones Unidas) United Nations, 17
ópera opera, 12
oportunidades de voluntariado (*f.*) volunteering opportunities, 19
organización (*f.*) organization, 19; **~ benéfica** charitable organization, 18; **~ comunitaria** community organization, 19; **~ no gubernamental** non-governmental organization (NGO), 19; **~ sin fines de lucro** non-profit organization, 19
organizar en línea to organize online, 19
oreja outer ear, 13
orgullosamente proudly, 17

P

paciente patient
padrastro stepfather
padre (*m.*) father; **padres** (*m.*) parents
padrino groomsman, 11; father of the bride, 11
página: ~ de inicio startup page, 16; **~ principal** home page, 16
pago:; ~ por visión pay per view, 12
palomitas (*f. pl.*) popcorn, 12
palpitar to palpitate, 13
panameño(a) Panamanian
panel solar (*m.*) solar panel, 18
pantalla táctil touchscreen, 16
papá (*m.*) dad, father
papel role; paper
papelera trash can, 18
papelería stationery store
papel reciclado (*m.*) recycled paper, 18
para for, toward, in the direction of, in order to (+ *inf.*); **~ chuparse los dedos** mouthwatering, 20; **~ nada** not at all, 16; **~ que** so that, 13; **~ siempre** always, 16
paraguayo(a) Paraguayan
pareja couple; **~ malemparejada** mismatched couple, 11
participar en programas de aprendizaje-servicio to

participate in service-learning programs, 19
parecer: parecía it seemed, C4
pared (*f.*) wall
participante (*m., f.*) participant, 12
participar en to participate in, 14
pasaporte vigente (*m.*) valid passport, 20
pasaje (*m.*) ticket, 15
pasajero(a) passenger, 15; **~ de clase turista** coach passenger, 15; **~ de primera clase** first class passenger, 15
pasaporte (*m.*) passport, 15
pastilla tablet, 13
paterno(a) paternal
patinar to skate
patria homeland, native country, 17
paz (*f.*) peace; **~ mundial** world peace, 14
pecho chest, 13; (*fig.*) heart
pedazo piece, 18
pedir (i, i) to ask, request, 11
película movie, film, 12; **~ de acción** action movie, 12; **~ de ciencia ficción** science fiction movie, 12; **~ de horror / terror** horror movie, 12; **~ titulada...** movie called . . ., 12
pelirrojo(a) redheaded
peluquero(a) barber / hairdresser
pequeño(a) small
percibir to perceive, 20
pérdida loss, 14, 18, C2
perdonar to forgive, 11
perezoso(a) lazy
perfil (*m.*) profile, 16
periodismo journalism
periodista (*m., f.*) journalist
perjudicar to damage, 16
permitir to permit, allow, 11
perseguir: me perseguía followed me, C4
pertenecer (zc) to belong to; to be a member of, 17
peruano(a) Peruvian
pescar to fish; **~ de pequeños** to find as a child, 18
pesadilla nightmare, 11
pese a in spite of, P4
pesticida (*m.*) pesticide, 18
pie (*m.*) foot, 13
pierna leg, 13
píldora pill, 13
pintar to paint
pintura painting
piscina swimming pool

pista de atletismo athletics track

pizarra interactiva interactive whiteboard

pizzería pizzeria

planeta planet, C2

plantar to plant, 18

plasmar to express, 17

plástico plastic, 18

playa beach, 15

plaza plaza

pleno(a) full; center of; middle, 20

plomería plumbing, 18

plomero(a) plumber

poblar to populate; to inhabit, 17

pobreza poverty, 19

pocho(a) Americanized Mexican American; bilingual but not fluent, 17

poco a poco little by little, 17

poder (*m.*) power, P4

policía (*m., f.*) policeman/ policewoman

política politics; policy, 14, 19; **~ exterior** foreign policy, 19; **~ interna** domestic policy, 19

poner (*irreg.*) to put; **~ una inyección** to give an injection, 13; **~ una vacuna** to vaccinate, 13

por for, during, in, through, along, on behalf of, by; **~ casualidad** by sheer chance or coincidence, 20; **~ cierto** for sure, 18; **~ ejemplo** for example, 16; **~ el camino** on the way, C2; **~ eso** so, that's why, 16; **~ favor** please, 16; **~ fin** finally, 16; **~ lo general** generally, 16; **~ lo menos** at least, 16; **~ qué** why, 16; **~ satélite** by satellite dish, 12; **~ si** in case, 16; **~ si las dudas** just in case, 18; **~ supuesto** of course, 16

porque because, 16

portátil: MP3 ~ portable MP3 player; **computadora ~** laptop computer

portavoz (*m., f.*) spokesperson, 19

portugués, portuguesa Portuguese

poseer to possess, 19

postularse to apply for something, 19

practicar deportes to play sports

preferencias preferences, 16

pregunta question, 13

preocupado(a) worried

presentador(a) host (*of a show*), 12

preservar to preserve, 18

presumido(a) conceited; full of oneself; arrogant, 20

presupuesto budget, 14

previsto(a) foreseen; predicted, 20

prima female cousin

primario(a) primitive, 17

primo male cousin

principios principles, 17

privacidad (*f.*) privacy, 16

privilegio privilege, 19

probable probable, likely, 12

proceder con cautela to proceed with caution, C2

proceso: ~ de la visa visa process, 20; **~ electoral** election process, 14

procurar to try, 20

producto interno bruto (PIB) gross domestic product (GDP), 19

profesor(a) professor

programa (*m.*) program; **~ de concursos** game show, 12; **~ de entrevistas** talk show, 12; **~ de realidad** reality show, 12; **~ de televisión** television program, 12

programador(a) programmer

prohibido para menores rated R (minors restricted), 12

prohibir to forbid, 11

prometedor(a) promising, 20

promover to promote, 18

proteger to protect, 18

protegido(a) protected, 18

proveer to provide, 19

proyecto: de corto (largo) plazo short-term (long-term) project, 19; **~ de ley** bill, 19

prudente prudent, sensible, 20

psicología psychology

publicidad (*f.*) public relations

público audience, 12

pueblo people; village, 17

puerta door; **~ (de embarque)** (departure) gate, 15

puertorriqueño(a) Puerto Rican

puesto job, position, 14

puesto (*p.p. of* **poner**) placed, 14

puesto stall, stand, C4

pulir to polish, 20

pulmón (*m.*) lung, 13

punto culminante climax, C4

puntual punctual, 14

Q

quedar(se) to be left; to stay, 16; **~ con los brazos cruzados** to twiddle your thumbs, 20; **~ solo(a)** to remain alone; to be left alone, 11

qué: ¿qué? what? which?; **¡~ demonios!** What the heck!, C2; **¿~ le duele?** What hurts (you)? 13; **¡ ~ lata!** What a pain!, 16; **~ rayos** what the heck, P4; **¿~ síntomas tiene?** What are your symptoms? 13; **¿ ~ sé yo?** What do I know?, 17

quebrado(a) broken, 13

querer (ie) to love, 11

querido(a) beloved, 11

química chemistry

quince fifteen

500 del ala 500 cash, C3

R

R & B Rhythm and Blues, 12

rábano radish, 18

radiografía: tomar una ~ to take an X-ray, 13

raíz (*f.*) root, 17

rap (*m.*) rap, 12

rasgo characteristic, 17

rastro trace, C4

raza race, 17

reacción (*f.*) **crítica** critical reaction, 12

realizar to carry out, execute, 17

rebelde (*m., f.*) rebel, 20

rebuscado(a) affected, unnatural, 16

recapitular to sum up, recap, 11

recargarse recharge, C3

recaudar fondos to collect funds, 19

recepción (*f.*) reception desk, 15

recesión (*f.*) recession, 19

receta prescription, 13

recetar una medicina to prescribe a medicine, 13

reciclable renewable, recyclable, 18

reciclar to recycle, 18

recipiente (*m.*) container, 18

recomendar (ie) to recommend, 11

recovecos nooks and crannies, 18

recuperación recovery, C3

recurrir a to turn to, 17

recursos naturales natural resources, 18

red social (*f.*) social networking, 16

reducción (de gases) (*f.*) reduction of gases, 18

reducir (-zco) to reduce, 18

reemplazar to replace, C4

regalado given as a gift, 17

regalar to give as a gift, 11

regatear: regateando bargaining, C4

registrarse to register, 15; **~ para votar** to register to vote, 19

regocijo joy, 20

Regresar Back button, 16

reiniciar: ser reiniciado reboot, C3

relajar(se) to relax; to be relaxed, 16

remar to row

remitente (*m.* and *f.*) sender, 16

reparo doubt, reservation, C4

repartir panfletos / folletos to distribute, hand out pamphlets/ brochures, 19

repetir (i, i) to repeat

replicar to reply, respond, 20

representante (*m., f.*) representative (U.S.), 19

requerir (ie) to require, 11

requisito requisite, 14

reseña review, 12

reservación (*f.*) reservation, 15

reserva natural (*f.*) natural preserve, 18

resfriado cold (*e.g., head cold*), 13

resfriarse to get chilled; to catch cold, 13

residencia estudiantil dormitory

residuos orgánicos organic waste products, 18

resolver (ue) to resolve, 18

respaldo support; backing, 20

respetar to respect, 17

respeto respect, 17

respetuoso(a) respectful, C3

respirar to breathe; **Respire hondo.** Breathe deeply. 13

Responder Reply, 16; **~ a todos** Reply to all, 16

responsable responsible

restarle seriedad al asunto to play down the seriousness of the situation, 19

restaurante (*m.*) restaurant

resultar to result in, 11

retraso delay, 15

restringido(a) restricted, 16

reto challenge, 17

retratarse: me retrataba described me, C4

reunión reunion, 11

reutilizable reusable, 18

reutilizar to reuse, 18

revisar to read, examine; to review, 16

ridículo(a) ridiculous, 12

riesgo risk, 17, 19

rincones de la memoria (*m.*) the corners of memory, 20

ritmo de la vida rhythm of life, 20

robatiempo a waste of time, 16

robo de (la) identidad identity theft, 20

roce brush, touch (as in: the brush of her skin), C1

rock (*m.*) rock (music), 12

rodilla knee, 13

rompecorazones (*m., f.*) heartbreaker, 11

romper con to break up with, 11

roncar to snore, 20

roto (*p.p. of* **romper**) broken, 14

rótulo sign, 20

rubio(a) blond

ruina ruin, 15

ruptura tecnológica technological break, C3

S

sábado Saturday

saber trabajar sin supervisión directa self directed, 19

sabiduría wisdom, 20

sablazo ripoff, C2

sacar (qu) to take out; **~ la lengua** to stick out one's tongue, 13

sacudida de dedo a flick of the finger, C3

sala living room; **~ de emergencias** emergency room, 13; **~ de equipajes** baggage claim, 15; **~ de espera** waiting room, 13; **~ privada** private chat room, 16

salida departure, 15

salón (*m.*) **de clase** classroom

saltar to skip, 16

saltarse las normas to break the rules, 16

salud (*f.*) health

salvadoreño(a) Salvadoran

salvar to save, 18

salvavidas (*m.*) lifesaver, 16

salir con to go out with; to date, 11

sanciones económicas (*f.*) economic sanctions, 18

sangre (*f.*) blood, 13

satisfacer (*like* **hacer**) to satisfy, 14

satisfecho (*p.p. of* **satisfacer**) satisfied, 14

secador (*m.*) **de pelo** hairdryer, 15

secar to dry, 18

secretario(a) secretary

sefardí (*m.*) Sephardic Jew, 17

seguro(a) sure, certain; **~ de sí mismo(a)** sure of him or herself, 20; **no es seguro** it's not sure, 12; **no estar ~ de** to not be sure, 12; **~ médico** medical insurance, 14

Sé lo que digo. I know what I'm talking about, 17

seis six

selva tropical rainforest, 15, 18

sembrado(a) planted, 17

semilla seed, 19

senador(a) (*m., f.*) senator, 19

sensato(a) prudent, sensible, 20

sensible sensitive, 11

sentir (ie, i) to feel; to feel sorry, to regret, 12

separación separation, 11

separado(a) separated, 11

separarse de to separate from, 11

serio(a) serious

ser tal para cual to be two of a kind, 16

servicio service; **~ a la habitación** room service, 15; **~ comunitario** community service, 19; **~ despertador** wake-up call, 15; **~ juvenil** youth service, 19

servidor seguro (*m.*) secure server, 16

sesenta sixty

setenta seventy

show (*m.*) show, 12

sida AIDS, 18

siempre y cuando when and if, 19

siete seven

Siguiente Next, 16

silla chair

simpático(a) nice

sincero(a) sincere

sin without; **~ falta** without fail, 16; **~ mucha vuelta** without beating around the bush, 19; **~ que** without, 13

síntoma (*m.*) symptom, 13

sistema (*m.*): **~ de pago** (*m.*) payment method, 20; **~ GPS** GPS (Geographical Positioning System), 16

sitios de redes sociales (SRS) social networking sites, 16

sitio web seguro secure web site, 16

smartphone (*m.*) smartphone, 16

soberbio(a) proud, arrogant, haughty, 20

sobrepoblación (*f.*) overpopulation, 18

sobrevivir to survive, overcome, P, 14

sobrino(a) nephew (niece)

socio(a) (*m., f.*) member, partner, 19

soler (ue) to be in the habit of (usually), 17

solicitar empleo to apply for a job, 14

solicitud (*f.*) application, 14

solidaridad cívica (*f.*) civic solidarity, 19

soltero(a) single, 11

sonoro(a) resonant, 17

sorteo raffle, C4

sospechoso(a) suspicious, C2

sostenible sustainable, 18

sorprender to surprise, 12

sorpresa surprise, 11

streaming (*m.*) streaming video, 12

subir: ~ a to load onto, 16; **~ audio y video** to upload audio and video, 16; **~ fotos** to upload photos, 16

súbitamente abruptly, 19

subtítulos: con ~ en inglés with subtitles in English, 12

suceder to happen, occur, 20

sudor (*m.*) sweat, P4, C1

suegro(a) father-in-law (mother-in-law)

sueño dream, 17

sufrir to suffer, 11, 17; **~ (las consecuencias)** to suffer (the consequences), 14

sugerir (ie, i) to suggest, 11

sumamente extremely, 17

sumergirse to immerse oneself, 20

superar to overcome, 17

supermercado supermarket

supervisar to supervise, 14

sur (*m.*) south, 15

surgir to arise; to develop, emerge, 18

T

tala tree felling, 18

tal como (lo/los/las) pinta the way he (she) tells it, 11

tallado de madera wood carvings, 17

taparse los ojos to cover one's eyes, 19

tarde (*f.*) afternoon; **~ o temprano** sooner or later, 16;

tarea homework

tarjeta business card, 14; **~ de embarque** boarding pass, 15; **~ postal** postcard, 15

tasa rate; **~ de desempleo** unemployment rate, 19; **~ delictiva** crime rate, 19

te apuesto I bet you, 20

telecomedia sitcom, 12

telecomunicaciones (*f. pl.*) telecommunications, 14

teledrama (*m.*) drama series, 12

teléfono inteligente smartphone, 16

teleguía TV guide, 12

telenovela soap opera, 12

teleserie (*f.*) TV series, 12

televidente (*m., f.*) TV viewer, 12

televisión (*f.*) television broadcasting, 12; **~ de pago** pay TV, enhanced cable, premium channels, 12; **~ por cable** cable TV, 15

televisor de alta definición (*m.*) HDTV; high definition television, 16

¡Te lo juro! I swear!, 18

temblar (ie) to tremble, 19

temer to fear, 12, 16

temeroso(a) fearful, timid, 20

temor (*m.*) fear, 17, 20

temporada alta (baja) high (low) season, 20

temprano early

tener (el) espíritu de participación to have a spirit of participation, 19

tener to have, 19; **~ algunos conocimientos de...** to have some knowledge of . . ., 14; **~ buena (mala) pinta** to have a good (bad) appearance, 20; **~ buena presencia** to have a good presence, 14; **~ entendido que...** to have the impression that . . .; to have understood that . . ., 20; **~ (la) iniciativa propia** to have initiative, 19; **~ las habilidades necesarias** to have the necessary skills, 14; **~ mucha experiencia en** to have a lot of experience in, 14; **~ suerte** to be lucky, 16

tenis (*m.*) tennis

teoría theory, C2

terco(a) stubborn, 20

terremoto earthquake, 14

terrenal earthly, 17

terreno land, (home) country, 20

terrorismo terrorism, 14

testigo witness, 19

textear to text, 16

texteo texting, 16

tía aunt

tiempo weather; **a ~ completo** full-time (*work*), 14; **a ~ parcial** part-time (*work*), 14

tienda store

tierra land, 17; **~ natal** homeland, native land, 17

timbre (*m.*) bell, 17

tímido(a) shy

tío uncle

tirar to throw away, 18

tirita (small) bandage, 13

titubear hesitating, 19

tiza chalk

tobillo ankle, 13; **~ torcido** twisted ankle, 13 ; **~ quebrado / roto** broken ankle, 13

tocar to play

tolerancia tolerance, 17

toma de corriente electrical socket, C3

tomar to take; **~ medidas** to take measures, 14; **~ la presión** to take blood pressure, 13; **~ la temperatura** to take the temperature, 13; **~ una radiografía** to take an X-ray, 13

tonto(a) silly, stupid

torres gemelas (*f.*) twin towers, 20

tortuga turtle, C4

tos (*f.*) cough, 13; **jarabe** (*m.*) **para la ~** cough syrup, 13

toser to cough, 13

tóxico(a) toxic, 18

trabajador(a) hard-working; worker

trabajar to work, 19; **~ a tiempo completo** to work full-time, 14; **~ a tiempo parcial** to work part-time, 14; **~ como un(a) asistente legislativo(a)** to work as a legislative aide, 19; **~ como voluntario** work as a volunteer, 19; **~ con grupos de la iglesia** work with church groups, 19

tradición oral (*f.*) oral tradition, 17

traducción (*f.*)   translation, 17
traducir (zc)   to translate, 17
traer: traer consigo   bring with it, C1
Trague.   Swallow. 13
traicionar   to betray, 11
trama   plot, C4
trámite (*m.*)   procedure, 20;
   ~a aduaneros   customs procedures, 20
transacción (*f.*)   transaction, 16
tránsito   motor traffic, 18
trascender   to go beyond, transcend, 19
trasladarse   to relocate, transfer, 17
trastos   junk, C4
tratarse de   to be a matter of; to be;
   Se trata de…   It's about . . ., 12
triste   sad
tristeza   sadness, 11
trece   thirteen
treinta   thirty
tres   three
tromba   whirlwind, 19
tuitear   to tweet, 16
tuiteo   a tweet, 16
tutor(a) (*m., f.*)   tutor, 20

U

un montón   a ton; a lot; loads of, 20
un sinfín   an innumerable amount, 16
únicamente   only, solely, C3
unidireccional   uni-directional, C2
universo   universe, C2
uno   one

uruguayo(a)   Uruguayan
usar los medios sociales para organizar el voto   to use social networking to organize the vote, 19
utilizar   to utilize, 18

V

vacuna   vaccination, 13, 20
vagar sin rumbo   to wander, roam aimlessly, 20
valer: la pena   to be worthwhile, 16; **~se por sí mismo(a)**   to be independent, self-sufficient, 19
valiente   brave, 11
valores (*m.*)   values, 17
vanidoso(a)   vain, 20
variopinta   motley, 20
veinte   twenty
veintiuno   twenty-one
vejeta   older woman, 16
velado(a)   veiled, hidden, 17
venda de gasa   gauze bandage, 13
venezolano(a)   Venezuelan
venganza   revenge, C4
ventas cortas   short sales, C2
ventaja   advantage, 14, 18
ventana   window
verdad   true; **(no) es ~**   it's (not) true, 12; **~** (*f.*)   truth
vestuario   wardrobe, 17
veterinario(a)   veterinarian
vía de doble sentido   two-way street, 17
viajar   to travel; **~ al extranjero**   to travel abroad, 15

viaje: viaje educativo (*m.*)   educational travel/trip, 20;
   ~ interdimensional   interdimensional trips, C2
vida nocturna   night life, 20
vida silvestre   wildlife, 18
video a pedido, ~ bajo demanda   video on demand, 12
viejo(a)   old
viernes   Friday
vigilar   to watch, guard, 18
violencia   violence, 14
visa estudiantil   student visa, 20
visionario(a) (*m., f.*)   visionary, 19
visitar a amigos   to visit friends
visto (*p. p. of* **ver**)   seen, 14
vitamina   vitamin, 13
viudo(a)   widowed, 11
vivero   (plant) nursery, 18
vivienda   housing, 19
vivo: en ~   live, 12
volcán (*m.*)   volcano, 15
volibol (*m.*)   volleyball
voluntario(a) en línea (*m., f.*)   online volunteer, 19
vomitar   to throw up, 13
votar   to vote, 14
votos matrimoniales   marriage vows, 11
vuelo   flight, 15
vuelto (*p.p. of* **volver**)   returned, 14

Y

yerno   son-in-law

English–Spanish Glossary

P = capítulo preliminar
C1 = Cortometraje pp. 102–105
C2 = Cortometraje pp. 172–175
C3 = Cortometraje pp. 304–307
C4 = Cortometraje pp. 396–399

A

abruptly súbitamente, 19
accessible asequible, C3
accountant contador(a)
accounting contabilidad (*f.*)
accustomed acostumbrar(se) a, 16, C2
achieve alcanzar, lograr, 17
acquire adquirir, 17
active activo(a)
activist activista (*m., f.*), 19
activity actividad (*f.*)
actor actor (*m.*)
actress actriz (*f.*)
adapt adaptarse, 17
add agregar, 16
address book archivo de contactos, 16
adolescence adolescencia, 11
advantage ventaja, 14, 18
adventurous aventurero(a), 20
adversary adversario(a) (*m., f.*), 19
advice consejo, 13
advise aconsejar, 11
affair aventura amorosa, 11
affect afectar, 18
affected rebuscado(a), 16
affection cariño, 11
affectionate amoroso(a), 20; cariñoso(a), 11
affirm afirmar, 17
after después (de) que, 13
against en contra de, C4
agree estar de acuerdo (con), 16
AIDS sida, 18
air conditioning aire (*m.*) acondicionado, 15
airline línea aérea, 15
airplane avión (*m.*), 15
alien foreign, 20
allergy alergia, 13
alliance alianza, 11
alone: to be left alone dejar solo, 11
although aunque, 13
aluminum aluminio, 18
always para siempre, 16
amazing alucinante, 20
Americanized Mexican American (*bilingual but not fluent*) pocho(a), 17

ancestor antepasado, 17
ancestry ascendencia, 7
anchored anclado(a) (*p.p. of anclar*), 20
angry enojado(a)
animal and plant wildlife fauna y flora, 18
animated animado(a) (*p.p. of animar*), 17
ankle tobillo, 13; **broken ~** tobillo quebrado / roto, 13; **twisted ~** tobillo torcido, 13
annihilated aniquilado(a) (*p.p. of aniquilar*), 17
announcer locutor(a), 12
antibiotic antibiótico, 13
anxious ansioso(a), angustiado(a), 17
apartment apartamento
apologize disculparse, 20
appear aparecer (aparezco), 11
appearance (good) buena presencia, 20
application solicitud (*f.*), 14
apply for a job solicitar empleo, 14; **~ for something** postularse, 19
apprenticeship aprendizaje (*m.*), 20
apt apto(a)
Arabic language árabe (*m.*)
architect arquitecto(a)
architecture arquitectura
archive almacenar, 16
Argentinian argentino(a)
arise surgir, 18
arm brazo, 13
armed forces fuerzas armadas, 14
army ejército, 14
arrival llegada, 15
arrogant soberbio(a), 20
art arte (*m.*); **the ~s** arte y cultura, 12; **~ exhibit** exposición (*f.*) de arte, 12
artist artista (*m., f.*), P
as it's portrayed como lo pintan, 18
as soon as en cuanto, 13
ashamed avergonzado(a), 17
ask pedir (i, i), 11
aspirin aspirina, 13
assimilate (*get used to*) asimilarse: asimílase, C4

assistant asistente (*m., f.*)
assure oneself asegurarse, 17
astonishment asombro, 19
athletics track pista de atletismo
Attach (a file) Adjuntar (un archivo), 16
attempt atentado, 20
attract atraer, 11, 16
audience público, 12
audio audio
auditorium auditorio
aunt tía
Australian australiano(a)
authorities autoridades (*f.*), 19
availability disponibilidad (*f.*), 19
available disponible, 14, C3
avoid evitar, 17, 18

B

back espalda 13
Back button Atrás, Regresar, 16
back up or duplicate a file duplicar archivos, 16
backpack mochila
backwards al revés, C1
bad malo(a); **bad-mannered** maleducado(a), 20
baggage equipaje (*m.*), 15; **check one's ~** facturar el equipaje, 15; **~ claim** sala de equipajes, 15
ballpoint pen bolígrafo, lapicero, C3
bandage (*small*) curita, 13
bank banco
banquet banquete, 11
bargain regatear, C4
baseball béisbol (*m.*)
basketball básquetbol (*m.*)
be enough dar para, 16
beach playa, 15
beat latir, 20; **~ around the bush** andarse por las ramas, 19
beautify embellecer, 20
because porque, 16
bed cama; **stay in ~** guardar cama, 13
bedroom habitación (*f.*)
before antes; antes (de) que, 1
behave comportar, 18, 20
belief creencia 17

believe (*in*)   creer (en); **not ~** no creer, 12
bell   timbre (*m.*), 17
bellhop   botones (*m. s.*), 15
belong to   pertenecer (zc), 17
beloved   querido(a), 11
benefit   beneficio, 14; beneficiar, 18
betray   traicionar, 11
better   mejor
between   entre, P3
big   grande
bill   proyecto de ley, 19
biodegradable   biodegradable, 18; **~diversity**   biodiversidad (*f.*), 18
biology   biología
bio-optical device   dispositivo bio-óptico, C3
birth   nacimiento, 11, 17
black   negro(a)
blame   culpa (*m.*), 17; culpar, 19
bleaching   blanqueamiento, 18
blond   rubio(a)
blood   sangre (*f.*), 13; **~ test**   análisis (*m.*) de sangre, 13
blow   golpe (*m.*)
board   abordar, 15; **~ing pass**   tarjeta de embarque, 15
body   cuerpo, 13
Bolivian   boliviano(a)
book   libro; **e-~**   libro-e, libro electrónico, 16
bookmark   marcapáginas, 16
border   frontera, 17
boring   aburrido(a)
born (to)   nacer, 11, 17
boss   jefe(a), 14
both sides   ambas caras, C3
bother   fastidiar(se), 16
boxing   boxeo
boy   chibolo, P4; muchacho, chico, niño
boyfriend   novio, 11
brain   cerebro, C3
brave   valiente, 11, audaz, 20
break up with   romper con, 11
breakfast   desayuno; **~ included**   desayuno incluido, 15
breathe   respirar; **~ deeply.** Respire hondo., 13
bridesmaid   dama de honor, 11
briefcase   maletín (*m.*), 14
bring   traer, C1
broad   amplio(a), 20
broaden   ampliar, 20
broken   quebrado(a), 13; roto (*p.p. of* romper), 14
brother   hermano; **~-in-law**   cuñado

brown   castaño(a)
brush   roce, C1
budget   presupuesto, 14
buffet   buffet, 11
business   empresas (*pl.*); **~ administration**   administración de empresas (*f.*); **~ card**   tarjeta, 14; **~man / ~woman**   empresario(a), 14
busy   estar muy ocupado, P4

C

cable television   cable (*m.*), 12
cafeteria   cafetería
calculus   cálculo
campaign   campaña, P3, 14
Canadian   canadiense
cancel   cancelar, 16
candidate   candidato(a), 14
candy   dulce (*m.*), 12
canyon   cañón (*m.*), 15
capable   capaz de, C1
capricious   caprichoso(a), 20
captivity   cautiverio, 18
capture   captar, 20
carbon footprint   huella de carbono, 18
cardboard   cartón (*m.*), 18
careless   descuidarse, 20
caress   acariciar, caricia, 11
carpenter   carpintero(a)
carry out   llevar a cabo, realizar, 17
cartoon   dibujo animado, 12
catch (did not)   no pegar, 17; **~ cold**   resfriarse, 13
cautious   cuidadoso(a)
celebrate   celebrar, 11; festejar 11, 17
censure   censurar, 18
certain   cierto(a); **it's not ~**   no es cierto, 12
chalk   tiza
challenge   desafiar, reto, 17
change   cambiar; **~ the channel**   cambiar el canal, 12; **~ the subject**   cambiar de tema, 16
chapter   capítulo
characteristic   rasgo, 17
chat   charla, 16; **~ online**   chatear, 16; **real-time / live ~**   charla en tiempo real, 16
check one's baggage   facturar el equipaje, 15
check-in desk   mostrador (*m.*), 15
checkup (physical)   chequeo médico, 13
cheer up   animar(se), 20

chemistry   química
chest   pecho, 13
childhood   niñez, 11
Chilean   chileno(a)
Chinese   chino(a)
Chinese   language chino
chocolate   chocolate (*m.*), 12
choose: ~ an option   elegir una opción, 16; **~ a slogan**   escoger un lema, 19
circulate a petition   hacer circular la petición, 19
citizen   ciudadano(a), 14
civic: ~ duty   deber cívico (*m.*), 19; **~ solidarity**   solidaridad (*f.*) cívica, 19
civil rights   derechos civiles, 19
clarify   aclarar, 20
class   clase (*f.*); **lower ~**   clase baja
classroom   salón (*m.*) de clase
clever   hábil, 16
climate change   cambio climático, 18
climax   punto culminante, C4
clinic   clínica, 13
close-minded   cerrado(a), 20
close to   cerca de
code   código, 16
coexist   convivir, 17
cold (*e.g., head cold*)   catarro, resfriado, 13
collaborate   colaborar, 19
collect funds   recaudar fondos, 19
Colombian   colombiano(a)
comedy (*romantic*)   comedia (romántica), 12
comfort zone   área de confort (*m.*), 20
comfortable   cómodo(a), 20
comment   comentar, 16
commit oneself   comprometerse, 19
compassionate   compasivo(a), 19
compensate   compensar, 18
competent   capacitado(a), 19
composed   estar compuesto, C3
compost   compostaje (*m.*), 18
computer   computadora; **laptop ~**   computadora portátil; **~ science**   computación (*f.*), informática
conceited   presumido(a), 20
concierge   conserje (*m., f.*), 15
condemned   condenado(a) (*p.p. of* condenar), 20
confused   confundido(a), 17
congested   estar congestionado(a), 13
congregate   congregarse, 20

connection conexión (*f.*);
   Internet ~ conexión a Internet, 15
conscience conciencia, 18
conservation conservación (*f.*), 18
conserve conservar, 18
consume consumir, 18
consumerism consumismo, 19
consumption consumo, 18
container recipiente (*m.*), 18
contaminate contaminar, 18
contract contrato, 14
contribute contribuir (y), 19
convene convocar, 20
cook cocinar, P; **~ing** cocción
   (*f.*), 18
cooperate cooperar, 17, 19
coordinate coordinar, 19
correct corregir, 11
cost costo, 14
Costa Rican costarricense
cough tos (*f.*), 13; toser, 13;
   ~ syrup jarabe (*m.*) para la tos
coup golpe de estado, 17
couple pareja; **mismatched ~**
   pareja malemparejada, 11
cover one's eyes taparse los ojos, 19
cowardice cobardía, 11
cowardly cobarde, 11
cream crema, 13
crime crimen (*m.*), 14; delito, P4
criterion criterio, 20
critic crítico(a), 12
critical reaction reacción (*f.*)
   crítica, 12
criticism; critique review crítica,
   12
cross it atravesarlo, C2
crutch muleta, 13
cry llorar, 11
Cuban cubano(a)
culture shock choque cultural
   (*m.*), 20
curled up acurrucado(a) (*p.p. of*
   acurrucar), 19
current events noticias del día, 14
curriculum vitae currículum vitae
   (*m.*), 14
custom costumbre (*f.*), 17
customs aduana, 15
cut cortar, 13; **~ and paste** cortar
   y pegar, 16; **~ oneself** cortarse, 13
cycling ciclismo

D

damage perjudicar, 16
dance danza, 12
date cita, 12; salir con, 11;
   blind ~ cita a ciegas, 11

daughter hija; **~-in-law** nuera
dawn madrugada, 16
dazed atolondrado(a) (*p.p. of*
   atolondrar), 20
dead muerto(a) (*p.p. of* morir), 14
deadline fecha límite, 19
death muerte, 11
deceive engañar, 16
defeat derrota, C4
definitively definitivamente, 18
deforest deforestar, 18
deforestation deforestación (*f.*), 18
delay demora, demorar, 15; retraso,
   15
delegate delegado(a) (*m, f.*), 19
delete borrar, 16
delivery entrega, C4
demand exigir, 20
demanding exigente, 20
democracy democracia, 19
demonstration manifestación (*f.*),
   14
denounce denunciar, 19
dentist dentista (*m., f.*)
departure salida, 15
depressed deprimido(a) (*p.p. of*
   deprimir), 17
descendants descendencia, 17
desert desierto, 15
desk escritorio
destroy destruir (y), 18
detail-oriented detallista, 14
develop desarrollar, 17
development desarrollo, 14
dictionary diccionario
die morir (ue), 11
die was cast estar jugado, 16
dimensional error error
   dimensional, C2
direct dirigir (j), 14
disability discapacidad (*f.*), 19
disadvantage desventaja, 14, 18
disappear desaparecer (-zco), 11, 18
disciplined disciplinado(a), 20
disconnect desconectar, 18
discovery hallazgo, 20
discrimination discriminación (*f.*),
   14
disembark desembarcar
   (qu), 15
dishonest mentiroso(a)
displace desplazarse, 17
disposable desechable, 18
disseminate information
   diseminar información, 19
distance oneself from alejarse
   de, 11
distressed angustiado(a), 17
diversity diversidad (*f.*), 17

divorce divorcio, divorciarse de, 11;
   divorced divorciado(a), 11
dizzy estar mareado(a), 13
do hacer (*irreg.*)
doctor médico(a); **~'s office**
   consultorio del médico, 13
document documento, 16
documentary documental (*m.*), 12
Dominican dominicano(a)
done hecho(a) (*p. p. of* hacer), 14
don't worry apurarse: no se apure, C2
door puerta
dormitory dormitorio, residencia
   estudiantil
doubt reparo, C4; **~ (that)**
   dudar (que), P4, 12
doubtful dudoso(a), 12
download audio and video bajar
   audio y video, 16; **~ photos**
   bajar fotos, 16
drag arrastrar, 16, C4
drama drama (*m.*), 12; **~ series**
   teledrama (*m.*), 12
drawing dibujo
dream sueño, 17
drive you crazy enloquecer, C2
drop-down menu menú
   desplegable (*m.*), 16
drops gotas (*f. pl.*), 13
dry secar, 18
dry cleaning lavado en seco, 15
dubbed doblado(a), 12
during por

E

early temprano
earthly terrenal, 17
earthquake terremoto, 14
east este (*m.*), 15
Easter bunny conejo de pascua, 17
easy to use fácil de manejar, C3
eat comer; **~ healthy foods** comer
   alimentos nutritivos, 13
eco-friendly label etiqueta
   ecológica, 18
economic crisis crisis económica /
   fiscal (*f.*), 19; **~ sanctions**
   sanciones económicas (*f.*), 18
economics economía, 14
economy economía, 14
ecosystem ecosistema (*m.*), 18;
   aquatic ~ ecosistema acuático,
   18; **forest ~** ecosistema
   forestal, 18
Ecuadoran ecuatoriano(a)
educated culto(a), 20
education educación (*f.*)
effort esfuerzo, 17

eggplant berenjena, 18
eight ocho
eighteen dieciocho
eighty ochenta
elbow codo, 13
election elección (*f.*), 14
election process proceso electoral, 14
electorate electorado, 19
electric car auto eléctrico, 18
electrical socket toma de corriente, C3
elevator ascensor (*m.*), 15
eleven once
e-mail e-mail (*m.*); **chain ~** e-mail en cadena (*m.*), 16
embarrassing bochornoso(a), 20
embroidery bordado, 17
emergency emergencia, 13
emigrate (from) emigrar (de), 17
emigration emigración (*f.*), 17
emissions emisiones (*f.*), 18;
   carbon dioxide ~ emisiones de dióxido de carbono, 18;
   greenhouse gas ~ emisiones de gases de efecto invernadero, 18;
   level of ~ nivel de emisiones, 18
empathetic empático(a), 19
employ emplear, 14
employee empleado(a), 14
employment empleo, 19
encourage animar, 18; animar(se), 20
enemy enemigo(a)
engaged comprometerse, 11
engagement noviazgo, 11
engineer ingeniero(a)
engineering ingeniería
English inglés, inglesa;
   ~ language inglés (*m.*)
enjoy disfrutar (de), 11, 16, 18; gozar, 16
enjoyable agradable, 20
enough bastar, 16
entail conllevar, 20
enter ingresar, 16
enterprising emprendedor(a), 14
entertain (oneself) entretener(se), 16
entitled de derechas, 18
entrust encomendar (ie), 20
environment entorno; medio ambiente, 18; **professional ~** entorno profesional, 20
envoys enviados, 17
episode episodio, 12
equality igualdad (*f.*), 14
Equatorial Guinean ecuatoguineano(a)

erase borrar, 16
e-reader (*for newspapers*) lector digital (de periódicos) (*m.*), 16
ethnic group etnia, 17; grupo étnico, 17
ethnocentric etnocéntrico(a), 20
even though aunque, 13
evening noche (*f.*)
event acontecimiento, 20;
   ~s hechos, 17
exaggerate exagerado(a), 11
examine examinar, 13
exchange intercambiar, intercambio, 17; **~ money** cambiar dinero, 15
excited emocionado(a), 17
exercise hacer ejercicio
exhausted agotado(a), 17
expand ampliar, 20
expansive amplio(a), 20
expectations expectativas, 19
experience experimentar, 20;
   ~ in experimentar suerte, 14
experienced experimentado(a), 11
exploit hazaña, 20
express plasmar, 17
extremely sumamente, 17
extroverted extrovertido(a)
eye ojo, 13

F

face the challenges enfrentarse a los retos, 17
face to face cara a cara, 17
fact hecho, 20
factory fábrica, 14
fail fracasar, 19
faint desmayarse, 13
fair trade comercio justo, 19
faithful fiel, 17
fall silent enmudecer, 19
family chain (*lit.*) cadena familiar, 20
fantastic fantástico(a), 12
far (from) lejos (de), P3
fascinate fascinar, 16
fat gordo(a)
father padre (*m.*); **~ of the bride** padrino, 11; **~-in-law** suegro
faucet grifo, 18
fault culpa, P4
fear temer, 12, 16
fed up with estar harto(a), 16
fever fiebre, (*f.*) 13
fifteen quince
fifty cincuenta
fight lidiar, 20
fight against luchar contra, 14
finally por fin

finance financiar, 19
find as a child pescar de pequeños, 18
find out enterarse de, 11; averiguar (gü), 14
finger dedo 13; **flick of the ~** sacudida de dedo C3
fire despedir (i, i), 14; **~fighter** bombero(a)
first of all antes que nada, 16
firsthand de primera mano, 20
fish pescar
fit caber, 20
five cinco
500 cash 500 del ala, C3
flag bandera, 17
flatter halagar, 16
flight vuelo 15; **~ attendant** asistente de vuelo, 15
flood inundación (*f.*) 14
flourish florecer, 17
flu gripe (*f.*), 13
folder carpeta, C3
follow perseguir, C4
foot pie (*m.*), 13
football fútbol americano (*m.*)
footwear calzado, C4
for para, (+ *inf.*); **~ example** ejemplo, 16
forbid prohibir, 11
foreigner extranjero(a), C1
foreseen previsto(a), 20
forest bosque (*m.*), 15
forget olvidar, 11; **~ about it!** ¡Olvídate!, 18
forgive perdonar, 11
form formulario, 14
forty cuarenta
Forward button Adelante, 16
fossil fuels combustibles fósiles (*m.*), 18
four cuatro
fourteen catorce
fracture fractura, 13
freedom libertad (*f.*), 19; **~ of the press** libertad de prensa, 19
freeze (*as in a computer*) colgarse: se cuelga, C3
French francés, francesa; **~ language** francés (*m.*)
Friday viernes
friend amigo(a); **become ~s** hacerse amigos(as), 11; **~ly** amistoso(a), 11, 20; **~s** amistades, 11; **~ship** amistad, 11
frowned upon estar mal visto(a), 20
full pleno(a), 20
fun divertido(a)

fundamental matter asunto primordial, C1
fungus hongo, 18
funny cómico(a)
furious furioso(a)

G

gain: ~ **independence from** independizarse de, 20; ~ **weight** engordarse, P4
gardener hortelano, 18
gate (*departure*) puerta (de embarque), 15
gauze bandage venda de gasa, 13
gender equality equidad de género (*f.*), 19
generous generoso(a)
geography geografía
geopositional geoestacionario(a), C2
German alemán, alemana; ~ **language** alemán (*m.*)
gesture gesto, 20
get: ~ **along well (badly) with people** llevarse bien / mal con la gente, 11, 14; ~ **fed up** hartar, C4; ~ **into** meterse, 19; ~ **involved (in)** involucrarse (en), 18; ~ **up early** madrugar, 20
give dar; ~ **a blood / urine test** hacer un análisis de sangre / orina, 13; ~ **an injection** poner una inyección, 13; ~ **as a gift** regalar, 11, 17; ~ **free rein** dar rienda suelta, 19
glacier glaciar (*m.*), 18
global village aldea global, 20; ~ **warming** calentamiento global, 18
globalization globalización (*f.*), 14
go partying ir de juerga, 20
goal meta, 16, 17
god dios (*m.*), 17
golf golf (*m.*)
good bueno(a); ~ **/ bad manners** modales buenos / malos (*m.*), 20; ~ **vibe** buena onda, 17; **it's** ~ es bueno, 12
gossip chismear, 20
gotten rid of deshecho (*irreg. p.p. of* deshacer), 17
govern gobernar, 19
government gobierno, 14; ~ **official** funcionario(a) del Estado (*m., f.*), 19
governor gobernador(a) (*m., f.*), 19
GPS (*Geographical Positioning System*) sistema GPS, 16

grade nota
graduate graduarse de, 11
grafted injertado(a), 17
grain of sand granito de arena, 19
granddaughter nieta
grandfather abuelo
grandmother abuela
grandson nieto
graphic design diseño gráfico; ~ **designer** diseñador(a) gráfico(a)
gratifying gratificante, 20
groom novio, 11
groomsman padrino, 11
gross domestic product (*GDP*) producto interno bruto (PIB), 19
grow crecer (zc), 11, 19; ~ **up** criar(se), 17
growth crecimiento, 20
Guatemalan guatemalteco(a)
guess adivinar
guest invitado(a), 11
gymnasium gimnasio

H

habitat hábitat (*m.*), 18
hairdryer secador (*m.*) de pelo, 15
half-brother medio hermano
half-sister media hermana
hand mano (*f.*) 13; **shake** ~**s** darse la mano, 14
hand out pamphlets/ brochures repartir panfletos / folletos, 19
handsome guapo(a)
hang colgar (ue) 18
happiness alegría 11
happy contento(a); ~ **about** alegrarse de, 12
hard-working trabajador(a)
harm dañar, 18; ~**ful** dañino(a), 18
harvest cosecha, 17
have tener (*irreg.*), 19; ~ **a good (bad) appearance** tener buena (mala) pinta, 20; ~ **a good presence** tener (*irreg.*) buena presencia, 14; ~ **a lot of experience in** tener (*irreg.*) mucha experiencia en, 14; ~ **a spirit of participation** tener (el) espíritu de participación, 19; ~ **initiative** tener (la) iniciativa propia, 19; **some knowledge of** tener (*irreg.*) algunos conocimientos de, 14; ~ **the necessary skills** tener (*irreg.*) las habilidades necesarias, 14;

~ **the impression that . . .** tener entendido que..., 20; ~ **understood that . . .** tener entendido que..., 20
head cabeza, 13; ~**ache** dolor de cabeza, 13, 14
health salud (*f.*)
heart corazón (*m.*) 13; ~**breaker** rompecorazones (*m., f.*), 11
heat up calentarse (ie), 18
heating calefacción (*f.*); **central** ~**ing** calefacción central, 18; **electric** ~ calefacción eléctrica, 18
herb hierba, 13
heroic deed hazaña, 19, 20
hesitating titubear 19
high definition television (HDTV) televisor de alta definición (*m.*), 16
high-speed banda ancha, 12
hire contratar, 14
history historia
hockey hockey (*m.*)
Holy moly! ¡Híjole!, 17
home hogar (*m.*), 20; ~ **page** página principal, 16; ~**work** tarea
homeland patria, 17
Honduran hondureño(a)
honeymoon luna de miel, 11
hope esperanza, 1, 17
horrible horrible, 12
host (*of a show*) presentador(a), 12
hotel hotel (*m.*), 15; ~ **guest** huésped(a), 15
house casa
housing vivienda, 19; alojamiento, 20
hug abrazar, 11
human rights derechos humanos, 19
hurricane huracán (*m.*), 14
hurt doler (ue), 13, 16; herido(a), 18; lastimarse, 13
husband esposo, 11
hybrid car auto híbrido, 18
hygienic higiénico(a), C4
hyperspace hiperespacio, C2

I

I: ~ **bet you** te apuesto, 20; ~ **hope you'll get better soon!** ¡Ojalá se mejore pronto!, 13; ~ **know what I'm talking about.** Sé lo que digo., 17; ~ **swear!** ¡Te lo juro!, 18; ~ **think** creo que, P4; ~ **wish** ojalá (que), 12

ice hielo, 18
ideals ideales (*m.*), 17
identity theft robo de (la) identidad, 20
illiteracy analfabetismo, 16, 19
I'm: ~ fed up. Estoy harto(a). 16; **~ not kidding!** ¡No estoy bromeando!,
immediately enseguida, C4
immerse oneself sumergirse, 20
immersed inmerso(a), 20
immigrate inmigrar, 17
immigration inmigración (*f.*), 17
impatient impaciente
impede impedir (i), 19
important importante, 12; **extremely ~** imprescindible, 12
impose imponer, 17, 18
impress impresionar, 11
impressive impresionante, 20
improbable improbable, 12
improve mejorar, 17
impulsive impulsivo(a)
in en; **~ advance** (*two months*) con (dos meses) de antelación, 20; **~ case** en caso de que, 13; **~ charge of** encargarse de, 19; **~ favor of** favor de, 16; **~ front of** frente a, P3; **~ good spirits** animado(a) (*p.p. of* animar), 17; **~ love** enamorado(a), 11; **~ my heart** de corazón, 20; **~ spite of** pese a, P4; **~ style** estar de moda, 16; **~ summary** en fin, 17; **~ the habit of** (*usually*) soler (ue), 17
inbox bandeja de entrada, 16
increase ampliar, 20
Independence Day celebrations fiestas patrias, 17
index índice (*m.*)
Indian indio(a)
industry industria, 14
inequality desigualdad (*f.*), 14
infancy infancia, 11
infection infección (*f.*), 13
inflation inflación (*f.*), 19
influence influir (y), influencia, 17
inheritance herencia, 17
initiate iniciar, 15
injection inyección (*f.*), 13
injury herida, 13
inner ear oído, 13
innumerable amount un sinfín, 16
insist insistir en, P4, 11
inspire animar, 18
instant messaging mensajería instantánea (*m.*), 16

instruction instrucción (*f.*), 13
instructor instructor(a)
insult insultar, 16
integrate oneself into integrar(se), 17
intelligent inteligente
interaction interacción (*f.*), 16
interactive whiteboard pizarra interactiva
interest interesar(se), 16
interesting interesante
international standards estándares internacionales, C3
interview entrevista, 14; **~er** entrevistador(a), 12
intimate íntimo(a), 11
intolerance intolerancia, 17
introverted introvertido(a)
invite invitar, 11
invoice factura, 18
irresponsible irresponsable
island isla, 15
it: it pains me me cuesta mucho, 18; **~ stinks** apestar: apesta
It's about . . . Se trata de…, 12
Italian italiano(a)
itinerary itinerario, 15
it's es; **~ better** es mejor, 12; **~ done** finished acabarse: se acabó, C1; **~ extremely important** es imprescindible, 11; **~ fantastic** es fantástico, 11, C1; **~ good** es bueno, 11; **~ horrible** es horrible, 11; **~ (not) important** (no) es importante, P3, 11; **~ logical** es lógico, P3; **~ (not) necessary** (no) es necesario P3, P4, 11; **~ a shame** es una lástima, 12; **~ strange** es extraño, 11; **~ tight on me** apretarse: me aprieta, C1; **~ typical** es típico, P4

J

Japanese japonés, japonesa; **~ language** japonés (*m.*)
jerk boludo(a) C1
job puesto, 14; **~ experience** experiencia laboral, 20; **~ market** mercado laboral, 20
joke broma, 17; **~ around** bromear, 17
journalism periodismo
journalist periodista (*m., f.*)
joy alegría, 11; regocijo, 20
junk trastos, C4

junk mail correo basura, 16
just as well menos mal, 19
justice justicia, 19; **social ~** justicia social, 19

K

keep quiet callarse, 17
key (*to a lock*) llave (*f.*), 15
kiss beso, 11
knee rodilla, 13
Korean coreano(a)

L

label photos etiquetar fotos, 16
lack something carecer de, C3
land tierra, 17; terreno, 20; **home~** tierra natal, 17
languages idiomas (*m.*) lenguas
laptop computer computadora portátil
law ley (*f.*), 19
lawyer abogado(a)
lazy flojo(a), 18
lead a healthy life llevar una vida sana, 13
leader líder (*m., f.*), 14
leak gotear, 18
leave a footprint dejar huella, 19
lecturn atril (*m.*), C3
leg pierna, 13
legacy legado, 17
legislator legislador(a), 19
leisure time ocio, 20
less than menos que
lesson lección (*f.*)
let me rephrase mejor dicho, 16
life: night ~ vida nocturna, 20; **wild~** vida silvestre, 18; **~saver** salvavidas (*m.*), 16
lift levantar; **~ weights** levantar pesas
lightbulb bombilla, 18
like gustar, 12; **~ a lot** encantar, 12, 16
link (*as in a chain*) eslabón (*m.*), 20
list of possibilities elenco de posibilidades, C2
listen escuchar
literature literatura
little by little poco a poco, 17
live vivo, 12
lively animado(a) (*p.p. of* animar), 17
loads of un montón, 20
log in iniciar (la) sesión, 16
log out cerrar (ie) (la) sesión, 16
logical lógico(a), 12

long-lasting duradero(a), C3
look (*for*) buscar, P4; **~ good** lucir, 20
loss pérdida, 14, 18, C2
love amor, 11; querer (ie), 11
lover amante, 11
loving amoroso(a), 20
lowcut neckline escote, C1
lucky suertudo, 16
lung pulmón (*m.*), 13
lyrics letra, C1

M

maintain contact mantener (*like* tener) contacto, 17
majority mayoría, C3
make: ~ a difference marcar la diferencia, 19; **~ a mistake** equivocarse, 17; **~ a reservation** hacer una reservación, 15; **~ a stopover in** hacer escala en, 15; **~ an effort** esforzarse (ue) por, 11; **~ fun of** burlarse de, 11
mall centro comercial
man hombre (*m.*)
manufacturers fabricantes, C3
marital status estado civil, 11
mark huella, P4
market mercado
marketing mercadeo
marriage matrimonio, 11; **~ vows** votos matrimoniales, 11
married casado(a), 11; **get~** casarse con, 11; **recently ~** recién casado(a), 11
master the language dominar la lengua, 17
maternal materno(a)
matter importar, 16; **~ of** tratarse de
mature as a person madurar como persona, 20
maturity madurez, 11
mayor: female mayor alcalde/ alcaldesa (*m., f.*), 19
meanwhile entretanto, 11; mientras tanto, 11
mechanic mecánico(a)
medical insurance seguro(a) médico, 14
medicine medicina
meet conocerse, 11
member of Congress congresista (*m., f.*), 19
mentor mentor(a) (*m., f.*), 20
Mexican mexicano(a)

mind mente (*f.*), 17; **~ -boggling** alucinante, 20
minister ministro (*m., f.*), 19
miss echar de menos, 11, 17; extrañar, 17; faltar, 16
mission statement declaración de misión (*f.*), 19
misunderstanding malentendido, 20
mix mezcla, mezclar, 17
mobile ambulante, C4
molecues moléculas, C2
Monday lunes
money: measure used as money cuenta de cacao, 17
monosyllabic monosíbilabo(a), C4
morning mañana
mother madre (*f.*); **~ country** madre (*f.*) patria, 17; **~ tongue** lengua materna, 20
motivated animar(se), 20
motley variopinta, 20
motor traffic tránsito, 18
mouth boca, 13; **~watering** para chuparse los dedos, 20
move mudarse, 17
moved emocionarse, 11
movie cine (*m.*), 12; película, 12; **action ~** película de acción, 12; **horror ~** película de horror/ terror, 12; **~ called . . .** película titulada…, 12; **~ star** estrella de cine, 12; **science fiction ~** película de ciencia ficción, 12;
movie genre clase de película, 12
multinational corporation compañía multinacional, 14
multiplayer game juego multijugador, 16
museum museo
music library (*on an MP3*) biblioteca musical, 16
music música; **classical ~** música clásica, 12; **contemporary ~** música contemporánea, 12; **country ~** música country, 12; **modern ~** música moderna, 12; **world ~** música mundial, 12
musical musical, 13
mystery misterio, 12

N

named haber bautizado, 17
national debt deuda nacional, 19
natural disaster desastre natural (*m.*), 14

natural preserve reserva natural (*f.*), 18
natural resources recursos naturales, 18
nausea náuseas (*f. pl.*), 13
navel gaze mirarse el ombligo, P4
near: get nearer to acercarse a, 11
necessary necesario(a), 12; **~ skills** habilidades necesarias, 14
neck cuello, 13
need necesitar, 11
neighborhood barrio; **~ alliance** alianza del barrio, 19
nervous nervioso(a)
New Zealander neozelandés, neozelandesa
newlyweds recién casados, 11
news noticias (*f. pl.*), 12
Next Siguiente, 16; **~ to** al lado de, P3
Nicaraguan nicaragüense
nice agradable, 20
nickname nick, 16
nightmare pesadilla, 11
nine nueve
nineteen diecinueve
ninety noventa
no idea whatsoever ni idea, 17
non-existent nulo(a), C1
nooks and crannies recovecos, 18
normalcy normalidad, C2
north norte (*m.*), 15; **~ African Hebrew** hebreo rashi, 17
nose nariz (*f .*), 13
nostalgia nostalgia, nostálgico(a), 17
not: not at all para nada, 16; **~ be enough** no dar para, 16; **~ even** ni siquiera
notebook cuaderno
notes apuntes (*m.*)
notice aviso, 16
novel novedoso(a), 20
numerous numeroso(a), 20
nurse enfermero(a)
nursery (plant) vivero, 18

O

obliging acomedido(a), 20
obvious obvio(a), 12
obviously a todas luces, 18
occur suceder, 20
ocean océano, 13
offend ofender, 17
office despacho, 19
often a menudo, 17
old viejo(a); **~er woman** vejeta, 16

on demand bajo demanda, 12;
 ~ the outs estar peleados, 11;
 ~ the way seguir el camino,
 C2; **~ vacation** estar de
 vacaciones, P4
one uno
online volunteer voluntario(a) en
 línea (*m., f.*), 19
only únicamente, C3
open abrir, 14; **~ area** descampado,
 C4; **~ mind** mente abierta, 20;
 ~ to experiences, ~-minded
 abierto(a) (*p.p. of* abrir), 20
opera ópera, 12
opinion: in my opinion a mi
 parecer, 19
opponent adversario(a) (*m., f.*), 19
oral tradition tradición oral (*f.*), 17
order mandar, 11
organic waste products
 residuos orgánicos, 18
organization organización (*f.*),
 19; **charitable ~** organización
 benéfica, 18; **community ~**
 organización comunitaria, 19; **non-
 governmental ~** (*NGO*)
 organización no gubernamental,
 19; **non-profit ~** organización sin
 fines de lucro, 19
organize online organizar en línea,
 19
out loud en voz alta, C1; **~ of the
 ordinary** fuera de lo común, 20
other: to the other side al otro
 extremo, C2
outbox bandeja de salida, 16
outer ear oreja, 13
over the span of a lo largo de, 18
overcome superar, 17
overpopulation sobrepoblación
 (*f.*), 18
overthrow derrocar, 20
overwhelmed agobiado(a), 20
owner dueño(a) de
ozone layer capa de ozono, 18

P

pacemaker marcapasos, C3
packaging envase (*m.*), 18
pain dolor (*m.*), 13;
paint pintar; **~ing** pintura
pair off emparejarse, 11
palpitate palpitar, 13
Panamanian panameño(a)
paper papel; **recycled ~** papel
 reciclado (*m.*), 18
Paraguayan paraguayo(a)

parents padres (*m.*)
participant participante (*m., f.*), 12
participate in participar en, 14;
 ~ service-learning programs
 participar en programas de
 aprendizaje-servicio, 19
partner socio(a) (*m., f.*), 19
party pooper aguafiestas, C3
passenger pasajero(a), 15;
 coach ~ pasajero(a) de clase
 turista, 15; **first class ~**
 pasajero(a) de primera clase, 15
passport pasaporte (*m.*), 15
paternal paterno(a)
patient paciente
pay per view pago por visión, 12
payment method sistema (*m.*) de
 pago, 20
peace paz (*f.*); **world ~** paz
 mundial, 14
pencil lápiz (*m.*)
people pueblo, 17
perceive percibir, 20
perform desempeñar, 19
permit permitir, 11
personal contacts contactos
 personales, 16
Peruvian peruano(a); **~ identity
 card** DNI, P4
pesticide pesticida (*m.*), 18
philosophy filosofía
photo foto (*f.*)
Physics física
piece pedazo, 18
pill píldora, 13
pizzeria pizzería
placed puesto (*p.p. of* poner), 14
planet planeta, C2
plant plantar, 18;
 ~ed sembrado(a), 17
plant and animal wildlife flora y
 fauna, 18
plastic plástico, 18
play obra teatral, 12; jugar
 (ue); tocar, 13; **~ down
 the seriousness of the
 situation** restarle seriedad al
 asunto, 19; **~ sports** practicar
 deportes
plaza plaza
pleasant agradable, 20
please por favor, 16; **~ed about**
 estar contento(a) de, 12
plot argumento, P3; trama, C4
plumber plomero(a)
plumbing plomería, 18
policeman / policewoman
 policía (*m., f.*)

policy política, 14, 19; **foreign ~**
 política exterior, 19; **domestic ~**
 política interna, 19
polish pulir, 20
political science ciencias políticas
pollution (*air*) contaminación (*f.*)
 (del aire), 14
pop songs música pop, 12
popcorn palomitas (*f. pl.*), 12
populate poblar, 17
portable MP3 player MP3 portátil
Portuguese portugués, portuguesa
possess poseer, 19
post office oficina de correos
postage stamp estampilla, 15
postcard tarjeta postal, 15
pot olla, 18
poverty pobreza, 19
power poder (*m.*), P4;
 ~ strip base de enchufes (*f.*), 18
prankster bromista, 11
preferences preferencias, 16
prenuptual agreement contrato
 prenupcial, 14
prescribe a medicine recetar una
 medicina, 13
prescription receta, 13
preserve preservar, 18
 ~ traditions conservar, 17
pretty lindo(a)
previous anterior, 16
primitive primario(a), 17
principles principios, 17
printer cartridge cartucho de la
 impresora, 18
privacy privacidad (*f.*), 16
privilege privilegio, 19
probable probable, 12
problem inconveniente (*m.*), 20
procedure trámite (*m.*), 20; **customs ~**
 trámite a aduaneros, 20
proceed with caution proceder
 con cautela, C2
professor profesor(a)
profile perfil (*m.*), 16
profit ganancia, 14
program programa (*m.*);
 television ~ programa de
 televisión, 12
programmer programador(a)
promise to do something
 comprometerse, 19
promising prometedor(a), 20
promote impulsar, 19; promover, 18
promotion (job) ascenso, 14
protect proteger, 18
 ~ed protegido(a), 18
proudly orgullosamente, 17

provide proveer, 19
prudent prudente, sensato(a), 20
psychology psicología
public relations publicidad (*f.*)
Puerto Rican puertorriqueño(a)
pull out arrancar, 18
punctual puntual, 14
punish castigar, 17
put poner (*irreg.*); ~ **down roots** echar raíces, 17

Q

qualified cualificado(a) (*p.p. of* cualificar), 19
quality of life calidad de vida (*f.*), 18
question pregunta, 13

R

race raza, 17
radish rábano, 18
raffle sorteo, C4
rainforest bosque tropical (*m.*), 18; selva tropical, 15, 18
raise one's spirits levantar el ánimo, 17
range of obstacles gama de barreras, 20
rap rap (*m.*), 12
rate tasa; **unemployment** ~ tasa de desempleo, 19; **crime ~** tasa delictiva, 19; **~ed G** (*for general audiences*) apto(a) para toda la familia, 12; **~ed PG-13** (*parental discretion advised*) se recomienda discreción, 12; **~ed R** (*minors restricted*) prohibido para menores, 12;
rating: to give a four-star rating clasificar con cuatro estrellas, 12
raw material materia prima, 20
reach alcanzar, 16, 17
read leer (y)
realize dar (se) cuenta de, 11, 16
Really! ¡De veras!, 16
reason por qué, 16
rebel rebelde (*m., f.*), 20
reboot reiniciar, C3
recap recapitular, 11
reception desk recepción (*f.*), 15
recession recesión (*f.*), 19
recharge recargarse, C3
recipient destinatario(a) (*m., f.*), 16

recommend recomendar (ie), 11
recovery recuperación, C3
recyclable reciclable, 18
recycle reciclar, 18
redheaded pelirrojo(a)
reduce reducir (-zco), 18
reef (*coral*) arrecife (*m.*) (de coral), 18
regard: regarding that matter al respecto, 19
register registrarse, 15; ~ **to vote** registrar para votar, 19
regret sentir (ie, i), 12
regrettably lamentablemente, 19
relax relajar(se), 16
religious / civil ceremony ceremonia religiosa / civil, 11
relocate trasladarse, 17
remember acordarse (ue) de, 11
remote control control (*m.*) remoto, 12
renewable energy source fuente renovable, 18
repeat repetir (i, i)
replace reemplazar, C4
reply replicar, 20; ~ Responder, 16; ~ **to all** Responder a todos, 16
report informe (*m.*)
representative (*U.S.*) representante (*m., f.*), 19
require requerir (ie), 11
requisite requisito, 14
reservation reservación (*f.*), 15
resolve resolver (ue), 18
resonant sonoro(a), 17
respect respetar, 17; **~ful** respetuoso(a), C3
responsible responsable
restaurant restaurante (*m.*)
restricted restringido(a), 16
result in resultar, 11
retire jubilarse, 11, 14
return devolver (ue), 11; **~ed** vuelto (*p.p. of* volver), 14
reunion reunión, 11
reusable reutilizable, 18
reuse reutilizar, 18
revenge venganza, C4
review reseña, 12; revisar, 16
Rhythm and Blues R & B, 12
rhythm of life ritmo de la vida, 20
rid of deshacerse de, C2
ride montar
ridiculous ridículo(a), 12
rigged amañado(a) (*p.p. of* amañar), 20

right derecho, 19
ripoff sablazo, C2
risk riesgo, 17, 19
risky arriesgado(a), 19
rock (music) rock (*m.*), 12
role papel
room: double ~ habitación doble, 15; **emergency ~** sala de emergencias, 13; **living ~** sala; **private chat ~** sala privada, 16; **~ with a bath / shower** habitación con baño / ducha, 15; **~ without a bath / shower** habitación sin baño / ducha, 15; **waiting ~** sala de espera, 13; **smoking / non-smoking ~** habitación de fumar / de no fumar
roommate compañero(a) de cuarto, 15
root raíz (*f.*), 17
round-trip ticket billete de ida y vuelta, 15
row remar
rude grosero(a), 20; malsonante, C4
ruin ruina, 15
rule out descartar, 18, 19
run administrar, 19

S

sad triste
sadness tristeza, 11
salary increase aumento de sueldo, 14
salesclerk dependiente (*m., f.*)
Salvadoran salvadoreño(a)
same time a la vez, C3
sand arena, 15
satisfy satisfacer (*like* hacer), 14
Saturday sábado
save ahorrar, 18; guardar, 18; salvar, 18; **~ changes** guardar cambios, 16
say afirmar, 17
saying dicho, 14
scarce escaso(a), 18
scared asustado(a) (*p.p. of* asustar), 17
scatterbrained despistado(a), 20
scholarship beca, 20
sculpture escultura, 12
sea mar (*m., f.*), 15
search for contacts búsqueda de contactos, 16
seat asiento, 15; **aisle ~** asiento de pasillo, 15; **window ~** asiento de ventanilla, 15
secret chamber cámara secreta, 18
Secretary ministro, 19

secure server servidor seguro (*m.*), 16; **~ web site** sitio web seguro, 16

seed semilla, 19

seem parecer, C4

seen hacerse atender, 16; visto (*p. p. of* ver), 14

self-directed habilidad de tomar decisiones por sí mismo(a) (*f.*), 19; saber trabajar sin supervisión directa, 19

self-imposed limit límite autoimpuesto, C1

selfish egoísta

self-realize autorrealizarse, 19

self-sufficient valerse por sí mismo(a), 19

senator senador(a) (*m., f.*), 19

send mandar; **~ brief text messages** mandar mensajes de texto cortos, 16; **~ an e-mail to your representative** mandar un e-mail a tu representante, 19

sender remitente (*m., f.*), 16

sense cobrar sentido, 17

sensible sensato(a), 20

sensitive sensible, 11

separation separación, separarse de, 11

Sephardic Jew sefardí (*m.*), 17

serious serio(a)

service servicio; **community ~** servicio comunitario, 19; **room ~** servicio a la habitación, 15; **youth ~** servicio juvenil, 19

seven siete

seventeen diecisiete

seventy setenta

shake hands darse la mano, 14

sheet of paper hoja de papel

shopping cart carro de la compra, 16

short (*in height*) bajo(a); **~ sales** ventas cortas, C2; **~-term (long-term) project** proyecto de corto (largo) plazo, 19

shoulder hombro, 13

show espectáculo, 12; *show* (*m.*), 12; **game ~** programa de concursos, 12; **talk ~** programa de entrevistas, 12; **reality ~** programa de realidad, 12

shy tímido(a)

sick estar enfermo, P4; **~ness** enfermedad (*f.*), 13

sign firmar, 18; **~ a petition** firmar la petición, 19

sign (*n.*) rótulo, 20

silla chair

silly tonto(a)

sincere sincero(a)

sing cantar

single soltero(a), 11

sister hermana

sitcom telecomedia, 12

site map mapa del sitio (*m.*), 16

six seis

sixteen dieciséis

sixty sesenta

skate patinar

ski esquí (*m.*)

skip saltar, 16

sky cielo, 15

small menudo(a), C4

smartphone *smartphone* (*m.*), 16; teléfono inteligente, 16

sneeze estornudar, 13

snobby cursi, 20

snore roncar, 20

so that con tal (de) que, 13; para que, 13

soap opera telenovela, 12

soccer fútbol (*m.*); **~ field** cancha (campo) de fútbol

social: ~ environment entorno social, 20; **~ networking** red social (*f.*), 16

solar panel panel solar (*m.*), 18

someone you (don't) know conocido(a) / desconocido(a) (*m., f.*), 16

son hijo; **son-in-law** yerno

sooner or later tarde (*f.*) o temprano, 16

sore throat dolor de garganta, 13

south sur (*m.*), 15

spacious amplio(a), 20

spam correo basura, 16

Spanish español(a); **~ language** español (*m.*); **~-Hebrew language** ladino, 17

spark chispazo, 20

species especies (*f.*); **endangered ~** especies amenazadas, 18; especies en peligro de extinción, 18

spirit of participation tener (el) espíritu de participación, 19

split in two desdoblamiento, 19

spokesperson portavoz (*m., f.*), 19

spread the word correr la voz, 19

squander malgastar, 18

stadium estadio

stage of (your) life etapa de la (tu) vida, 11, 20

stall puesto, C4

stand out destacarse, 17

stand-by mode modo "stand-by", 18

startup inicio, 16; **~ page** página de inicio, 16

station estación (*f.*), 12

stationery store papelería

statistics estadística

stay quedar(se), 16; **~ awake** quedarse despierto, 20; **~ in bed** guardar cama, 13; **~ tuned** mantener en sintonía, 11

stepbrother (stepsister) hermanastro(a)

stepfather padrastro

stepmother madrastra

stick: ~ out one's tongue sacar (qu) la lengua, 13; **~ your foot in your mouth** meter la pata, 20

stitched device mechanism dispositivo de cosido, C3

stock market bolsa de valores, 14, C3

stomach estómago, 13; **~ache** dolor de estómago, 13

stop frenar, 19, C1

store archive, almacenar, 16; **~** (*n.*) almacén (*m.*), tienda

straightjacket camisa de fuerza, 20

strange extraño(a), 12

streaming video flujo de video en tiempo real, *streaming* (*m.*), 12

street market mercadillo, C4

strike huelga, 14; **~ing** llamativo(a), 20

stroke of luck golpe de suerte, 18, 19

struggle lucha, 17

stubborn terco(a), 20

student estudiante (*m., f.*); **~ visa** visa estudiantil, 20

study estudiar

subatomic dimensions dimensiones subatómicas, C2

subject asunto, 16

substantial cuantioso(a), C2

subtitles subtítulos; **with ~ in English** con subtítulos en inglés, 12

success éxito, 17

suffer sufrir, 11, 17; **~ (the consequences)** sufrir (las consecuencias), 14

suggest sugerir (ie, i), 11

suitcase maleta, 15

sum up hacer cuentas, 11

Sunday domingo

supermarket supermercado

supervise supervisar, 14
support apoyar, 17; respaldo, 20
sure seguro(a); ~ **of him or herself** seguro(a) de sí mismo(a), 20; **it's not** ~ no es seguro, 12; **not be** ~ no estar seguro(a) de, 12
surf the Internet navegar (gu) por Internet
surprise sorpresa, 11; sorprender, 12
survive sobrevivir, P, 14
suspicious sospechoso(a), C2
sustainable sostenible, 18
Swallow. Trague., 13
sweat sudor (*m.*), P4, C1
swim nadar; ~**ming** natación (*f.*); ~**ming pool** piscina
symptom síntoma (*m.*), 13
system sistema (*m.*)

T

table mesa
tablet pastilla, 13
take llevar; ~ **a spin** dar la vuelta, 20; ~ **a stand (in) favor of / against)** declararse (a favor de / en contra de), 19; ~ **a tour** hacer un tour, 15; ~ **advantage of** aprovechar, 17; ~ **an X-ray** hacer una radiografía, 13; ~ **measures** tomar medidas, 14; ~ **nourishment** nutrir, 18; ~ **out** sacar; ~ **unfair advantage of** aprovechar(se) de, 17
tall alto(a), P
taxes impuestos, 19
tea (*usually herbal*) infusión (*f.*), 18; ~**bag** bolsita de té, 18
teacher maestro(a)
technological break ruptura tecnológica, C3
telecommunications telecomunicaciones (*f. pl.*), 14
television broadcasting televisión (*f.*), 12
tell decir
temeroso(a) fearful, 20
temor (*m.*) fear, 17, 20
ten diez
tennis tenis (*m.*)
terms of agreement condiciones de uso (*f.*), 16
terrorism terrorismo, 14
test análisis (*m.*)
testify astestiguar, 20
text (to) textear, 16

texting texteo, 16
That's the last straw. Eso es el colmo., 16
the way he (she) tells it tal como (lo/los/las) pinta, 11
theory teoría C2
They don't think it's funny at all. No les hace ninguna gracia., C2
thick grueso(a), 17
thin delgado(a)
thirteen trece
thirty treinta
threat amenaza, 18
threaten amenazar, 18
three tres
throat garganta, 13; **sore** ~ dolor (*m.*) de garganta, 13
through mediante, C3
throw away botar, 18; echar, 18; tirar, 18
throw up vomitar, 13
thugs matones, C2
Thursday jueves
ticket billete (*m.*), 15; boleto, 12; pasaje (*m.*), 15; (*to a movie, concert, etc.*) entrada, 12
tickling sensations cosquillas, C1
tightly closely apegado(a), 17
tin (*or aluminum*) **can** lata, 18
tired cansado(a)
toast brindar, 11; brindis (*m.*), 11, 19
toe dedo, 13
together estar juntos, 11
toilet inodoro, 18
tolerance tolerancia, 17
tongue lengua, 13
tool herramienta C3; ~**bar** barra de herramientas, 16
touchscreen pantalla táctil, 16
tourist guide guía turística, 15
toxic tóxico(a), 18
trace rastro, C4
traffic jams embotellamientos, 18
train entrenarse; ~**ing** entrenamiento, 19
transaction transacción (*f.*), 16
transcend trascender, 19
translate traducir (zc), 17
translation traducción (*f.*), 17
trashcan basurero, 18; papelera 18
travel viajar; ~ **abroad**; viajar al extranjero, 15; ~ **agency** agencia de viajes, 15
tree felling tala, 18
trip viaje; **educational** ~ viaje (*m.*) educativo, 20; **interdimensional** ~ viaje interdimensional, C2

true verdad; **it's (not) true** (no) es verdad, 12
trust confiar, 19; **trustworthy** digno(a) de confianza, 19
truth verdad (*f.*)
try procurar, 20
Tuesday martes
turn: ~ **in** entregar (gu); ~ **to** recurrir a, 17
turtle tortuga, C4
tutor tutor(a) (*m., f.*), 20
TV: ~ **guide** teleguía, 12; **cable** ~ televisión por cable, 15; **pay** ~ televisión de pago, 12; ~ **series** teleserie (*f.*), 12; ~ **viewer** televidente (*m., f.*), 12
tweet tuiteo, tuitear, 16
twelve doce
twenty veinte
twenty-one veintiuno
twin towers torres gemelas (*f.*), 20
two dos; ~ **of a kind** ser tal para cual, 16; ~-**way street** vía de doble sentido, 17

U

U.S. citizen estadounidense
ugly feo(a)
uncle tío
uncomfortable incómodo(a), 20
under surveillance estar vigilado(a), C2
understanding comprensivo(a), 11
undertake emprender, 19
unemployment desempleo, 19
unexpected inesperada, C4
unfreeze descongelar, 18
uni-directional unidireccional, C2
United Nations ONU (Organización de las Naciones Unidas), 17
universe universo, C2
unless a menos que, 13
unpleasant antipático(a)
unplug desenchufar, 18
unprecedented inaudito(a), C2
until hasta (que), 13
upload subir: ~ **onto** subir a, 16; ~ **audio and video** subir audio y video, 16; ~ **photos** subir fotos, 16
Uruguayan uruguayo(a)
useless inútil, 18
username nombre de usuario (*m.*), 16
utilize utilizar, 18

V

vaccinate poner una vacuna, 13
vaccination vacuna, 13, 20
vain vanidoso(a), 20
valid passport pasaporte vigente (*m.*), 20
values valores (*m.*), 17
vegetable garden huerto, 18
veiled velado(a), 17
Venezuelan venezolano(a)
veterinarian veterinario(a)
viceversa a la inversa, C3
video on demand video a pedido, video bajo demanda, 12
videotape grabar, 12
village pueblo, 17
violence violencia, 14
visa process proceso de la visa, 20
visionary visionario(a) (*m., f.*), 19
vitamin vitamina, 13
volcano volcán (*m.*), 15
volleyball volibol (*m.*)
volunteering opportunities oportunidades de voluntariado (*f.*), 19
vote votar, 14

W

wait esperar, 11, 12
waiter; waitress camarero(a)
waiting list lista de espera, 15
wake-up call servicio despertador, 15
walk caminar
wall pared (*f.*)

wander aimlessly vagar sin rumbo, 20
war guerra, 14
wardrobe vestuario, 17
warn advertir (ie,i), 18, 19; **~ing** advertencia, 18
waste desperdiciar, 18; **~ of time** robatiempo, 16
watch vigilar, 18; **~ television** mirar televisión
water agua, 18; **fresh ~** agua dulce, 18; **drinkable ~** agua potable, 18; **~water** agua salada, 18
wave (*of a body of water*) ola, C3
weather tiempo
web surfer internauta (*m., f.*), 16
wedding boda; **~ anniversary** aniverario de bodas, 11
Wednesday miércoles
weeping llanto, C1
west oeste (*m.*), 15
what qué, **what?** ¿qué?; **~ a pain!** ¡Qué lata!, 16, C2; **~ are your symptoms?** ¿Qué síntomas tiene?, 13; **~ do I know?** ¿Qué sé yo?, 17; **~ the heck** qué rayos, P4; **~ hurts (you)?** ¿Qué le duele?, 13
when cuando, 13; **~ all is said and done** al fin y al cabo, 19; **~ and if** siempre y cuando, 19
whirlwind tromba, 19
wide amplio(a), 20
widowed viudo(a), 11
wife esposa
willpower fuerza de voluntad, 20
win ganar, 14

window ventana
wireless inalámbrico(a), 16
wisdom sabiduría, 20
wish desear, 11
with estar con, 11; **~ destination to** con destino a, 15; **~in your reach** a tu alcance, 18; **~out** sin, sin que, 13; **~out beating around the bush** sin mucha vuelta, 19; **~out fail** sin falta, 16
witness testigo, 19
woman mujer (*f.*), 11
wood carvings tallado de madera, 17
work force fuerza laboral, 19; **~ full-time** a tiempo completo, 14; **~ part-time** a tiempo parcial, 14
wormhole agujero de gusano, C2
worried angustiado(a), 17
worthwhile valer la pena, 16
wrapping envolver: envolviéndola, C4
write escribir; **~ an editorial** escribir un editorial, 19; **~ reports** hacer informes, 14
written escrito (*p.p. of* escribir), 14

Y

yield ceder el paso, 17
young joven
youth juventud, 11; **~ activism** activismo juvenil, 19; **~ hostel** albergue juvenil (*m.*), 20

Z

zero cero

Index